国家社科基金
GUOJIA SHEKE JIJIN HOUQI ZIZHU XIANGMU
后期资助项目

互联网时代的
社会诚信建构

方 艳／著

社会科学文献出版社
SOCIAL SCIENCES ACADEMIC PRESS (CHINA)

图书在版编目（CIP）数据

互联网时代的社会诚信建构 / 方艳著 . --北京：
社会科学文献出版社，2024.11. --ISBN 978-7-5228
-4235-6

Ⅰ.F832.4

中国国家版本馆 CIP 数据核字第 2024H5E860 号

国家社科基金后期资助项目

互联网时代的社会诚信建构

著　　者 / 方　艳

出 版 人 / 冀祥德
责任编辑 / 张建中
文稿编辑 / 王　敏
责任印制 / 王京美

出　　　版 / 社会科学文献出版社·文化传媒分社（010）59367004
　　　　　　地址：北京市北三环中路甲 29 号院华龙大厦　邮编：100029
　　　　　　网址：www.ssap.com.cn
发　　　行 / 社会科学文献出版社（010）59367028
印　　　装 / 三河市龙林印务有限公司

规　　　格 / 开　本：787mm×1092mm　1/16
　　　　　　印　张：19.5　字　数：309 千字
版　　　次 / 2024 年 11 月第 1 版　2024 年 11 月第 1 次印刷
书　　　号 / ISBN 978-7-5228-4235-6
定　　　价 / 98.00 元

读者服务电话：4008918866

国家社科基金后期资助项目
出版说明

后期资助项目是国家社科基金设立的一类重要项目，旨在鼓励广大社科研究者潜心治学，支持基础研究多出优秀成果。它是经过严格评审，从接近完成的科研成果中遴选立项的。为扩大后期资助项目的影响，更好地推动学术发展，促进成果转化，全国哲学社会科学工作办公室按照"统一设计、统一标识、统一版式、形成系列"的总体要求，组织出版国家社科基金后期资助项目成果。

全国哲学社会科学工作办公室

目　录

绪 论

《哈佛商业评论》前执行主编尼古拉斯·卡尔曾预见："互联网没有明显地改变基础设施，但改变了社会的内在，改变了我们的思想，带来了更加个人化的改变，如：沟通方式的改变、思考方式的改变、观察世界方式的改变。"① 互联网成了当今社会最大的变量之一，影响着我们生活的方方面面。

诚信是中华民族的传统美德，是社会主义核心价值观的基本要素和道德基础。诚信建设是中国共产党治国理政的重要任务。互联网时代涌现出很多新的社会诚信议题，形成了很多新的理念和观念，比如芝麻信用、虚假流量、网络差评师、网络水军、网络推手、马甲、洗稿软件、钓鱼网站、微商"黑代购"、伪装 App（应用程序）、山寨网站、刷单公司、职业刷手、数据诚信、数据窃取、被加粉、隐私、人肉搜索、网络诚信、网络失信、网络诈骗、电信诈骗、网络兼职刷单、圈粉、骚扰电话、网络投资新骗局、贩卖信息、信息窃取、信息欺诈、信息泄露、微信谣言、信息污染、数据造假、虚拟（货币）诈骗、红包诈骗、声音诈骗、点击欺骗、友情链接欺骗、砍价骗局、"照骗"、点击率造假、"共享风潮"、微信转错账追回难现象、"定制诈骗"（或叫精准诈骗，由最初的"盲打盲骗"发展而来）、炒作、网约车乱象、网络勒索、网络抢票诈骗、竞价排名、精准曝光（朋友圈曝光）……如此繁多的互联网时代新议题需要我们给予科学合理的阐释和判断。互联网时代新的诚信议题，大多具有互联网特征，新的观念、新的议题，包括规范和治理互联网本身，都需要我们重新面对和审视。另外，借助互联网平台，社会诚信面临着重构的机遇和挑战。

---

① 中央电视台大型纪录片《互联网时代》主创团队：《互联网时代》，北京联合出版公司，2015，第 1 页。

第一节 研究缘起

一 时代背景

互联网开创了一个新的时代。2012年，习近平总书记到腾讯公司考察时指出："现在人类社会已进入互联网时代这样一个历史阶段，这是一个世界潮流，而且这个互联网时代对人类的生活、生产、生产力的发展都具有很大的进步推动作用。"① 2014年，中央电视台纪录片《互联网时代》从多个视角全面展示了互联网时代的发展、特征和影响。互联网技术渗透到社会生活的方方面面，改变了社会的组织和结构，改变了人们的生活方式，网络空间成为人们政治、经济、文化生活的重要场域。互联网与社会生活的融合度不断深入，"互联网+"带来了诸多领域的改变。互联网几乎加速了整个世界，将很多利益相关方连接了起来。

互联网、信息联网技术、大数据应用等，带来了大量的、新的、复杂的议题或问题，我们必须重新审视互联网带给人类社会的根本性变化，认识并适应这种变化，改变以往的认知方式和思维方式。时代和技术倒逼社会诚信的重新建构。联网共享是互联网的一大特征。我们要在社会诚信的建构中充分发挥其优势和特点，利用互联网将各主体连接起来，打破"信息孤岛"，从而提高社会诚信建构的效度和力度，推进《社会信用体系建设规划纲要（2014—2020年）》建设内容落实并取得成效。正如商务部国际贸易经济合作研究院信用研究所所长、研究员韩家平所言，要充分重视数字技术在经济社会中快速普及带来的变化，助力"政府推动、社会共建，信息共享、实时互动，市场自治、行业自律，广泛应用、高度智能"新格局的形成，促进社会信用体系建设。② 2022年3月，《关于推进社会信用体系建设高质量发展促进形成新发展格局的意见》由中共中央办公厅、国务院办公厅印发，要求认真贯彻落实。截至2022年，"社会信用体系"已有9年被写入政府工作报告。

---

① 转引自曹立主编《治国理政新理念：全面解读新发展理念》，人民出版社，2016。
② 韩家平：《我国社会信用体系建设的现状与展望》，《时事资料手册》2018年7月。

二　现实困惑

互联网时代促使我们进行新的思考。首先，互联网赋予信息传播更大的威力，让社会诚信议题更加容易受人关注，提升了其"可见度"。如何让社会诚信得到有效关注，而不是因为诚信议题特别是问题的易见，在更广泛的传播中建构一种恐慌和焦虑。其次，互联网时代新的议题呈现聚合状态，联合惩戒等更是议题聚合的有效助力，如霸座者被纳入失信黑名单、医闹打医生被纳入失信黑名单、主播失信被纳入黑名单……我们是否该思考，泛化的议题聚合会给社会带来什么影响，即将很多违规违法行为纳入联合惩戒，模糊道德、规则以及法律的边界，是否存在弊端。再次，社会进行诚信建设的过程中，联合奖惩、信用应用场景的采用，比如"信用免押"，让信用得以变现……但诚信建设中的道德和利益如何平衡，如何突破已有的舆论动员，结合社会诚信的本质特征，运用互联网场景进行动员拓展，这些是需要进一步思考的问题。最后，针对新的议题制定的碎片化政策如何更具系统性、预测性，如何逐步完善政策，如何应对千变万化的世界……

现实的感知和困惑促使我们再度思考社会诚信这一议题，而且是置于互联网时代的背景下。需要注意的是，互联网是一个时代，一个新时代，一个新场域，一种不断发展的技术，一种手段，一个空间，同时也是一种生活和生存方式。不是互联网时代诚信问题最严重，只是随着互联网嵌入我们的生活，不同于以前的新问题、新议题开始出现。而且借助互联网平台，新问题、新议题更容易显现出来，更容易引起社会的讨论和关注，其"社会能见度"更高。所以我们需要重新关注和思考，互联网时代的社会诚信建构出现了哪些新的状态，建构现状如何，有哪些成就，存在哪些问题……如何促进互联网诚信本身的建设，并且让互联网成为社会诚信建构的有力工具。

第二节　理论基础及概念界定

一　理论基础之一：社会建构论

本书主要运用社会建构论的相关理论进行研究，以社会议题（问题）建构论的框架搭建研究框架，同时也参考其他理论成果，如梅罗维茨的媒介情境论、媒介功能理论等。

（一） 社会建构论的发展

建构主义认为在社会上被视作现实的事物，并非自然的或是客观的实在物，而是社会性的、认知性的、有意识地创造出来的建构物。建构主义的理论来源是瑞士儿童心理学家让·皮亚杰（Jean Piaget）的"认知结构说"。皮亚杰认为，在语言习得的过程中，教师要充分尊重学生的主体地位，使学生成为主动加工语言信息并建构语言知识的学习者。[①] 20 世纪七八十年代，苏联心理学家列·谢·维果茨基（lev Vygotsky）在皮亚杰的基础上进一步提出了学习的建构特性，其认为作为一种建构的学习，要置于社会大背景下，这样学习才与社会接轨，有助于满足社会需求，也才有意义。

建构主义理论认为，主动建构性、社会互动性、情境性是建构过程的三个基本特点。其是一种具有方法论意义的、前提式的、基础性的理论，并逐步从教育学领域延伸至社会学领域，影响并推动了许多人文学科的发展。众多学者开始将社会现实视为一种建构物并加以探讨，关注社会个体如何在建构过程中表达个人意识、选择和自由展示自身的主观能动性。[②] 比如法国著名社会理论家和历史学家米歇尔·德·塞尔托（Michel De Certeau）的"日常生活实践"概念指出并强调在消费异化的景观社会中，人具有选择、拒绝等主动抵抗资本统治和剥削的能力。[③]

社会建构论不同于传统的认识论和思维方式，它指涉这样一种思想，即人类不再是简单认识或发现这个世界，而是在认识和发现世界的过程中，不断赋予这个世界以理解、意义，其实质在某个程度上创造着世界。在知识论的意义上，作为建构主义认识论先驱的康德（1724 ~

---

① 张梅：《建构主义视域下基于"U 校园"的大学英语混合式教学模式研究》，《教育现代化》2020 年第 30 期。

② 陈杭勋：《建构主义视角下的民俗文化多样态存续——以金华斗牛为个案》，浙江师范大学硕士学位论文，2021。

③ 〔法〕米歇尔·德·塞尔托：《日常生活实践：实践的艺术》，方琳琳、黄春柳译，南京大学出版社，2009，第 166 页。

1804 年）曾指出："理智的（先天）法则不是理智从自然界得来的，而是理智给自然界规定的。"① 其所要表达的意思是，认识、知识来源于思维的建构。同时，康德哲学有着深厚的人本主义精神，"神学人学化"是其宗教哲学的中心内容。康德在《纯粹理性批判》中对传统神学进行批判。黑格尔将这种精神进一步发扬。黑格尔把绝对精神看作世界的本原，他的政治哲学观念来源于法国大革命的社会政治实践给予的丰富养料。"依照思想，建筑现实"就是他对法国大革命政治实践做出的一个基本结论。绝对精神在不同的发展阶段表现为自然、人类社会和人的精神现象等。他认为社会发展和历史进步是以动态的、演化的方式进行的，让理性行动起来，运用辩证思维，是黑格尔解决问题的逻辑。在社会发展的每一个阶段都有相应理解世界的方式，每个时代和每个国家必须通过"精神特质"（idiosyncrasy of spirit）来理解。他强调不同社会和不同群体的不同理解方式。另一建构主义的先驱是意大利哲学家维科（G. Vico），他认为，我们知道它（真理）是因为我们制造了它。人类制造出或者建构出的真理，是特定群体，小至一个组织，大至一个国家拥有的共同体验，特别是大型的公共的体验，它能使人们共享某种心理情境，形成集体记忆，使特定群体的社会生活规则化。

　　"在过去的 20 年中社会建构论作为心理学和其他相关学科中的一个新的范式而出现在人们的视野中。"② 社会建构论强调心理的社会建构特征，反对经验实证主义在解释心理现象时所持有的反映论观点，认为心理现象并非一种独立的"精神实在"而是一种社会建构。早在 1955 年，美国社会心理学家凯利（Kelly）就撰写了《个人建构心理学》（*Psychology of Personal Constructs*）一书进行了相关阐述。美国斯坦福大学菲利普（Philips）教授把当代建构主义分为心理（学）上的建构主义和社会（学）上的建构主义，对建构活动主体的心理机制进行了研究。美国心理学家肯尼斯·J. 格根（Kenneth J. Gergen）的《现代心理学中的社会建构论运动》

---

① 〔德〕康德：《任何一种能够作为科学出现的未来形而上学导论》，庞景仁译，商务印书馆，1978，第 93 页。

② Brinkmann，S.，"Questioning Constructionism：Toward an Ethics Finitude"，*Journal of Humanistic Psychology*，46（1），（2006）：92-111.

（1985 年）一文标志着西方心理学中社会建构论的正式形成。①

社会建构论主张知识是建构的，作为现代西方心理学中很重要的思想潮流，它认为心理活动现象是社会建构的产物，是处于特定文化历史中的人们互动和协商的结果。而对解释心理活动现象时所持有的反映论观点，社会建构论者是持反对意见的。美国斯坦福大学菲利普（Philips）教授把当代建构主义分为心理（学）上的建构主义和社会（学）上的建构主义，并提出了当代建构主义的二阶分类（见图 0-1）。②

图 0-1 当代建构主义的二阶分类

菲利普认为建构主义学家可以分为两大阵营。一是心理（学）上的建构主义者（psychological constructivist），包括皮亚杰、诺曼等。社会建构主义本产生于西方心理学，知识社会学是其最早的形态。代表性的学者关心个体对知识的存储和建构，强调内在心理机制和动态建构性。其研究旨趣主要在个体的心理生活。同时也有学者关注到社会影响在个体建构过程中的重要作用。个体心理的发生发展过程是一个心理图式不断协调、建构的充满变化的过程。二是社会（学）上的建构主义者（social/sociological constructivist），包括库恩以及许多后现代主义者、新马克思主义者、女性主义哲学家。他们主要关注公众知识是如何建构起来的。他们重视社会-政治过程在公众知识建构中的重要作用。当今社会为其注入了更多技术的元素，技术成为重要的建构力量而非决定因素。

---

① Rychlak，J. F.，"Foreword"，in R. B. Miller（ed.），*The Restoration of Dialogue: Readings in the Philosophy of Clinical Psychology*（Washington，DC：American Psychological Association，1992），pp. xv-xvi.

② 刘儒德：《建构主义：是耶？非耶？》，《中国电化教育》2004 年第 1 期。

（二）社会建构论的当代取向及技术转向

在当代，建构主义出现话语分流，建构主义思想被引入多个学科领域。皮特·伯格（P. Bergger）和托马斯·卢克曼（T. Luckmann）在1966年出版的《现实的社会建构：知识社会学论纲》（*The Social Construction of Reality: A Treatise in the Sociology of Knowledge*）一书中明确提出"社会建构"（social construction）一词。[①] 日常生活的世界呈现为人们解释的事实。这也就是说，世界是作为一种客观存在而出现的，被表征为客观现实的社会存在不仅是行动者构成的客观内容，而且也是思想、信念、知识等主观过程进行的系列社会建构活动或过程。

社会建构主义与技术政策和管理相结合，产生社会建构论的技术管理和政策研究。[②] 社会建构论的技术管理和政策研究主要是从方法论上引入了建构主义，强调要考察技术被"建构"的过程。社会建构主义虽然难逃唯心主义的窠臼，但是它倡导的理论思想启发了一种积极的研究导向。

（三）社会议题（问题）的建构活动

社会建构论认为：社会现象的问题性质是作为社会活动（activities）或过程（process）而存在的，而不是存在于对象性事实或状况中。正是通过社会活动和过程，一些状况被断言是有问题的，并被"社会"定义成一个"问题"。社会问题的建构活动有一个时间-过程的规律性，这一过程即社会问题的"生命历程"。早在1941年，两位美国社会学者富勒（Richard C. Fuller）和迈尔斯（Richard R. Myers）在《美国社会学评论》杂志上发表了一篇题为《一个社会问题的自然发展史》的论文。[③] 中国学者将该论文翻译了过来。[④] 富勒和迈尔斯在经验研究的基础上识别出社会问题经历"察觉"、"政策选择"和"改革"三个阶段。他们对后续

[①] Bergger, P., Luckmann, T., *The Social Construction of Reality: A Treatise in the Sociology of Knowledge* (New York：Doubleleday, 1966), p. 56.

[②] 邢怀滨：《社会建构论的技术观》，东北大学出版社，2005，第20页。

[③] Fuller, R. C., Myers, R. R., "The Nature History of a Social Problem", *American Sociological*, 6 (3), (1941).

[④] 理查德·富勒、理查德·迈尔斯：《一个社会问题的自然发展史》，谢明译，《北京行政学院学报》2001年第6期。

社会问题的研究工作有很大的启发。

布卢默（H. Blumer）从集体行为理论出发，考察了社会问题的阶段性特征。[①]

美国社会学家贝克尔（Becker）认为，社会问题的发展经历了五个阶段：一是问题的认定；二是持续广泛的关注；三是问题的认可；四是问题的接纳；五是问题的解决和处理，转化为有关机构人士的职业活动。[②]

美国社会学家斯佩克特（Malcolm Spector）和科茨尤斯（John Kitsuse）在《建构社会问题》一书中提出四阶段模型：第一阶段，个人烦恼转化为公共议题；第二阶段，公众议题转化为政策问题；第三阶段，体制化后的检验和转化；第四阶段，寻求体制外的途径解决，比如社会运动。

根据以上研究成果，结合互联网时代的社会信息系统的开放特征，借用社会问题建构的活动/过程理论，考虑到诚信观念、诚信心理的重要性，我们将社会诚信的建构活动分为公共关注、议题聚合、舆论动员、心理重塑和对策行动。

二　理论基础之二：技术社会学

技术社会学是旨在修正技术决定论的技术社会理论模型，主要研究技术-社会关系和技术-价值关系。这为科学理性地看待互联网技术，包括探讨互联网作为一种技术条件和因素如何对社会产生影响以及产生了怎样的影响提供理念支撑和理论依据。

"技术的社会建构"（Social Construction of Technology，SCOT）是平奇（T. J. Pinch）和比克（W. E. Bijker）于1984年提出的。他们将技术创新看作一个演化的过程，而且特别重视社会因素对技术演化的作用，即讨论技术问题时，社会因素不可忽视。技术是社会的构成部分。

行动者网络理论（Actor-Network Theory，ANT）倡导以一种新的社

[①]　Blumer, H., "Social Problems as Collective Behavior", *Social Problems*, 18 (3), (1971): 298-306.

[②]　Hartjen, C. A., *Possible Trouble: An Analysis of Social Problems* (New York: Praeger Publishers, 1977), p. 30.

会学框架剖析技术创新。它是由法国巴黎学派的布鲁诺·拉图尔（Bruno Latour）和米歇尔·卡龙（Michel Callon）以及英国的约翰·劳（John Law）等提出的新型理论。行动者网络理论采用"行动者"这一抽象概念，认为它是构成网络的异质性实体。① 行动者网络理论还表明行动者网络是一种动态网络，它能够连接起更深一层的异质要素并不断实现自身的再定义和转型。② "转译"（translation）是网络行动者理论中起重要作用的一个概念。行动者之间的"转译"大体经历四个环节：问题呈现（problematisation）、利益赋予（interessement）、摄入（enrollment）、动员（mobilization）。③ 这和社会建构理论的活动/过程理论具有高度的契合性。

　　大技术系统理论主要讨论大型技术系统是如何进化或者演化的，它涉及各种不同的人工物和制度。由于组成系统的各要素都是社会建构的，且直接或通过它们之间的相互作用为系统的共同目标做出贡献。④ 在当今大的互联网技术系统中，人、技术、智能生成物等共同发挥作用，对社会产生影响。人与机器的关系在这个新的技术系统里也发生着改变，所以人类应该重新审视自己的定位，审视自己与其他主体、其他存在物的关系，从而实现命运共同体的共生共存。

三　概念界定

　　社会诚信：既指一种基于社会主体间的信任关系，又指社会各行业、各领域对诚实守信道德规范乃至法律法规的高度认同，是全社会在社会实践中形成的一种社会风尚。这是在众多已有研究的基础上，对本书中社会诚信做出的界定。对诚信、社会诚信及相关的研究，在下文将有详细的介绍。

　　公共关注：某种社会现象或议题一开始因为某些事件由少数人察觉

---

① 孙启贵：《国外新技术社会学的三条径路》，《国外社会科学》2010 年第 2 期。

② Law, J., "Technology and Heterogeneous Engineering: The Case of Portuguese Expansion", in W. E. Bijker., T. P. Hughes and T. Pinch （eds.）, *The Social Construction of Technological Systems: New Directions in the Sociology and History of Technology* （Cambridge MA: The MIT Press, 1987）, pp. 111-134.

③ Callon, M., "The Sociology of an Actor-Network: The Case of the Electric Vehicle", in Michel Callon et al. （eds.）, *Mapping the Dynamics of Science and Technology: Sociology of Science in the Real World* （Basingtoke: Macmillan, 1986）, pp. 196-233.

④ 孙启贵：《国外新技术社会学的三条径路》，《国外社会科学》2010 年第 2 期。

和关注，这是相应观念产生的基础。某一社会议题或者观念在得到关注后由一种单一状况或者单一人群而进入公共场域。

议题聚合：聚合使议题关注升级并普遍化为一个"社会"议题。议题建构中的聚合是一种类型化的活动，是对现实议题进行分类、命名和定义的过程。这是社会现实建构的一种重要机制。奥地利裔美国社会学家阿尔弗雷德·舒茨（Alfred Schütz）把这种机制称为社会现实的类型化和关联定位机制。[①]

舆论动员：舆论动员旨在通过舆论影响、改变社会成员的意见、情绪、态度以及信念，引导、发动、组织社会成员积极参与相关实践，从而实现一定目标。[②] 在社会诚信建构中，便是结合社会诚信、社会信用体系建设的近期、长期目标，通过舆论传播的方式，影响、改变社会成员的意见、情绪、态度以及信念；同时发挥互联网优势，在互联网场域中实现舆论动员的路径拓展，利用场景应用，连接社会要素，调动一切积极因素，整合社会资源、凝聚社会力量，从而动员全员重视并参与社会诚信建构。其中，场景的应用更为贴近公众的现实生活，它能促进舆论效应的实现。

心理重塑：心理的重建和再构。社会诚信建构的心理重塑是对社会主体心理的重塑和重构，是顺应社会环境变化的必然选择。它包含的第一层含义是诚信心理是具有"建构性"的，是可建构的；第二层含义是诚信心理需要重塑以适应新的社会实践，进而推动社会诚信的建构。

对策行动：对策行动旨在解决问题，出台相应的政策，采取相应的行动，进行相关建构。它不仅依赖制度力量，也依赖道德行动。

信息扩散机制：实现有效的信息传播目标的内在方法和过程，即扩散系统内各子系统和各要素之间相互作用、相互联系、相互制约的形式及其运动原理和内在的、本质的工作方式。[③] 它指涉一种方法和过程。

信息扩散模式：对现实事件的内部机制及其关系的直观和简洁的描述。

---

①　杨善华主编《当代西方社会学理论》，北京大学出版社，1999，第25页。

②　曾润喜、朱利平：《网络舆论动员：内涵、过程及其治理》，《北京航空航天大学学报》（社会科学版）2019年第6期。

③　Holsapple, C. W., Singh, M., "The Knowledge Chain Model: Activities for Competitiveness", *Expert Systems with Applications*, 20 (1), (2001): 77-98.

它将具体变为抽象，是理论的一种简化形式。它能够向人们展示一个事物结构或者事物的主要组成部分，以及这些部分如何相互关系，[①] 是事物的一种趋近标准的样式，是从具体经验中抽象和提炼出来的。

第三节　理论价值与现实价值

互联网时代，社会的复杂性和不确定性增加，诚信困惑倍增。社会诚信是互联网时代的黏合剂，只有有了信任，人与人之间才能连接，社会才能很好地运转。所以，研究互联网时代的社会诚信建构是时代使然，现实使然，责任使然。本书有如下理论价值和现实价值。

一　理论价值

本书在学理层面探究互联网时代社会诚信建构这一核心议题，研究社会诚信建构活动的现状、不足，探究其深层次的原因。这在一定程度上有助于社会诚信理论的研究，丰富并拓展互联网的理论、功能等。

社会诚信的建构是一个复杂的系统工程，集有形与无形于一体，在互联网时代更是涌现诸多新的议题。本书将社会诚信的建构置于互联网时代信息系统开放的背景和理论之下，对社会诚信的建构活动——公共关注、议题聚合、舆论动员、心理重塑、对策行动进行观照，加以研究。这种新的视角与研究具有理论意义。

在动态的过程中探讨某种议题（社会诚信）在互联网时代的建构，这对互联网的特征、功能、场景等的研究是一种拓展，在社会系统中考察互联网社会的信息系统及其开放性特征。这对互联网研究本身具有理论上的拓展意义。

二　现实价值

社会建构论具有实践指向。社会诚信的建构离不开社会诚信的建设。社会诚信的建构需要一个长期、系统的过程，需要社会各个领域、各个主体、各个维度的积极配合，共同推进诚信理念和行为的形成与传播，

---

①　王培智主编《软科学知识辞典》，中国展望出版社，1988，第776~777页。

目的在于打造诚信文化和诚信环境。社会诚信的建构包括社会诚信的建设。社会诚信的建设是建构社会诚信的重要途径之一。相对于社会诚信的建构，社会诚信的建设则更侧重于短期、特定的诚信问题的预防和纠正，强调解决具体问题。社会诚信的建构则更侧重于关注公共利益、社会责任和法律合规等方面，旨在维护社会公正和公平。

社会诚信的建构将有利于社会的和谐，把握其基本的建构规律、建构路径，对社会诚信的建设、诚信社会的建构、诚信问题的解决，以及实现良好的社会互信和经济发展，都具有积极的作用。其中，心理认同和建构起着关键性的作用，是社会诚信建构的基础、依据和目标，只有社会各主体对社会诚信认同，并打造自身诚信，对其他各行各业的信任度不断提高，形成积极的情感共同体，社会诚信才能达成具有公共理性的共识，其建设才能获得统一行动。基于以上论述，本书对于促进社会诚信的建构、形成诚信观念、建构诚信的社会具有积极的现实意义。

另外，互联网时代很多新的议题涌现，新的问题频出，议题只有被关注才能引起重视，问题只有被关注才能得到解决。本书对互联网时代的社会诚信建构加以梳理与研究，可以减少互联网的不确定性和复杂性给社会带来的恐慌和焦虑，让社会主体对互联网时代以及互联网时代的诚信议题有一个清楚、理性的认知，对互联网诚信本身的建设和借势互联网进行社会诚信建设都是大有裨益的。

第四节　互联网时代社会诚信建构研究镜像

一　互联网研究

20世纪六七十年代，现代互联网的诞生将人类传播推进至传联时代。自20世纪90年代以来，数字与互联网技术迅速在全球范围内普及，互联网以"连接一切"的特质嵌入人们的日常生活。它的发展也赋予了研究者大量的想象空间，从宏观层面的互联网对社会的影响到微观层面的互联网信息生产、储存、传播、获取，不同视角、不同维度的互联网研究层出不穷。针对本书主题，本节从以下几个方面对已有研究进行梳理。

（一）　互联网对社会的影响

互联网对社会最直接的影响体现在互联网凭借强大的传播力"连接"社会，提高了人与人、人与物及信息与人的利益关联度。刘飞曼从互联网便捷度与关联度的特质出发，考量了互联网在媒介进化中的重要地位，其认为互联网为人类较好地适应媒介社会新秩序创造了新的空间。[①]而从人的主体性来看，这种"连接"通过技术赋权的方式让人们自主决定信息内容的生产与传播，各类信息同时空的汇聚可以为优化人们的决策提供参考，从而达到事半功倍的效果。与此同时，普通群体也可借助互联网了解与关注社会议题，成为网络空间的关键意见群体。郑雯等就结合中国网络空间的发展情况提出网络空间演进方向的新视域——"底层客体性时代"向"底层主体性时代"的转变。[②]

如今，人们的生活已与互联网紧密相连，互联网所带来的负面影响也日渐突出。孟伦探究了网络空间背后隐含的文化症候，认为从个体生活到社会交往，社交平台的文化症候主要表现在以下三个方面：一是人们的生活感知越发碎片化，深度内省不足；二是虚拟空间成为日常交际的重要场所，人际关系缺乏真实性；三是分享内容同质化严重。[③] 这些特征下的互联网世界为互联网时代诚信问题的滋生提供了土壤。

（二）　互联网时代的公众研究

多元传播主体的信息互动，是互联网群体传播中主体关系的展开形式和交往过程，形塑着不同于以往的社会关系。[④] 公众通过网络连接，让其被动的、痴迷的接受者形象转变为包含集体智慧和创造能力的主动者形象。张明新和方飞探究了互联网时代下的公共参与，认为公众把互联网作为交往互动和传播信息的平台，改变了公共参与的面貌和特征，

---

① 刘飞曼：《便捷度与关联度：互联网时代媒介进化的双螺旋》，《出版广角》2021 年第 4 期。
② 郑雯、施畅、桂勇：《"底层主体性时代"：理解中国网络空间的新视域》，《新闻大学》2021 年第 10 期。
③ 孟伦：《互联网时代社交媒体平台的文化症候与治理对策》，《出版广角》2021 年第 22 期。
④ 姜楠：《感性选择：互联网群体传播中的主体关系建构》，《现代传播（中国传媒大学学报）》2021 年第 1 期。

公共参与和公共表达中体现了明显的人与人的交往关系。① 吴斯则尤其关注互联网时代"小众"群体的需求，认为互联网在互动形式和互动内容上影响、改变甚至重塑了"小众"，它能够跨越阶级、性别、年龄、地域上的差异，使其参与者在网络空间内实现交往。② 多元主体的激活，特别是普通公众的广泛参与，为社会诚信建构中共情、共识的达成提供了主体条件。

（三）作为媒介平台的互联网研究

针对互联网平台的相关研究已有不少，学者们分别从互联网平台的特征与发展、出现的问题、问题解决的路径等方面展开研究。

关于互联网平台的特征与发展。互联网平台的本质是一个以技术为骨骼、以商业为灵魂的开放、多元、普适的基础性服务平台，互联网平台将是未来社会千行百业实现"媒介化"进程的基础性建设平台。张鸿飞认为互联网平台作为社会传播的基础功能架构，极大地拓展了传播的时空范围，为泛媒化时代的到来提供了物质基础③；张廷宛则认为，互联网平台通过其内部逻辑和算法，积极鼓励广泛的内容生产者制作自己的内容并与观众建立社交联系④。

互联网平台打造了一个信息集散地，但商业化本质却使一些"越位"和非规则行为不断涌现。例如部分平台与用户签订不平等条约，或是不同平台之间在用户不知情的情况下共享用户信息、侵犯用户隐私等。李彪认为在强调互联网平台带来一定积极作用的同时，还应该看到互联网平台将具有公共属性的数据和关系资源私有化与商业化、在资本的裹挟下进行舆论控制等危及国家安全和互联网主权的行为的负面影响。⑤ 吴晓明提出各种传播奇观层出不穷，无论是对良性社会的建构、共识的形成，还是公信力的提升以及政权的稳定都是极为

---

① 张明新、方飞：《媒介、关系与互动：理解互联网"公众"》，《现代传播（中国传媒大学学报）》2021 年第 12 期。
② 吴斯：《空心症与传播丛：互联网时代的小众研究》，南京大学博士学位论文，2017。
③ 张鸿飞：《价值主张驱动创新：中国互联网平台内卷化的破解之道》，《编辑之友》2022 年第 1 期。
④ 张廷宛：《机遇或负担：互联网平台逻辑下的关系劳动》，《东南传播》2021 年第 9 期。
⑤ 李彪：《互联网平台的垄断特性、社会影响及规制策略》，《人民论坛·学术前沿》2021 年第 21 期。

不利的。①

针对互联网平台出现的问题,学者们也从不同角度提出了解决路径。梁正提出探索构建诸利益相关方共同参与的平台协同治理体系,形成内外部利益相关方全景式治理、互联网平台赋能公共部门、公共部门赋权互联网平台、第三方组织积极参与和社会公众共同监督的协同共治机制。② 李彪和高琳轩则认为对互联网平台的治理应从顶层框架设计及平台自我规制两方面入手,在保障互联网平台健康发展的同时,降低其发展产生的负面效应。③ 这些研究为诚信问题的解决和社会诚信的建构提供了借鉴。

二 社会诚信研究

对社会诚信的研究,首先是基本概念和内涵的研究,目前的研究重点聚焦于社会诚信的建设和建构方面。

(一) 诚信含义的探究

中西方均有对于诚信概念的相关研究。西方文化对诚信的理解通常有三个视角,一是将诚信视为个体的特质,包括可信赖性、责任意识等;二是认为诚信是一种道德行为,涉及对规则的认可和承诺;三是将诚信置于与他人的关系中,个体的诚信行为表现为组织的结果。④

在中国,诚信的定义多种多样,而诚信研究又与社会科学的领域密不可分,因此定义也多种多样,但缺乏一个广泛接受的、达成共识的定义。目前,对诚信的多定义现象来源于两个方面:①诚信本身是一个抽象概念,类似的概念有信任、信用、信誉等;②诚信是一个多维度概念,涵盖了认知的、情感的、行为的维度,包含伦理、情感、心理、道德、价值等。⑤ 时代不同、研究需要不同,因此不同的研究者对诚信有不同

① 吴晓明:《后真相与民粹主义:"坏的主观性"之必然结果》,《探索与争鸣》2017 年第 4 期。

② 梁正:《互联网平台协同治理体系构建——基于全景式治理框架的分析》,《人民论坛·学术前沿》2021 年第 21 期。

③ 李彪、高琳轩:《平台资本主义视域下互联网平台治理的理论依归与路径选择》,《新闻与写作》2021 年第 12 期。

④ 石岩然:《新时代诚信建设制度化研究述评》,《贵州省党校学报》2019 年第 3 期。

⑤ 许琼来:《不对称信息下网络交易信任缺失的博弈研究》,北京邮电大学博士学位论文,2008。

的界定和阐释。总的来说，对诚信含义的探究主要有以下几种。

"诚信"作为"真诚、真实"之义，这是诚信的基本含义。在现存的古籍中，我们能够查阅到大量古代思想家把"诚"与"信"用作"真诚、真实"的相关文献。诚信代表着为人要真诚，做事要遵从真实、客观、无欺的原则。

"诚信"一般含义引申而来的"履约，守信用"之义。"履约，守信用"指"诚信"是社会主体在行为中的外在表现，是内诚于心在实践中外化于行的具体体现。评价一个人诚信与否，看其言行是否一致，评价社会主体在与他人交往中是否遵守诚信的原则，能否信守承诺，兑现诺言，强调知行合一。因此，不是"听其言而信其行"，而是要"观其行"。

"诚信"作为"信任、相信"之义，这在汉语中也较为常用。《论语·阳货》中说："信则人任焉。"[1] 意思是说，讲诚信能够得到任用的机会。在我国传统道德中都强调在人际交往中要重承诺、讲信用，要表里如一、以诚待人。因为"信"是"任"的前提，因诚实守信而产生信任关系。"诚"与"信"的基本含义就是言语实在，不欺人，也不自欺。"诚"主要指主体自身的一种心理状态，指主体言行一致、表里如一，因此古人说："诚者自成也。"而"信"着重于主体之间的一种关系，"信"的核心含义就是践约守信。换句话说，"诚"就是"内诚于心"，"信"就是"外信于人"。这就是所谓"忠诚发乎心，信效著乎外"。

"诚信"与"信用""信誉""信任"的关系。在很多语境中，"诚信"一词经常与"信用""信誉""信任"交替使用。但它们之间还是存在一些区别。《汉语大词典》解释，"信用"从词性角度分为名词和动词，作为名词用有"守信""言而有信"之义；作为动词用有"相信"之义。"信誉"有"诚实守信的声誉""信用和声誉"之义。"信任"含有"相信并加以任用""相信""任随、听凭"之义。从以上解释可以得出，"诚信"是"信用""信任""信誉"的基础和依据。

"信用""信任""信誉"都是"诚信"一般含义上的延展与拓宽。讲信用、讲信誉、信任他人是诚信这一道德规范的题中应有之义，是诚

---

① 刘宝楠注《论语正义 诸子集成本》，上海书店，1986，第371页。

信品质的外化、深化和扩大化。

（二）我国失信治理及诚信体系建设研究

公民在社会中因为相互联系而产生联结。公民不仅具有个体意义，同时是社会人，处于不同的社会关系和社会情境中。公民除了要遵守个体的价值规范，还要遵守社会交往规范。从个人诚信到社会信任，实际上就包含个人在参与社会交往和公共生活中需要恪守的扩展型的价值规范和伦理秩序。① 社会诚信是新时代诚信建设的重点，加强社会诚信建设不仅有助于提高全民道德修养，而且可以调动社会成员参与社会治理的积极性，从而降低社会治理成本。

信用建设在中国社会的发展中受到了足够的重视，现已形成了具有中国特色的社会诚信建设方式。王淑芹认为，社会诚信建设"两手抓"的一体化理念、内规与外治的一体化治理体系、目标的分层衔接是社会诚信建设的中国特色。② 冯秀军和杨中英以历年央视春晚小品为研究样本，在探究改革开放 40 多年来我国诚信价值观建设变迁时，发现我国诚信价值观建设重点与我国社会的现代化变迁高度耦合，体现了诚信价值观建设与时代发展变迁相适应的显著特征。③

对我国失信治理及诚信体系建设，以往的研究大多集中于心理学、社会学、政治学。近几年发生了一些改变。主要集中于以下四个方面。

1. 社会诚信的制度建设研究

制度建设研究在社会诚信体系建设中一直受到重视。通过司法约束，建立健全与诚信建设有关的保障机制、完善社会诚信建设的法律体系等，各主体有效分工，互相协调，这样诚信社会才能有序运行。从司法角度来看，杨福忠认为诚信价值观法律化在中国具有必然性，采用集中立法模式管理信用信息是社会诚信建设的一条重要途径。④ 除此之外，研究

---

① 宇文利：《从个人诚信到社会信任：价值观内在伦理秩序的建构》，《伦理学研究》2020 年第 6 期。
② 王淑芹：《探索与创新：社会诚信建设的中国特色》，《马克思主义与现实》2020 年第 3 期。
③ 冯秀军、杨中英：《改革开放 40 年来我国诚信价值观建设变迁探析——基于央视春晚小品的分析》，《教学与研究》2019 年第 3 期。
④ 杨福忠：《诚信价值观法律化视野下社会信用立法研究》，《首都师范大学学报》（社会科学版）2018 年第 5 期。

的视角伸向了当今的征信体系建设和联合惩戒。"建立失信约束惩罚机制，作为社会诚信制度保障。现在我们虽然在建立征信系统，但对失信人惩罚较弱，我们应在法律上让诚信者得到应有回报，失信者承担个人成本。"①研究者指出，"失信联合惩戒的核心内涵，在于发挥政府和市场的共同作用，综合运用行政性、市场性、行业性、社会性等措施"②，为社会诚信建设的多元主体协作指明了方向。

2. 社会诚信的道德教育研究

诚信的道德教育，并不是排斥诚信的制度建设，很多研究往往是将制度建设和道德教育结合起来的。"以法律和制度建设为根本保障，以营造氛围、宣传教育为手段，以提高集体和个人的诚信意识为目标，通过所有人的不懈努力，真正有效地搞好社会诚信道德建设，从而保证中国特色社会主义的健康发展和运行。"③有学者将诚信教育直接定义为法制教育。道德评价是一种语言评价，不具有强制性，因此需要健全奖惩机制。④"要加强道德舆论监督，对典型的不诚信行为，加大惩罚力度，公开教育，让社会成员以此为戒，共同维护社会的诚信制度。"⑤向征认为社会诚信建设不能仅停留在理论层面的探讨以及精神层面的教育上，而是需要每一位社会成员的积极参与。⑥公民是诚信教育及社会诚信体系建设的主体和重点。黄一斓关注到目前高校诚信宏观生态环境失衡，认为需重新审视大学生诚信教育⑦；刘丁鑫认为加强社会信用教育可从社会信用的专业化教育、普及化教育以及法治化教育三个方面入手⑧。

3. 政务诚信的引领作用研究

政府诚信的研究在社会诚信研究中一直占有一席之地，除了政府诚信的理论研究，研究者越来越强调政务诚信的引领作用。党的十八大提

① 徐盼盼：《当代中国社会诚信建设理论和实践研究》，扬州大学硕士学位论文，2018。
② 李丹：《加强失信联合惩戒 营造社会诚信氛围——访全国人大代表、威海市商业银行董事长谭先国》，《中国金融家》2019年第3期。
③ 李林子：《社会诚信道德教育研究》，陕西科技大学硕士学位论文，2018。
④ 徐丽英：《关于社会诚信教育建设的研究》，《才智》2017年第24期。
⑤ 张小路：《现代社会诚信体系及其建设》，《河北学刊》2004年第3期。
⑥ 向征：《从知到行：社会诚信建设的有效参与》，《人民论坛》2019年第24期。
⑦ 黄一斓：《高校诚信生态环境的现状与重构——以大学生诚信教育为核心》，《黑龙江高教研究》2019年第7期。
⑧ 刘丁鑫：《社会信用教育的实现路径研究》，《学校党建与思想教育》2021年第22期。

出"加强政务诚信、商务诚信、社会诚信和司法公信建设"。其中，政务诚信被放在了首要位置。政务诚信是"风向标"，政府工作人员以身作则讲信用，才能给社会诚信、公民诚信、企业诚信树旗帜、立标杆，用政务诚信引领社会信用体系建设是当务之急，各级政府机关工作人员应带头讲诚信、做表率。① 从政府角度来看，王秀哲认为政府应从主导者还原为参与者，从权力行使者回归权力守护者，从直接监管者转换为间接规制者，从消极惩戒者变身积极信任引领者。②

4. 技术助力社会诚信建设研究

信息技术的加强为社会诚信建设提供了新的契机。喻佑斌着眼于区块链技术，认为该技术可使网络空间中的"真实"得到正本清源，进而使此前凭借中介来认定的"真实"因私欲而被篡改、被作伪的各种可能性降至最低。③ 常凯关注到大数据分析在社会诚信体系建设中所发挥的作用，建议打造诚信数据平台，实现诚信数据的共享。④

现如今，伴随网络技术的发展，网络社会当中也出现了不少新的社会诚信问题，关于网络诚信的探讨越来越多。韩波认为，在网络上与陌生人交往中只能自我确定的单向诚信要承受巨大风险，网络诚信问题既体现了互联网自身发展的特点，也是现实世界诚信状况在网络中的反映与延伸。⑤ 此外，算法技术本身也具有一些诚信伦理风险，算法规训、算法黑箱等算法失信现象的频发导致社会信任降低，公众对社会信用体系的情感认同不高。在此基础上，杨慧和吕哲臻认为需要对现代社会信用体系进行再构，尤其要注重契约精神的再融入以及诚信治理的多主体协同。⑥

综上所述，对诚信含义等基础理论的研究为本书概念的运用等奠定了基础。在社会诚信体系建设方面，说理性的研究比较多，结合现实问题进行针对性探讨的研究相对缺乏，宏观层面的建构更是比较欠缺。

---

① 袁浩：《用政务诚信引领社会诚信》，《上海法治报》2017年1月3日，第B6版。
② 王秀哲：《大数据背景下社会信用体系建构中的政府角色重新定位》，《财经法学》2021年第4期。
③ 喻佑斌：《论区块链在诚信社会建设中的作用》，《自然辩证法研究》2020年第1期。
④ 常凯：《大数据分析在社会诚信体系建设中发挥的作用》，《电子世界》2019年第22期。
⑤ 韩波：《熟人社会：大数据背景下网络诚信建构的一种可能进路》，《新疆社会科学》2019年第1期。
⑥ 杨慧、吕哲臻：《算法诚信与现代社会信用体系再构》，《中国特色社会主义研究》2021年第3期。

三 互联网之于社会诚信建构关系研究

(一) 诚信之于互联网之重要性研究

在较多的互联网与社会诚信研究中，研究者非常强调社会诚信对于互联网的重要性。这一点在传统媒体社会达成共识，互联网时代也没有改变，而且不能因为互联网上频出的欺诈行为、失信行为而否定诚信的存在，或者认为这些现象不可改变。欺骗做不了互联网，而且互联网时代诚信是纽带。在互联网社会中诚信更为重要。特别是在经济领域，需要以诚信经营为保障，需要以"能力越大责任越大"的信念为指引，这样才能在网络世界里赢得信任，从而促进合作。那些负面的互联网思维带给中国互联网经济的危害也是巨大的。从这个角度说，互联网经济越是火热，越是要讲究诚信经营，在诚信一事上，千变万变不离其宗，不分线上还是线下，诚信是所有企业都要遵守的铁律。①

(二) 互联网对社会诚信建构的影响研究

有关互联网影响社会诚信建构的研究，主要集中于以互联网为背景，以互联网为平台，以互联网为影响因子的研究中。互联网、大数据给诚信带来了影响，② 需要重构社会诚信。互联网经济③、电商、互联网旅游、互联网金融、互联网公证、互联网时代的劳务等方面的诚信议题受到关注。比如，有学者指出，"互联网金融作为一种全新的金融模式与金融制度，在其发展过程中，对社会诚信的基础会产生影响。为确保互联网金融对社会经济发展释放出最大的'正能量'，应稳步推进与互联网金融相适应的征信体系建设，健全互联网金融的监管体系，完善相关法律制度"④。

互联网和算法等新媒体对社会形态、社会关系的建构，是建构主义视角下的重要研究议题。众多学者聚焦网络社会的热门现象和热点事件，探讨新媒体在社会建构中的作用。

---

① 信海光：《互联网时代诚信更重要》，《21世纪经济报道》2014年8月26日，第7版。
② 陈品：《张汉亚：互联网+大数据 拷问诚信》，《中国林业产业》2015年第4期。
③ 子长：《互联网经济首先应该是诚信经济》，《发展导报》2017年6月16日，第2版。
④ 王桂堂、闫盼盼：《互联网金融、诚信与征信体系建设问题探讨》，《征信》2014年第4期。

一方面，新媒体凭借虚拟性、及时性、爆发性等传播特征重塑人们创造现实的方式。夏学銮基于网络社会学的研究对象、基本概念和分析基础，探讨了网络社会作为社会形态和社会建构的双重性质。就网络社会是对现实社会的建构而言，这种建构又具有与社会现实完全对立的极端虚拟属性，以及虚拟与现实共存的续谱属性。① 陈卫星从数据变异和社会建构两个视角来透视新技术驱动下算法传播模式的功能和价值。他认为算法传播不但能激发各种社会性议题，影响事物价值，还能通过主观意志和权力的催化，聚合媒介关系，并借此规定人们接触现实和创造现实的方式，建构一种未来的社会关系模式。②

另一方面，新媒体的把关缺失等问题放大了社会风险，导致社会信任危机。刘国强和粟晖钦认为反转新闻等"把关人"缺失现象，增加了公民信用成本，折射出风险时代公众对媒体、人际、社会产生的信任危机，并利用定性比较分析法对近年来发生的20条反转新闻进行互动分析。研究认为，消极情感类型、二元人物对立模型以及原型沉淀是最容易导致反转新闻发生的关键性要素，也是容易导致社会信任危机的共性要素。③ 张兆曙论述了原始事件和网络事件之间存在社会建构关系和具体的建构过程，认为原始事件向网络事件的转化体现出网络定义者和网络参与者对网络议题的社会建构，这种建构又造成网络事件对社会秩序、社会舆论、集体认知和大众心理的冲击，从而扩大了社会风险。④

（三）互联网诚信研究

互联网诚信本身也需要建设。目前互联网暴露出各种复杂而严重的问题亟须解决。马天娇提出，网络诚信以一种虚拟化、距离化的方式将现实中的问题进一步折射到网络社会，网络失信导致的网络违法与犯罪等问题层出不穷。⑤ 张莉认为，在我国，随着互联网的普及，网络社会

---

① 夏学銮：《网络社会学建构》，《北京大学学报》（哲学社会科学版）2004年第1期。
② 陈卫星：《算法的数据变异和社会建构》，《新闻界》2021年第12期。
③ 刘国强、粟晖钦：《新闻因何反转：受众误信的社会与媒介建构——基于反转新闻发生因子组合路径的定性比较分析》，《当代传播》2021年第2期。
④ 张兆曙：《议题化与网络事件的社会建构》，《学术研究》2021年第9期。
⑤ 马天娇：《基于网络社会治理的诚信建设研究》，西安建筑科技大学硕士学位论文，2020。

诚信缺失问题主要表现在网络虚假新闻屡见不鲜、电子商务领域失信蔓延、社交网络的诚信问题泛滥三个方面。① 对此，杨大森提出解决互联网平台上的诚信问题需要健全市场监管、加强网络安全防范、培育诚信文化风尚、加强对外交流合作。② 连维良提出，完善互联网诚信法律体系、落实实名登记制度、联合惩戒互联网失信行为、联合激励互联网诚信企业、加强互联网诚信第三方监管、加强互联网诚信宣传引导、加强互联网信用信息共享是推进互联网诚信建设的重要途径。③

综上所述，虽然互联网时代下议题众多，但社会诚信议题受到学界和业界的较多关注，提出了很多问题，这都表明互联网与社会诚信研究的重要性和必要性。尽管研究较多，但现有研究现象描述较多、个案分析较多、口号式提倡较多，超越现有社会诚信体系建设框架的思考较少。虽然已有的研究涉及很多领域，比如经济、旅游、科研等，但跨学科的视角相对缺乏，缺乏学科间对话，深层次的学理研究更是不够。

所以本书定位于互联网时代的社会诚信建构，以互联网为背景、为场域，研究社会诚信的公共关注、议题聚合、舆论动员、心理重塑和对策行动等建构活动，探究诚信建构规律和本质，以有效推动社会诚信的建设。

第五节　问题框架与研究方法

一　问题框架

从总体上说，本书基于社会建构论和技术社会学理论等分析社会诚信在互联网时代的建构活动。依照社会议题或问题的建构过程，本书借鉴相关研究，将社会诚信的建构活动分为：公共关注、议题聚合、舆论动员、心理重塑和对策行动。本书的总体研究框架如图 0-2 所示。

---

① 张莉：《论网络社会诚信建设》，《吉林省经济管理干部学院学报》2015 年第 4 期。
② 杨大森：《论"互联网+"时代之诚信问题》，《知与行》2017 年第 3 期。
③ 连维良：《连维良：强化"七个着力"，推进互联网诚信建设》，《中国信息界》2016 年第 12 期。

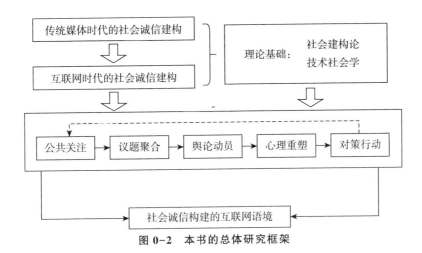

图 0-2　本书的总体研究框架

在社会诚信的建构过程中，社会诚信主体的心理重塑是一个至关重要的因素。比如社会主体对社会诚信以及社会诚信建构这一活动的认同感。认同感关乎社会主体行为的自觉程度，也是社会诚信建构的深层心理基础。而且，互联网时代需要人们具备与时俱进的认知结构和价值观念。心理重塑对于互联网时代社会诚信的建构来说，具有不可替代的重要作用。具体而言，舆论动员后的心理重塑，有利于推动社会各主体更积极地支持和参与对策行动，为对策行动的实施和推广奠定更加坚实的基础，搭建利于对策行动顺畅进行的桥梁。

（一）主要研究问题

社会诚信作为一种议题或者观念本身需要建构，而且是以社会现实为基础的建构。互联网时代社会诚信建构的场景是互联网社会、互联网时代的特征集群，以及互联网时代的开放信息系统。

互联网时代信息系统开放下的社会诚信，呈现新的特征，与传统媒体时代相比，媒介环境发生变化，议题扩散和建构都发生相应的改变。如何正确认知从传统媒体时代到互联网时代社会诚信建构的异同，如何应对互联网信息系统开放下社会诚信的缺失与建构。这些是非常重要的、亟须解决的问题。

基于以上论述，本书旨在研究以下问题。

第一，互联网对社会诚信的建构有着怎样的影响？

第二，传统媒体时代，社会诚信建构的公共关注、议题聚合、舆论动员、心理重塑、对策行动呈现怎样的特征？

第三，互联网时代，社会诚信建构的公共关注、议题聚合、舆论动员、心理重塑和对策行动呈现哪些新的特征，有哪些新的建构方式？

第四，社会诚信的建构除了公共关注、议题聚合、舆论动员、对策行动等环节，还有一个关键的因素便是社会主体对社会诚信以及社会诚信建构这一活动的心理重塑。心理重塑所侧重的是个体内心深处的意识形态和价值观念，这些是更加稳定且不容易受外部因素干扰的，具有比较长久的影响力。心理重塑在互联网时代的社会诚信建构中有何功能、特征，社会各主体如何实现心理重塑？

（二）创新点

第一，研究对象的创新——互联网与社会诚信建构的交叉系统研究。目前的研究现象描述较多、个案分析较多、口号式提倡较多，而超越现有社会诚信体系建设框架的思考较少。虽然研究涉及很多领域，比如经济、旅游、科研等，但缺少跨学科研究，也缺少系统研究。本书的交叉系统研究，对互联网研究或者社会诚信研究来说，都具有一定的创新性。

第二，研究视角的创新——从社会建构论和技术社会学视角展开研究。社会诚信一直受到重视，但问题却存在于各个社会时代，不同社会时代对它的认识程度、重视程度决定了社会各界的态度，也决定了政策的力度以及它最终能获得解决的程度。本书从社会建构论出发，关注社会诚信这一社会议题的主观性特质，研究正确认识这个社会议题的社会建构过程。这为互联网时代的诚信研究提供了新的理论视角，具有创新性。

二　研究方法

研究方法是科学研究得以顺利进行的手段与技术保障，"是一个有着不同层次和方面的综合的体系"①。本书采用的主要研究方法如下。

（一）跨学科、比较的研究路径

互联网研究、社会诚信研究本身就具有丰富的内涵，两者联系起来

---

① 风笑天：《社会学研究方法》，中国人民大学出版社，2001，第6页。

进行的"互联网时代的社会诚信建构"研究，必须运用跨学科的视角和思维，才能展示社会诚信建构的全貌。所以，本书采用了传播学、政治学、社会学、心理学、管理学等相关学科的方法和理论，从多学科的视角进行研究。

首先，对传统媒体时代和互联网时代社会诚信建构的不同语境进行了纵向的比较，以发掘互联网的时代特征。

其次，本书采用横向比较，比如不同诚信主体的心理建构、不同领域的诚信在同一语境下的建构，发现不同，进而挖掘其深层原因，有助于我们客观地分析互联网时代社会诚信建构的现状，探究互联网之于社会诚信建构的影响和意义。

（二）定性和定量相结合的研究方法

本书主要采用问卷调查法和深度访谈法等方法，结合具体案例进行分析，注重理论研究和实证分析的结合。

1. 问卷调查法

美国社会学家艾尔·巴比（Earl Babbie）认为，"一个认真抽取的概率样本，加上一个标准化的问卷，可以提供对某一学生群体、某个城市、某个国家或其他总体的精确描述"，同时也特别适用于了解、分析和研究社会生活中具有不同背景的人们的行为。[①]

本书中有对普通公众的问卷调查，调查其在互联网时代对社会诚信的认知、对联合惩戒措施的敬畏感等；有对隐私认知与诚信建构的影响的问卷调查。对普通公众的调查选取不同区域、不同城市、不同职业、不同年龄、不同性别、不同文化层次的对象进行调查。

2. 深度访谈法（in-depth interview）

深度访谈，又被称为无结构访谈法（unstructured interview）或者自由访谈。与问卷调查相比，深度访谈能够更加开放性地获取主题和思想，特别适合探究不易理解的生活现象，发现以往研究中没有发现的新联系。[②]

为了更好地考察互联网对社会诚信建构的影响，以及探究互联网时

[①] Babbie, E., *The Practice of Social Research(Fifth Edition)*(Belmont: Wadsworth Publisher, 1989), p.254.

[②] Christensen, T. H., "Connected Presence in Distributed Family Life", *New Media and Society*, 11 (3), (2009): 433-451.

代的社会诚信应该如何建构等问题，本书在整理文献的基础上列出访谈提纲，而且是针对不同的对象拟定不同的访谈提纲，分对象、分层次访谈，每位受访者的访谈时间都在 45 分钟以上。

在本书中，一是对若干位新闻传播学者进行访谈获取理论上和观点上的有益参考。二是对若干部门工作人员进行深度访谈，力求收集到有关社会诚信现实状况的资料，各部门采取措施的具体做法、态度，以及对社会诚信现实状况和互联网对社会诚信建构状况影响的评价等信息，从而获得实践上的支持。三是对各学科有关道德建设、文化建设、意识形态建设的专家进行访谈，学科包括社会学、文化学、哲学等，有几个人员还是与诚信有关课题的主持者。

通过深入的访谈，本书获取了可贵的一手材料，为样本的指标设计、使用框架的实践以及互联网时代社会诚信建构活动的探讨提供了更广阔的视角和深厚的现实土壤。

第一章 互联网时代社会诚信建构的公共关注

公共关注，即单个的议题成为公共议题，引起全社会的关注。这也是公共关注的目标。它体现为社会各主体进行不同程度的关注并重视，为议题的生命历程提供动力支持。一个议题关注的人越多、范围越广，并获得持续性或者更长时间的关注，这个议题获得"注意力"资源进而得到公共关注的可能性就越大，"社会能见度"就可能提升。公共关注是公共议题的生命力所在。互联网时代，社会出现了很多新的议题或问题，但并不是每一个议题或问题都能得到同样的重视。网络社会空间议题众多、信息相对过剩，但人们的注意力有限，而且容易被各种各样的社交媒体平台分散。一个议题或问题想要引起社会的关注和重视，需要拥有"注意力"这一种相对稀缺的资源。这也就是说，要让一个议题或问题得到足够的重视和建构，引起公共关注特别是引起相关部门的注意是起点。

公共关注是一种动力机制。一个议题受关注的程度、广度、深度影响议题或问题的确立，或者影响其存在的合法性判断。公共关注的意义在于，在一定程度上决定了这个议题或问题能否进入公共议程，以及能否进入政府的视野，得到政府的进一步关注和重视，从而推动问题的解决。关注的动力机制的实现主要体现在以下两个方面：第一，有限、单一的议题或问题进入公众的视野并引起关注；第二，由于已经被关注和发现的某些议题或问题，加上出现了以前的事件或者类似事件，相关事件也会得到或者更容易得到同样的关注，于是推进议题或问题的归类呈现。

处于转型期的中国社会，难免有问题需要面对和解决。但也不是所有的问题都能得到同等的重视，甚至有些议题或问题没有机会进入公众视野，得不到相应的关注，更无法得到同等程度的重视。当今社会，价值多元，已有的传统伦理道德和价值观念受到前所未有的挑战。新的议题或新的问题需要重新审视、重新阐释和重新建构。

诚信作为社会主义核心价值观得到越来越多的重视，它成为个人、企业、政府的生存资源。所以社会诚信的建构，在全社会形成诚信文化和氛围，显得越发重要。诚信作为社会主义核心价值观有其独特的"注意力"资源优势，但不是自然生成"与生俱来"的，其"可见性"也需要不断提升。社会诚信的建构或建设，经历了一个长期的历史过程，也还将需要一个不断建构、不断完善的与时俱进的过程。在社会生活中，有些议题或问题因为某种契机而引起人们的关注；或者刚开始的时候，引起少数人的关注，被少数人察觉，如果之后受到更多人关注，该议题或问题在很大程度上可能会进入公共领域成为公共议题。社会议题异常丰富，受到的关注程度不一样，显现的重要性也有所不同，其后期在社会的扩散程度也有差异。所以，有的问题得到解决，有的问题得不到解决而"烂尾"。在社会发展的不同阶段，受诸多因素影响，不同议题甚至同一议题受到重视的程度也是不一样的。社会诚信亦是如此，在社会发展的进程中呈现历史阶段性特征，不同议题间的话语争夺或者某些层面的博弈也由此体现。"对合法定义的争夺，是所有场域里的普遍共性；而争夺的焦点，就是界限，就是边界，就是进入权、参与权，有时也体现为数量限制。"①

互联网时代涌现出诸多新的问题，这些问题要想得到足够的重视，进而被纳入政府的决策议程得到解决，需要采取相应的措施获得注意力资源。这离不开社会建构各行动主体的公共关注。也可以说，客观存在的诚信问题被社会各行动主体关注后才可能成为一个社会问题。因此，公共关注是社会诚信建构很关键的一环。公共关注至少包括相关议题的信息发布、信息扩散以及在这一过程中相关社会主体采取的策略以及由此产生的效应。

信息发布是社会诚信公共关注活动的起点。互联网时代，信息发布主体更为多元。技术的发展使多主体参与成为网络传播的主要特征之一。多主体互动、多元共生的网络传播格局形成。这些主体除了传统媒体时

---

① 〔法〕皮埃尔·布迪厄、〔美〕华康德：《实践与反思——反思社会学导引》，李猛、李康译，中央编译出版社，1998，第365页。

代的官方媒体，也有政府机构、企事业单位，还有广大网民。政府机构、企事业单位有自己的信息发布平台和渠道，网民则以自媒体为工具参与信息生产和发布。参与式传播的理论和方法对于网络社会的信息生产方式有着重要的借鉴作用。网民参与信息生产和传播的方式和路径越来越便捷和优化，很多时候网民表现得更为主动和积极，这与互联网技术为其赋能赋权分不开。网民具有技术上平等的话语权，尽管这种"权"在很多情况下受多重因素影响，比如平台的管理、网民媒介素养的局限、媒体议程设置的引导，但网民所拥有的每个账号都存在一个可对外开放交流的个人空间。这为人人都可以进行传播提供了可能。在社会诚信的建构中，媒体和用户的参与度较高。传播的过程发生于协商对话、关系对抗或协作共赢的媒体和社会中。因为社会的变迁和技术的变革，媒体的建构方式有了新的发展。在互联网时代，信息发布主体、信息发布动机、信息发布渠道都呈现新的特征。诚信关乎每个人的利益，与社会各主体的生活息息相关。信息发布主体的多元化决定了信息发布景观的丰富多彩。

信息扩散是社会诚信公共关注活动的拓展。信息扩散的本质是信息的流通和共享。在互联网时代，信息具有互通性、跨地域性、能获得较大规模社群的关注和支持，以及信息扩散速度快等优势。这同时也是信息扩散主体的动力所在。但我们也要注意到信息扩散中网络用户可能存在个体差异，比如有沟通障碍、有知沟或技术沟、有信息不对称问题。信息扩散不仅指信息被看到、关注到，还需要反馈、回应。若有知沟或技术沟影响，沟通反馈效果可能难以达到预期。信息能否被传播和扩散，是受多方面因素影响的。

要引起更多人的参与和注意，在事件的信息生产和意义生成中，主体间的对话需要产生共鸣效应。主体间对话生成共鸣的要义在于，我们面对的这个议题或问题，不是个人化的议题或问题，而是大家共同感受到或者认知到的议题或问题，是相对清晰和明确的、社会的、需要我们共同关注的议题或问题。

互联网时代，不同的传播主体、不同的媒体间、不同的媒体矩阵等采用针对性的策略来实现信息的传播扩散与共鸣，比如利益的表达与利益的较量，又比如跨媒体叙事。在互联网时代，通过算法推荐技术，有意识地推送传播主体想要推荐的内容给用户，从而吸引注意力资源，提升社会诚信的"可见性"。在叙事框架扩散中，意见领袖的框架影响其他主体的框架，同时，公众的叙事框架也可能影响媒体和其他主体的框架，公众的认知在框架的相互影响和使用中得以建构和强化。

另外，互联网开放的信息系统成为社会主体获取信息的重要渠道。互联网平台上的话题或议题等信息可以产生强大的社会"共鸣效应"。互联网可以呈现话题、发起话题，还可以形成话题甚至是话题系统。网络媒体的话题功能引起各社会主体的重视。网络平台可以建立各种关系，实现对话者在网络中的"在场"和"相遇"，人们可以及时对话、互动，建立人与人之间的对话通道，而这种对话的多元化特征，是对传统对话的补充或重构。

第一节　互联网时代社会诚信的"可见性"提升

"可见性"即"社会能见度"，它是指能否被他人看见、能否获得他人的注意力以及获得的注意力是否达到一定规模。[①]"可见性"提升其实质是"注意力"资源的获取甚至争夺。如"社会能见度"（social visibility）是一种资源，[②] 传统意义上源自群体或者个体的社会地位，受到政治权力、市场化、商业化等各方面的影响。丹尼尔·戴扬（Daniel Dayan）指出，"社会能见度"常涉及三个方面的内容：一是"能否被看见"，即是否拥有被看见的权利且被呈现出来；二是"能否被注意到"，即被呈现出来后能否进入公众视野被关注到；三是被关注的程度还需"达到一定规模"。[③] 某一议题要引起社会关注即拥有"社会能见度"，需要满足上述三个条件。同时我们需要注意，"能见度"控制的"算法转向"，彰显了传播的智能化趋势，但也将引发多维度的社会风险。[④]

---

① 孙玮、李梦颖：《"可见性"：社会化媒体与公共领域——以占海特"异地高考"事件为例》，《西北师大学报》（社会科学版）2014 年第 2 期。

② 潘忠党：《作为一种资源的"社会能见度"》，《郑州大学学报》（哲学社会科学版）2003 年第 4 期。

③ Dayan, D., "Conquering Visibility, Conferring Visibility: Visibility Seekers and Media Performance", *International Journal of Communication*, 7 (1), (2013): 139.

④ 郭小平、潘陈青：《智能传播的"新社会能见度"控制：要素、机制及其风险》，《现代传播（中国传媒大学学报）》2021 年第 9 期。

社会诚信的"可见性"是指社会诚信在互联网时代为社会各主体所见和所关注的程度。它受到互联网技术和诚信重要程度等的影响。1987年，中国人发出了第一封电子邮件。1991年，网络论坛初创，中国论坛早期是聊天室时代。因为技术鸿沟和价格昂贵，计算机的普及存在一定的难度。这也就是说，计算机的使用权只掌握在少数人的手中。1994年，中国接入国际互联网。伴随着1997年互联网崛起，论坛也开始崛起。在此之前或者之后的好长一段时间，中国都处于传统媒体占据主导地位的时期，互联网只存在于专业人士的圈子，与普通公众相去甚远。与当今互联网时代相比，当时人们信息发布和分享的平台也相对有限。诚信议题要想进入公众关注的视野，其渠道也相对单一。以往的传统媒体时代和网络门户时代，新闻传播建构的是传者与受者的关系，传者在选题策划、信息采集、信息编码、信息呈现、信息分发方面具有更大的主动权；而受者相对来说带有较多被动性，信源也大多集中在媒体和政府有关人员手中。大众传播的话语权主要掌握在媒体手中。①

如今，我国互联网应用用户规模基本保持稳定。第53次《中国互联网络发展状况统计报告》显示，截至2023年12月，我国网民规模达10.92亿人，较2022年12月新增网民2480万人，互联网普及率达77.5%。这为社会诚信议题的"注意力"资源获取提供了有利条件，有助于其"社会能见度"的提升。

经历了之前的社会建构后，社会诚信已经得到一定程度的关注，其"社会能见度"因为其在政治、经济、文化中的重要作用而得到显现。但在互联网时代，诸多与社会诚信相关的议题以多元化的或隐或显的形式出现。似乎无所不在，而又似乎仅有关联。在这种边界模糊的信息海洋中，为了维护社会诚信的应有地位，使其得到足够的重视，就需要提升其"可见性"。在互联网语境下，社会诚信公共关注的"可见性"提升需要在技术、时间、空间各要素上着力。技术是语境，也是社会主体提升社会诚信"可见性"的工具和手段。只是不同的主体——媒体、政府、学者、普通公众提升社会诚信"可见性"的途径和目标可能存在差

---

① 魏少华：《对话理论视域下的中国社交媒体"话题"功能研究》，华东师范大学博士学位论文，2017。

异。在公共关注阶段更容易发挥自己建构优势的是媒体，传媒场域更为活跃。此时的政策场域在前期系列政策出台的基础上，面对新的议题有时处于前决策阶段，有时甚至是被动的。这符合议题进入公众视野的发展轨迹：问题在先，政策跟进。专家学者进行相关的理论研究和探讨。传媒场域的关注是公共关注的重要推动力量，促使议题引起全社会关注。

一　社会诚信"可见性"提升的必要性及可能性

（一）社会诚信"可见性"提升的必要性

社会诚信"可见性"提升的必要性，首先在于社会诚信的重要性。当今社会诚信环境日趋良好，但在各个领域也还存在或多或少的问题，需要引起足够的重视，这样，相应的问题才能得到解决。对于整个社会而言，构建良好的社会诚信环境是一个社会安定、文明、发展的重要因素。诚信是社会主义核心价值观之一，对社会发展有着举足轻重的作用。对政府而言，政府诚信是社会诚信的基石和灵魂，各级政府必须把诚信施政作为重要准则。作为政府机构，一是加强自身诚信建设，带好头；二是重视诚信，提升国民素质，加强诚信建设的引导和管理。对企业而言，践行社会诚信不仅是企业应尽的社会责任，也是企业自身发展的必要条件，有利于提高企业的市场竞争力、建立稳定的合作关系、树立良好的品牌形象等。诚信是一个人的优良品质和美德，个人诚信是社会诚信体系建设的根本，对社会发展起着举足轻重的作用。个人诚信是个人的无形资产，是名片。对社会、政府、企业和个人来说，诚信都是重要的资源，都需要持续得到关注和建设。

互联网时代社会诚信议题边界模糊，存在形式多样，为避免社会诚信议题被信息海洋淹没，避免社会诚信议题内涵被冲淡，维护社会诚信的应有地位，就有必要提升社会诚信的"可见性"。媒介连接一切，互联网应联尽联，已渗透到我们生活的方方面面，抢占着我们的注意力这一稀缺资源。一个议题或问题要想引起社会的关注和重视，提升其"可见性"，需要拥有"注意力"资源。对一系列违背社会诚信的事件的关注，包括那些以流量等数据造假来引起"关注"的事件，需要以积极的"注意力"和有效的"关注"手段，抑制其发展。

媒体成为社会诚信提升"可见性"、获取"注意力"资源的重要渠道。"注意力经济"已经成为一种语境，是媒体经营成功的关键所在。对于媒体本身来说，争夺"注意力"资源是其发展之道，或者是当今互联网时代的必然选择。媒体所做的是如何吸引用户的"注意力"，并将吸引过来的"注意力"作为一种资源来开发、利用，将其转化为现实生活中的经济效益或者社会效益。对于社会诚信来说，"注意力"资源一旦吸引过来，产生社会效益的可能性就会增加，也会引起更多人的重视，"可见性"也就得到相应提升。"注意力"资源是隐形的、潜在的，只有聚集到一定程度的时候，才可以开发。

"注意力"资源是社会诚信议题获得重视的动力资源。"注意力"是可贵的、有限的。当今社会议题尤其丰富，加上诚信议题本身很宽泛，与其他社会议题极易关联，诚信的"注意力"资源获取就有了难度，这容易导致社会诚信的真核被忽视、社会诚信的边界被消磨，这样诚信就得不到应有的重视。所以我们强调社会诚信的重要性，吸引"注意力"资源，不仅要有更高的关注度，还需要各主体投入和开发"注意力"资源，各司其职，比如媒体借助自身平台优势，利用算法推荐等吸引用户的"注意力"，增强用户的认知；专家学者明确诚信边界，科学界定诚信议题，进行理论阐释和论证，突出诚信的重要性，这很有必要。

（二）社会诚信"可见性"提升的可能性

互联网时代，媒体平台是"可见性"提升的主渠道。"可见性"提升也不再仅仅依靠传统媒体，其争夺主体也不再仅仅是传统媒体，还有诸多普通公众。"刺猬公社"微信公众号曾有一篇文章《实地探访山东新媒体村，农妇做自媒体收入破万》[①] 引起全社会的轰动。山东一村的留守妇女利用自媒体平台创作、传播"三农"类的文章，收入最高达到每月 1.5 万元。其收入主要有流量和电商两类。农村留守妇女之所以能进行这项工作，是因为互联网平台的门槛低，只要识字，通过学习，就能提升创作技能和技巧，比如通过记录好的标题进行学习，创作自己熟知领域、"三农"方面的农村风貌、农民生活等，再发布在百家号、头

---

① 石灿：《实地探访山东新媒体村，农妇做自媒体收入破万》，"刺猬公社"微信公众号，2018 年 8 月 27 日，https://mp.weixin.qq.com/s/r0zWBKQ5W6INOl-94vecxQ，最后访问日期：2024 年 6 月 24 日。

条号上，难度不大；另外也可以拍小视频发布，或者截取电视剧里的经典片段。所以，互联网时代多元的媒介和丰富的传播形式，加上较低的技术门槛，为各种议题争夺"注意力"资源提供了便捷。互联网时代的传播超越时空限制，后面会对此有详尽论述。总的来说，互联网时代的技术普及、时间争夺、空间争夺为社会诚信"注意力"资源争夺增加了可能性。

1. 技术升级下的社会诚信"可见性"提升

社会诚信"可见性"提升的可能，源于互联网技术的普及和优势特性，还有互联网对人们生活方方面面的影响。网络可以发挥自己的优势利用框架引导，进行议程设置或者算法的个性化推荐，吸引网络用户的注意力。比如当今基于大数据的算法推荐，可以植入价值观因素，在社会诚信的建构方面下功夫，讲好社会诚信的故事，营造社会诚信的氛围，杜绝因算法带来的诈骗信息弥漫的场景。这自然会实现社会诚信"注意力"资源的有效获得。还可以利用虚拟现实、增强现实等技术，实现沉浸式传播，升级用户体验，或者利用数据新闻、算法新闻，发挥数据优势，对用户进行精准画像，实现个性化推送，增加诚信议题被关注的可能性。

2. 社会诚信时间维度的"可见性"提升

现代社会的快节奏和信息传播格局，使得碎片化成为一种常态，这在时间方面表现得尤为明显。因为信息传播活动发生于特定的时空中，传播活动占据用户的碎片化时间或者流动性空间，所以吸引用户注意显得尤为重要。英国社会学家安东尼·吉登斯（Anthony Giddens）认为"社会系统的时空构成恰恰是社会理论的核心"[①]，时间和空间通常是很多社会学科的分析框架。社会诚信"可见性"提升的可能性，可以通过互联网对受众时间的争夺实现。卜冬磊和张稀颖提出，传播媒介转移了或者说重构了人们的时间参考标准，重构了人类日常生活时间，并且通过技术、内容对时间进行雕琢，塑造了以瞬间性、零散性与无序性为特征的媒介时间。[②] 当今社会公众碎片化的媒介消费观和即时性的媒介消

---

① 〔英〕安东尼·吉登斯：《社会的构成》，李康、李猛译，生活·读书·新知三联书店，1998，第195~196页。

② 卜冬磊、张稀颖：《媒介时间的来临——对传播媒介塑造的时间观念之起源、形成与特征的研究》，《新闻与传播研究》2006年第1期。

费观在互联网世界得以淋漓尽致地呈现。除了技术对内容的传播方式、传播形式的改变，媒介也改变了时间观念，根据时间营造空间，建构场景。邵培仁和杨丽萍的研究中提到，"从时间观念的演变历史看，人类曾先后经历了四次时间革命，即自然时间的革命、钟表时间的革命、媒介时间的革命，现在也许正在面临受众时间的革命"[1]。"或许所谓受众时间的革命，就是场景时间的革命。"[2] 由于互联网、手机、笔记本电脑、可穿戴设备等的出现并得到较为广泛的应用，时间的媒介化有了新的拐点，时间的即时性和非存储性被修正，互联网开始记录和存储时间。例如，很多程序更为便利，不仅可以用来查看，还可以用来搜索、用来回放，动态数据库处处可见。从时间记录的意义上来讲，数据时间开始突破传统的线性和完整的特点，使得时间的呈现更具有压缩性、个人性、碎片性和虚拟性，体现"场景化"的特点。

在互联网时代，社交媒体将用户的时间分割成碎片化的状态，重新合理安排内容传播的时间顺序，营造场景，以吸引用户。社会诚信的公共关注，不是体现在时间占用的长短上，而是体现在抓住这些碎片化的时间，有效地进行建构，获取"注意力"资源。这点可以向某些广告学习，比如插入式广告、信息流广告、户外广告、开屏广告等，运用场景元素吸引注意力。

当然"看过""注意过"并不一定就有效，还需要提升关注度和互动性。比如一年一度的"3·15"晚会，提供了完整视频回放。被点名和曝光的企业，后续还需要做出回应，接受监督，采取合理的危机公关和整改措施。这就扩大了关注的度、范围和影响，并在时间上将其延续和拓展。

3. 社会诚信空间维度的"可见性"提升

从社会关系的角度来看，媒介可以建构空间，空间也是一种媒介。[3]社会诚信"可见性"提升的可能，可以通过互联网对受众空间的争夺而

---

① 邵培仁、杨丽萍：《媒介地理学：媒介作为文化图景的研究》，中国传媒大学出版社，2010，第 77 页。

② 刘宏、周婷：《场景化时空：一种理解当今社会的结构性视角》，《现代传播（中国传媒大学学报）》2020 年第 8 期。

③ 李彬、关琮严：《空间媒介化与媒介空间化——论媒介进化及其研究的空间转向》，《国际新闻界》2012 年第 5 期。

实现。让用户在网络行为中、用户体验中、线上与线下的活动互动中去感受诚信的力量和重要性，比如"信用+"的很多场景应用、信用免押服务，都是利用互联网进行的空间意义上的"注意力"争夺。如此一来，可以让社会公众感受到信用的用处、信用的氛围。作为空间语言的场景，在互联网时代是可以创造的。新的媒介环境和技术塑造了丰富的虚拟空间，其在数量上已经开始超过了现实空间，而且在某些领域虚拟空间和现实空间已经实现了高度的融合。实际上，媒介本身就是一种场景；同时，媒介也可以创造场景，给用户带入式的体验。[①] 比如，2021 年 4 月 23 日，浙江省信用数字化改革应用场景观摩评选活动推选出"十大优秀案例"。[②] 这些案例是浙江省信用数字化创新应用的一个缩影和写照，充分体现了社会信用体系建设"数据为本，场景为王"的显著特征。"十大优秀案例"包括：社会治理网格化巡查信用应用场景、旅行社行业信用监管场景、消防安全行业信用监管场景、台州金融服务平台信用应用场景、衢州龙游溪口基层治理信用应用场景、衢州公共资源交易信用应用场景、温州风险防控信用应用场景、丽水污染源企业在线信用监管场景、金华信义金信用惠民应用场景和湖州长兴县基层治理信用应用场景。这些应用场景为信用治理、信用评价等各个维度提供了平台，具有很大的便捷性。

二　"可见性"提升公共关注的要素和目标

互联网时代，社会出现了很多新的议题和新的问题，但并不是每一个议题或问题都能得到同样的重视。而要让某一个议题或问题得到足够的重视和建构，首先要引起相关部门的注意。公共关注代表着一个个单一的议题成为公共的议题，成为全社会关注的议题，这是公共关注的目标。它体现为社会各主体进行了不同程度的关注，为议题的生命历程提供动力支持。一个议题关注的人越多，范围越广，并获得

---

① 刘宏、周婷：《场景化时空：一种理解当今社会的结构性视角》，《现代传播（中国传媒大学学报）》2020 年第 8 期。

② 《多家主流媒体纷纷报道浙江省信用数字化改革应用场景观摩评选活动》，信用中国（浙江），2021 年 4 月 27 日，https://credit.zj.gov.cn/art/2021/4/27/art_1229636049_792.html，最后访问日期：2024 年 3 月 17 日。

持续性的关注或者时间较长的关注，这个议题"可见性"得到提升从而促进公共关注成功的可能性就越大。公共关注就是让单个议题成为公共议题。

基于"可见性"提升的公共关注，其内涵、指标、作用、目标如表1-1所示：

表1-1 对"公共关注"的理解

对"公共关注"的理解	内涵	某一个或一类议题进入公共场域，成为社会关注的焦点或热点
	指标	媒体报道、网民热议、相关政策跟进出台、研究者跟进研究等
	作用	为社会议题在公共场域竞争中获取时间和空间、为社会议题或问题的生命历程提供必要的动力。关注程度越高，关注范围越普遍，关注越持久，社会议题竞争成功的可能性越高
	目标	让一个或一类议题引起全社会关注，成为公共议题

公共关注，是指某一个或某一类议题进入公共场域，成为社会关注的焦点或热点。公共关注的衡量指标在于媒体报道、网民热议、相关政策跟进出台、研究者跟进研究等。在具体议题关注的判断中，我们可以进一步细化和量化指标，比如关注主体的广泛性、多元性，关注议题的重要性、多维性，报道、讨论、研究的强烈程度、持续性，以及公共关注的效能评价（对功能和质量等的考量）。

在社会诚信"可见性"提升，引起公共关注的这一活动中，社会各主体发挥着不同的作用。媒体特别是互联网平台为其提供了很多便利，具有启动作用，相较于其他主体，在公共关注这一活动中发挥着重要作用。媒体平台报道新闻事件，建构议题，社会各主体通过媒体平台进行利益表达、信息传播和公共讨论，开启公共关注这一活动。社会上的很多议题或问题是经由媒体的传播或者借由媒体平台进入政府的视野，从而引起重视，进而得到了相应处理的。比如2020年11月5日，某短视频平台上一条质疑某直播团队所售燕窝的视频突然火了，视频中小何（化名）吐槽在直播中买到的即食燕窝像糖水一样，没什么固体，质疑网红主播直播售卖的燕窝存在质量问题。此前该直播团队曾于2020年10月25日在直播间推广这款即食燕窝产品。据了解，该产品涉及订单共57820单，成交价为1549万余元。刚开始，该直播团队负责人不承认质量问题。后来舆情发酵，某"职业打假人"提供的检测报告显示，该直播团队直播间所售燕窝"唾液酸"含量仅有 0.014 克，得出的结论是，该款产品的每份工业成本不超过 1 元。强大的舆论压力倒逼该直播团队负责人发布致歉信。此事件中，短视频平台、小何、网红主播、职业打假人等各自发挥着不同的作用，使得该事件引起公共关注并得到有效推进，最终获得社会相关主体的回应。

三　互联网时代社会诚信"可见性"提升的模式

在互联网时代，因为智能媒体的发展，"可见性"提升呈现"算法转向"。"算法转向"体现出媒体、技术等相关机构以及数据的重要性。为了更好地认识互联网时代社会诚信公共关注活动的开展，基于对公共关注实践的思考，我们将互联网时代社会诚信建构中"可见性"提升的模式进行阐释。"可见性"提升，既有通过积极的建设力量或者寻求问题得到关注等手段进行"注意力"资源的获取乃至争夺，也有通过消极负面的信息，比如制造谣言和数据造假等方式获得"注意力"。无论怎样的方式，相关议题只有得到正确对待和妥善处理，才可以成为推进社会诚信建构的积极力量。比如 2018 年"某明星一条微博转发量过亿"的数据造假事件引发舆论关注。随后，相关部门的监管也不断加强，公安部组织开展"净网 2019"专项行动，2019 年 6 月，其幕后推手"星援"小程序被查，"星援"小程序的开发者获刑。由此流量造假事件得到相关部门的高度重视。此类问题要得到善治，需要相关部门提高敏感度，对网络上曝光的问题予以重视，一查到底，科学治理。

"可见性"提升的第一种模式：源于公众诉求的"公众+媒体+政府"的模式。该模式的意义在于，互联网时代公众借助媒体的力量使问题得到关注和解决。这种模式源于公众，公众通过媒体平台发布信息，进而引起社会相关主体特别是政府的重视，从而谋取个人利益。在互联网时代，人人都是传播者，所以这种获取注意力的方式相当普遍。当然，在这种模式中，意见领袖的作用相当重要。不同的主体其传播的力量有异。比如名人具有更大的传播效应。2018 年 6 月，某网络大 V 在其新浪微博上爆料娱乐明星的"阴阳合同"，披露其涉嫌偷税漏税的行为，并呼吁有关部门查处此种行为，其每条微博都被网友转发和评论数十万次，形成了具有强大传播效果的舆论格局，并带动了主流媒体对相关话题的关注和报道，促使相关行政部门展开调查。① 这种模式中很可能伴随着谣言传播、虚假信息传播等现象，或者出现反转。这对公众的媒介素养、平台的把关、政府的监管和治理都提出了更高的要求。

"可见性"提升的第二种模式：基于数据关联的"政府+数据+媒体"的模式。这是基于数据依据或者数据联网，形成一种普遍的利益关联，整合"注意力"资源的模式。这种模式看似源于政府主体，实际上是基于数据公司的大数据资源。政府通过这些数据，进行社会治理，并将治理结果通过媒体平台加以呈现，比如信用评价、诚信黑名单等数据的呈现。这种"可见性"提升的模式取决于政府对数据公司和大数据的认可度，以及对数据和政府治理关系的认知。所以这种"可见性"提升模式是基于对政府治理目的的考量而提出的。这种公共关注模式在互联网的大数据时代表现较为突出。"中国城市信用"微信公众号于2023年2月24日发布的推文《央行：截至2022年底征信系统覆盖11.6亿自然人》显示，截至2022年底，征信系统收录覆盖11.6亿自然人；收录1亿户企业和其他组织，个人征信接入机构5328家，企业征信接入机构5115家。2022年个人征信业务查询量达到41.7亿次，日均查询量为1143.2万次；企业征信业务查询量达到1.2亿次，日均查询量为32.6万次。将尽可能多的主体纳入服务平台，增强诚信意识，让诚信理念深入人心，营造诚信环境。另外，对于失信现象的关注，在互联网时代也呈现新的特征，利用互联网技术让失信行为引起关注，提升"可见性"。比如国家相关机构在公共空间公布数据，引起公众关注。国家公共信用信息中心公示的2022年1月信用服务机构失信问题线索核实处理情况显示，经大数据监测，共发现16条信用服务机构失信问题线索，由相关地方核实后开展专项治理，相关数据公布引起关注。

"可见性"提升的第三种模式：以政府解决为支撑的"公众+政府+媒体"的模式，这是互联网时代线上问题线下解决的"注意力"资源获得模式。2020年9月21日，《南方都市报》上有一则报道《看直播买到假苹果手机，法院一审：主播构成欺诈，按三倍赔偿》，一名消费者因在某

① 张志安、陈子亮：《自媒体的叙事特征、社会功能及公共价值》，《新闻与写作》2018年第9期。

平台看网络直播后，在此直播间买到仿冒手机而不满，起诉直播平台和主播。2020 年 7 月 8 日，法院对这起案件进行公开审理，一审判决结果于 9 月 21 日做出。法院认为许某某作为经营者，实施的经营行为构成欺诈，应承担惩罚性赔偿责任。这是消费者在通过平台投诉等方式不能解决问题时，通过政府相关部门进行解决的案例。这两年，直播带货背后的虚假宣传、制假售假、知假售假引起大众广泛关注。

以上几种主要的"可见性"提升模式，是不同主体基于不同的动机对"注意力"的获得，希望引起关注或使问题得到解决。在信息泛滥、信息质量良莠不齐的今天，更有正反信息之间"注意力"资源的争夺，将反向的"注意力"吸引进行引导和治理，积蓄正向的"注意力"资源，是"可见性"提升的必然选择。在"注意力"资源的获取甚至是争夺中，媒体发挥着自身独特的优势，是其他主体的借力平台，或是获取和争夺"注意力"的工具，或是获取数据的来源。特别是在深度媒介化社会，媒体的影响无处不在。比如长春长生"疫苗造假"事件，通过自媒体首先曝光，继而引发公众热议。有的议题持续在网络空间中发酵，有的议题则经政府响应、新闻发布后成为传统媒体的报道焦点。总之，在社会诚信议题引起公共关注的过程中，媒体起主导作用。

第二节　信息发布：公共关注的起点

信息发布是社会诚信公共关注活动的起点。除了主流媒体、政务媒体等官方渠道的信息发布，人人都有麦克风，人人都有话语权，普通网民同样进行着信息的生产、发布与传播。自媒体"话题"系统中每个账号都有一个可对外完全开放的个人空间。个人空间的内容贡献完全由该用户来完成，用户可以在个人自媒体空间中发文章、发图片、发链接、发视频等。这种自媒体空间除非用户自己设定，否则平台默认面向所有人开放。尽管自媒体存在各种缺陷和问题，但其通过内容的公众生产、信息的直接传播以及公共议题的集体参与体现出了自媒体所具有的公共性价值。由此，自媒体也越来越成为一种重要的公共权力资源，越来越具有诱惑性和渗透力，甚至主导着人们的社会观念和行为方式。① 在互联网时代，信息发布主体、信息发布渠道、信息发布动机都呈现较之以往新的特征。

一 信息发布主体

互联网时代，信息发布的主体构成多元化。其中，专业媒体机构是主流的信息传播主体，它通过新闻门户网站、自媒体平台等媒体矩阵进行信息发布。这包括传统媒体机构如报纸、杂志、电视和广播等数字化转型后建立的网络平台，还有诸如新浪、腾讯、网易等网络新闻门户网站，它们聚合不同来源的新闻内容，并提供互动的平台。除了专业媒体机构，还有个人用户或群体、政府机构、企业、学术机构等，它们通过不同的渠道发布信息。

个人用户或群体，特别是与诚信议题相关的当事人，进行信息发布，比如遭遇失信的人、遭遇欠薪的农民工、遭遇网络诈骗的人，还有知情者，路见不平，随拍随发，传播信息。普通公众发布的信息在互联网时代对于社会公共关注的发生非常重要，它可能形成强大的舆论场。用户生成内容（User-Generated Content，UGC）又被称作 User Created Content（UCC）或 Consumer Generated Media（CGM），泛指以任何形式在网络上发表的由用户创作的文字、图片、音频、视频等内容。② 它是网络信息资源生产创造与组织传播的一种新模式。这些用户是网络媒体上的信息资源贡献者。他们积极共享内容，是话题的发起人。他们积极发起话题，并在话题中与他人对话。这类身份的用户是所有社交媒体都希望留下的目标用户，他们是一个社交社区活跃的保证。通常的"意见领袖"也产生于这一群体，他们发布的信息可能引爆网络舆情。

在互联网时代，用户生成内容（UGC）中的用户（U）的概念较为笼统。从文化的角度进行分析，用户一般分为接受者和参与者。此外，从经济学的角度进行分析，用户一方面是生产者，另一方面也是消费者。从劳动关系的角度进行分析，在用户群体中间，有从事新闻传播或者信息传播活动的专业人士，也有普通的公众。但在互联网环

---

① 陈进华、张寿强：《论自媒体传播的公共性及其道德底线》，《江海学刊》2012 年第 6 期。
② 赵宇翔、范哲、朱庆华：《用户生成内容（UGC）概念解析及研究进展》，《中国图书馆学报》2012 年第 5 期。

境下，用户的概念渗透在信息的源头、生产、传播、反馈、评价等各个阶段，用户扮演信源、信息生产者、信息传播者、信息评论者等多重角色，这些角色及其特征与用户的信息使用行为密切相关。从人机交互的角度，DeSanctis 对用户进行了如下分类：个体用户、团体用户和社区用户。[①]

本书遵循 DeSanctis 的思路，将用户生成内容（UGC）中的用户也分为三大类：个体、组织和社会群体。个体站在自身的角度传播内容；组织主要是政府、企业、传媒等，通过各种网络平台发布政策信息、组织信息、公共信息等；社会群体的构成则体现一个由个体到群体的过程，群体成员在某些层面达成一致，体现了内容的价值和意义。除了上述个体信息发布者，信息发布主体还包括政府、企业或者学术机构等。

不同主体的信息发布会带来不同的效应，需要建立保障体系，从而实现多元主体联动的最佳效果。生产内容的用户，可能成为舆论领袖，可能成为网红，可能是某项政策改革的促动者，可能是媒体信息的提供者，可能是企业危机公关的源头……而在强大的互联网舆论场中，个体与个体之间的对话、个体到群体的集结、公众与政府的对话、公众与企业的对话等都可能成为公共关注的源起。而不同的主体通过互联网平台发布信息，需要建立对互联网信息系统的信任。当然，在"众声喧哗"的时代，公众无所适从时，专家学者对此类事件或者问题的解读能为公众提供某些帮助。而这些帮助的实现，即专家学者与公众对话的有效性，需要建立在公众对专家学者信任的基础上。

信息发布主体可能因为各自立场不同、媒介素养差异等，存在某些需要规避的风险或需要解决的问题。在信息发布主体中，普通公众中的知情者因为"在场"而发布信息，因为人人手中都有自媒体，人人都可以随时随地发布信息。这为信息的发布提供了便利，但同时也因其非专业性带来某些问题。比如作为公众的信息发布者，可能将只言片语或者片段性视频传到网上，从而引起他人的误读，很容易造成舆论的反转，

---

① DeSanctis, G., "Who Is the User? Individuals, Groups, Communities", *Human-Computer Interaction and Management Information Systems: Foundations*, 6, (2006): 48-57.

这对公众的信任也会造成影响。比如 2015 年成都女司机被打事件的反转，对媒体公信力造成了很大的损耗。该事件源于一段"女司机被暴打"的视频，对女司机出手的男司机受到众人谴责。后来事件反转，四川新闻网提供了女司机变道视频，行车记录仪显示女司机曾两次突然变道，差点酿成车祸。由此，舆论又转向了谴责女司机。由此可见，大部分自媒体缺乏对传播"事件应当怎样"的思考的自觉意识和专业素养，从主体身份上看，大量自媒体人的思维能力，还有对道德、正义、社会利益等的思考和价值坚守不及传统媒体人。自媒体传播中把关人的缺失是必须关注的问题。

二　信息发布渠道

如前文所述，信息发布主体多元化，它们通过不同的渠道发布信息。比如政府机构主要通过政府官网、政务微信公众号等发布政策法规、公布相关的公共信息等。企业主要通过企业官方网站、社交媒体平台、行业媒体网站、电子邮件列表、视频分享平台、在线广告平台、移动应用程序等发布信息。学术机构主要通过学术期刊、学术会议、社交媒体平台（微信、微博等）、自媒体平台（知乎、B 站等）等发布学术研究成果和信息。

互联网用户信息发布渠道依托于互联网产品，在实际的网络行为中，它们会选择不同的渠道，尽管有的是无意识的选择，信息发布的渠道可能具有很大的随意性，但一般来说，重要话题的信息发布主体还是会有选择取向的。选取不同的渠道体现了发布者对渠道的认知以及对信息发布和扩散的期待。

发布信息时，我们可以选择朋友圈，可以选择 QQ 群、微信群，可以选择 QQ 空间，可以选择抖音、今日头条等火爆 App，同时可以选择在政府或企业的官网、微信公众号、微博、微信等留言，可以选择发弹幕表达自己的观点，可以作为报料人给传统媒体或者新媒体比如澎湃新闻提供信息进而发布……

不同的渠道具有不同的特征，比如同是视频发布形式，但不同的渠道特征各异，优势有别（见表 1-2）。

表 1-2　"微信视频号"与"抖音短视频"的比较

微信视频号	抖音短视频
大多是横版、信息流形式（看完即退）	常见是竖版、全屏形式（沉浸感更强）
记录真实生活（侧重生活沉淀）	记录美好生活（侧重视频创作、消费）
视频长度不超过 1 分钟；图片不超过 9 张	粉丝 1000 人以上即可发布 1 分钟视频；粉丝 10 万人以上即可开通大于 1 分钟的内容制作权限
能带上文字和微信公众号文章链接，相互引流，引发社群营销	能带上今日头条的文章链接，但无法运营粉丝圈
可以转发到朋友圈、聊天场景，与好友分享	不能直接通过链接转至微信等其他平台，研发新的社交功能"朋友聊天室"
可以在视频号直播中购买虚拟礼物	可在平台内通过电商、广告等实现收入
覆盖面广泛：生活百态、人间喜乐，一应俱全	覆盖面受限：存在一、二线和三、四线城市的区隔壁垒，专注于年轻人强节奏感的音乐短视频社区
以社交推荐为主	以机器推荐为主
优先看到微信好友看过并点赞的视频（注重强连接）	优先看到算法推荐的视频（注重弱连接）
……	……

传播动机不同、传播目的不同，公众会做出不同的信息发布渠道选择，并根据媒体平台的不同享有相应的使用权限。这样能实现不一样的传播效果。比如在留言中传达信息给政府官网或企业官网（给政府官网留言，指向性很明确，目的是引起政府注意，希望问题得到解决，或者纯投诉；给企业官网留言，存在投诉、讨伐、建议或者肯定），这种指向性非常明确的信息发布是为了得到有效回应或使问题得到解决。

公众作为报料人给新媒体比如澎湃新闻提供线索或者更为完整的信息，一是基于公众对新媒体的认知，比如对其传播范围的优越性的认知，但也可能是偶然的行为；二是源于信任；三是希望自己报料的信息进一步扩散，扩大其影响力，寻求舆论支持。比如 2019 年度《长江日报》优秀通讯员获奖者程仁斌，他积极参与城市的建设与治理，为武汉的城市发展贡献智慧和力量。2019 年，《长江日报》共转化 480 条线索，其中程仁斌一人就占 78 条，也就是说，平均不到 5 天，他提供的线索就有一条转化为新闻报道。① 2020 年度《长江日报》优秀通讯员获奖者汉阳区教育局杨学工，一年提供新闻线索 335 条，疫情期间采集了大量教育战线抗疫报道素材，《开饭啦，武汉高三学生这样吃午餐》《武汉高三学生返回阔别百余天的校园》等视频新闻成为爆款，更有多篇报道被央媒转发。②

三　信息发布动机

　　互联网时代社会诚信公共关注的主体具有多样性，与诚信相关的信息发布渠道也是多样化的。信息发布主体可以选择不同的渠道来发布其信息，因为主体站在不同的利益视角，有不同的出发点，也就有不同的信息发布动机。当然，也有部分发布主体具有随意性，或者出于从众心理，或者出于某种习惯而完成信息发布。但很多发布主体都具有很明确的意图和动机。

　　对于网络用户的行为动机，Wang 和 Fesenmaier 认为用户的参与行为以及贡献的驱动因素是用户从参与过程中获得的收益。③ 此外，他们还对网上旅游社区进行了实证研究，阐述了效能、期望等因素显著影响用户参与行为。④ Bagozzi 和 Dholakia 首次提出，驱动用户参与虚拟社区这一网络行为的关键因素分为个人因素和社会因素两个方面。⑤ 无论是个人方向的动机，还是社会方向的动机，都是特定需要引起的。动机是推动人从事某种行为的力量或念头。本书以信息发布主体为本位，借鉴社

①　李玉莹：《有人一年被采纳的线索达 78 条，2019 年度长江日报优秀通讯员、新闻贡献奖揭晓》，长江网，2020 年 8 月 19 日，http：//news.cjn.cn/sywh/202008/t3688641.html，最后访问日期：2024 年 3 月 17 日。

②　李玉莹：《原来是他们！最新奖项揭晓，这些名字太眼熟了》，"长江日报"百家号，2021 年 7 月 10 日，https：//baijiahao.baidu.com/s? id = 1704868510061217685&wfr = spider&for＝pc，最后访问日期：2024 年 3 月 17 日。

③　Wang, Y., Fesenmaier, D. R., "Towards Understangding Members, General Participation in and Active Contribution to an Online Travel Community", *Tourism Management*, 25 (6), (2004)：709-722.

④　Wang, Y., Fesenmaier, D. R., "Assessing Motivation of Contribution in Online Communities：An Empirical Investigation of an Online Travel Community", *Electronic Markets*, 13 (1), (2003)：33-45.

⑤　Bagozzi, R. P., Dholakia, U. M., "Intentional Social Action in Virtual Communities", *Journal of Interactive Marketing*, 16 (2), (2002)：2-21.

会心理学的利他动机研究，将信息发布动机分为利他性、利己性和无利性（见表1-3）。

表1-3　社会诚信议题信息发布动机的属性及其分类

属性	细分属性
利他性	出于公益、公正、正义等的举报、反映、揭露等信息发布
	提醒他人注意，警示、帮助他人
	信用评价指数等数据公布、信息公开为公众提供权威性参考（比如政府机关、相关机构）
	树立榜样、诚信教育、营造诚信氛围，传播正能量
	……
利己性	寻求帮助
	发泄不满
	出风头，吸引关注
	自我形象管理，正面信息发布，求得社会认同
	……
无利性	起哄、从众、故意制造社会混乱
	报复或诋毁他人
	虚假信息、谣言传播、欺骗误导、数据造假等
	……

（一）利他性动机

利他性动机是给他人带来利益或好处，或给整个社会带来正面影响。利他性动机可能满足公利，也可能满足私利，可能是由个体发布信息实现，也可能是由组织机构发布信息实现。它主要包括以下几个方面：出于公益、公正、正义等的举报、反映、揭露等信息发布；提醒他人注意，警示、帮助他人；信用评价指数等数据公布、信息公开为公众提供权威性参考（比如政府机关、相关机构）；为树立榜样、诚信教育、营造诚信氛围，传播正能量；等等。利他性动机主要是对于公共利益的满足，其信息发布的主体主要是大众媒体、政府机构这样一些公共性机构。它们承担着相应的社会责任特别是公共责任，履行着特定的社会角色任务。

政府对于诚信的关注体现在提供信用服务或者进行信用公示，比如信用中国（湖北）网站（https://credit.hubei.gov.cn），它是由湖北省社会信用体系建设领导小组办公室主办，湖北省信用信息中心承办，有信用信息公开、信用服务、信用数据、信用咨讯等栏目，首页就可以进行信用查询，为相关主体提供便利。

（二）利己性动机

利己性动机是站在发布主体的角度，对其有利的动机，但未必正确，有的动机可能是出于私利等。网络求助是利己性动机的突出表现之一。网络求助是指网民通过互联网平台实现自己的目的，获得物质或精神上的帮助，比如寻找商机、获得舆论支持。我们常见的有网络维权。网络维权的特征在于其虚拟性、隐匿性。网络求助具有低成本、见效快、及时性等特点，能较为方便地在短时间内让大量的人群了解事件具体情况，有回复就有希望，有点击就有关注，公众的评论会产生无穷的力量。网络求助大多源于线下无助，线下无法很好地解决问题，就选择在网上寻求支持，特别是希望得到政府的关注与支持。求助网络是出于内心对网络的信任。但求助网络也可能有风险，这源于互联网平台钓鱼网站、身份假冒者等的存在。2017 年，武汉一小伙陈某玩网游被骗，他随即在网上找了名"网警"。陈某在百度上搜索"网络警察"几个字，找到一个以警徽为头像的"网警"QQ 号，请"警察叔叔"帮他伸张正义。该"网警"表示立即受理案件。随后，该"网警"打电话告知陈某，已经拦截了陈某的被骗资金，但由于账户已被冻结，需要陈某向一指定账户转款才能激活他自己的账户，拿回他被骗的钱。当天，陈某分三次向账户名为符某的"网警"汇款共计 2.7 万元，下午陈某再次与符某联系时，符某已联系不上……求助者受骗，再次成为受害者。合理性利己性动机未得到实现，对互联网的信任也将大打折扣。

（三）无利性动机

无利性动机是对发布主体本身来说无利无害，但可能会对社会在某种程度上造成不好的影响，产生弊端。比如网络起哄。起哄的意思，一是很多人聚在一起生事，捣乱；二是打趣，开玩笑。总的来说，就是一群人取笑、打闹。在互联网时代，利用网络寻衅滋事、散布谣言等现象层出不穷。比如网络水军的行为，很多属于网络起哄行为。当然，起哄行为也不全是负面的，它体现的是一种不断张扬的互联网精神，体现的是开放的互联网哲学。当然，也有一些起哄是人云亦云，毫无理性可言。

有人在网上起哄以实现"流动的群聚"，实现某种特殊的目的，或者达到某种认同。网络起哄，蜂拥而起地骂，蜂拥而起地赞，蜂拥而起地议，蜂拥而起地转发……因为互联网时代，把关环节缺失或失效，个人私密化的行为被网络化、公开化，网络放大了人们的某些情绪，同时也会放大人们的弱点。所以起哄等现象不为罕见，可能产生或积极或消极的效应。

2010 年 2 月，山西一些地区要发生地震的谣言在网络上被疯狂传播，造成了很大混乱，山西地震官网一度瘫痪。山西省公安机关立即对谣言的来源展开调查，随后确认了五名造谣者的身份。对其传播或者起哄的缘由或动机，本书进行了如下分析（见表 1-4）。

表 1-4　传播或起哄的缘由或动机分析

传播者/起哄者	传播的主要内容	起哄缘由	处罚措施
35 岁的打工者李某某	你好，二十一号下午六点以前有六级地震，注意	道听途说	被晋中市公安局榆次区分局行政拘留 7 日
一名 20 岁的在校大学生傅某某	我爸的一个朋友，国家地震观测站的，也是打电话来，说震的概率很大！大约是 90% 的概率，愿大家好运！这绝对权威	在网上看到有关地震的帖文后，便在百度贴吧发布帖文	被行政拘留 5 日
在太原打工的韩某某	地震局公告：今晚 8 时太原要地震，请大家不要传阅，做好预防工作，尽量减少人员伤亡	出于玩笑，以"10086"名义发送	被行政拘留 10 日
在北京打工的张某	山西 2010 年 2 月 21 日地震消息，据官方报道，山西吕梁地区死亡 36 人，伤亡人数正在统计中。晋中、太原、大同等地未来 72 小时可能发生不下 30 次余震，余震范围包括山西晋中、晋南地区，山东西部，河南北部，大家及时防范	为了提高网上点击率，先后在百度贴吧等多地发布《最新山西地震消息》	被行政拘留 10 日并处罚款 500 元
24 岁的工人朱某某	山西太原、左权、晋中、大同、长治地震死亡 100 万人	为了起哄，在百度贴吧发帖	被行政拘留 10 日并处罚款 500 元

网络媒体使用门槛低，给公众发声提供了便捷。由表 1-4 我们可以看到，传播者或起哄者就是普通的网民。从起哄的动机来看，大多是非理性的，比如"道听途说"不加验证地传谣；为了提升点击率进行传

播；出于玩笑或者纯粹为了起哄，用惊悚的标题或者惊人的数据来达到起哄的效果。

无论出于何种动机，信息发布行为要想得到社会回应，对社会诚信的建构起到积极作用，需要社会各主体的一致努力，并以建构诚信社会为目标。哪怕是出于无利性动机发布的信息，也要加以引导，让其成为社会诚信建构的积极力量。比如谣言信息的发布，无论出于何种动机，对诚信社会的建构都是不利的。其他主体需要加以引导，比如信息公开，引导公众情绪，提升公众科学素养，提升其辨别谣言的能力；同时，完善辟谣机制，建立由官员、专家学者、主流媒体以及专业辟谣团队组成的权威辟谣网络，收集网络谣言信息以及数据，利用现有的网络信息共享平台，通过官方微博、微信及时辟谣，或者借助其他精准化的推送路径进行辟谣。2022 年 1 月 7 日，凤凰卫视《新闻鉴证组》上线，其捕捉多个领域的虚假新闻，追溯资讯源头，调查发布者的身份背景和可信度，核查资讯内容与发布动机，破解新闻中的不实报道，还原新闻事件的真相。同时，权威部门要与民间高信任度的辟谣平台合作，如微信辟谣小程序、丁香医生等，统一辟谣口径，提升辟谣的可信度。在辟谣的过程中，时间点的把握很重要，除了事后的补救，事前也可以采用针对性的谣言预防机制降低风险。

第三节　信息扩散：公共关注的拓展

信息扩散是社会诚信公共关注活动的拓展。人类社会最基本的特征就是信息内容的扩散和传播。信息扩散的本质是信息的流通和共享。信息内容在社会发展系统的各个成员之间经历一段时间的传播，在这个过程中，信息内容不仅相互交换，还与社会团队成员所共享的资源紧密相依。在扩散渠道方面，媒体作为大众传播方式，为受众提供了便捷的途径，使他们能够初步了解各类信息内容。更重要的是，网络传播方式通过其广泛的覆盖面和影响力，能够更有效地激励公众接触和接受信息内容，从而显著增强信息内容的外部传播效果。这一过程不仅促进了信息的流通与共享，也推动了社会诚信公共关注活动的深入发展。

　　在互联网时代，信息具有如下优势：互通性、跨地域性、能获得较大规模的社群的关注和支持、信息扩散速度快等。这同时也是信息扩散主体的动力所在。但信息扩散中各个网络用户存在某些层面的差异性，有沟通障碍，有文化差异，还有信息不对称带来的弊端。而信息的扩散不仅仅是使信息被看到、关注到，还需要反馈和回应。若存在知沟或技术沟，沟通反馈效果会受到影响。信息能够被传播和扩散，受多方面因素影响。

　　关于社会诚信的信息内容，在网络上的传播很多呈现的是网民的意见。网络为打破信息传播的时空界限提供了便捷，为传播主体的信息发布和扩散减轻了顾虑，不用面对现实群体、时间和空间转变等压力，提升了信息传播的可能性。互联网的虚拟性、匿名性等特征让网民更易传播信息和获取信息。当网络传播主体对社会诚信相关热点议题表达出意见、态度与情感的总和时，借助互联网容易形成网络舆情。在网络舆情的发展过程中，有网民观点的交锋和碰撞，某个或某类观点在舆论交锋之后会达成一致，得到占优势的网民的支持。这种一致性体现了网民的网络行为受到其他网民和相应规则的影响，也体现了网民网络行为的自治。在网络舆情的传播与扩散过程中，信息的某些方面会隐退，同时信息的某些方面会得到聚合，被凸显出来，从而达成一致，得到社会关注。

一　社会诚信公共关注的信息扩散机制

　　信息扩散机制，有别于信息扩散模式。此种归纳性的探索，都是为了对规律性的东西有所把握，更有利于透过现象看本质。信息扩散机制是实现信息有效扩散目标的内在方法和过程，即扩散系统内各子系统、各要素之间相互作用、相互联系、相互制约的形式及其运动原理和内在的、本质的工作方式。[1] 对机制的探索有助于突破现象而上升到对本质的认识。

　　信息的扩散是指信息通过媒介渠道从信息源头以不同的传播模式向外传播，而后被信息接收者接收，进而被采纳或利用。信息的传播由点

---

[1]　Holsapple, C. W., Singh, M., "The Knowledge Chain Model: Activities for Competitive-ness", *Expert Systems with Applications*, 20 (1), (2001): 77–98.

及面，营造传播环境和空间。信息得以扩散一是基于信息内容本身，二是基于信源和信宿的差异化，以及信宿对信息的需求。网络热点事件产生并被曝光之初，通过移动网络环境空间中各行为主体之间的观点交互、虚拟接触、意见碰撞、观点重组，形成新的观点或共识。新闻热点信息从事件产生之初，经由网络舆情扩散机制逐渐散播开来，从而拥有了网络空间中更加庞大的信息"受众"群体。① 信息传播和信息扩散是有区别的，信息传播是一个行为过程，没有考察行为的效果或者结果，更不会去过多地关注传播的影响。比如报纸传播一则新闻，无论有没有人看，有没有引起关注，信息传播都是事实。而信息的扩散不仅包含这一信息传播行为，还包含信息被信宿接纳这一关键节点。传播和接纳是信息扩散的两个必不可少的环节。传播的目的是信息的接纳，接纳是传播效果的保障。信宿采纳与否取决于信宿对传播内容的认知，也决定着信息扩散是否能进行。信息扩散的本质是信息传播者和信息接收者、信息接收者之间信息共享的行为和过程。

信息扩散的关注点延伸到信宿，也就是信息传播或者信息扩散的影响受到关注。比如社会诚信政策的扩散，广大公众对政策信息的接收、理解和认可是至关重要的，其也是信息扩散有效性的重要检验指标。而这一影响很多时候是从网上延伸到线下、线上与线下互动、虚拟与现实并存或者互补的。而且也只有网络的信息扩散行为真正影响到线下活动，两者相互促进、形成互构，信息扩散的目标才真正得以实现，扩散效果也才彰显出来。比如对于信息发布主体通过网络空间分享的信息，网络用户若能为己所用，指导或者反思自己现实生活中的行为，便实现了信息扩散的目标；政府通过网络平台传播的与诚信相关的制度政策或者发布的红名单、黑名单，只有网络用户真正采纳并指导自己现实生活中的行为或者网络使用行为，并在实际行动中产生效果，该信息扩散的目标和效果才得以真正实现。

社会诚信公共关注的信息扩散机制，围绕信息扩散这一核心活动，主要包括信源信息传播机制、信宿决策采纳机制、扩散效果反馈机制

---

① 贾梦雨：《移动环境下电竞赛事网络舆情信息聚合与扩散研究——以"IG 夺冠"为例》，成都体育学院硕士学位论文，2021。

以及信息节点扩散动机（见图1-1）。它们之间有着复杂的互动关系，并且这一信息扩散过程受到社会政治、经济、文化各个方面的不同程度的影响。

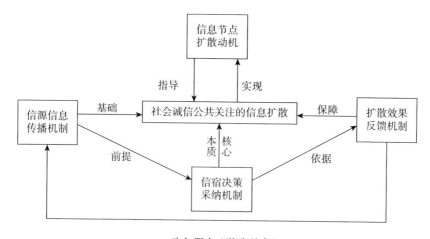

动力/阻力（激励/约束）
图1-1 社会诚信公共关注的信息扩散机制

信源信息传播机制，是指信息发布和扩散主体借助媒介进行传播，基于一定的信息发布和扩散动机，选择信息发布渠道和扩散方式，不断向信宿扩散信息，不同的渠道和扩散方式对信息采纳的结果有不同影响。传播机制对信息扩散极其重要，在一定程度上影响并决定着信息扩散的流量、流向、时机和方式等。[①] 从本质上来说，信源信息传播是信息在网络空间与现实空间的交互传播，网络是信源信息传播的加速器，是信息网络空间传播优于现实空间传播的根本之所在。[②] 在网络信息空间中，网络技术和平台为信息扩散提供了技术支持，信息的扩散更具有优势，这为社会诚信的公共关注打下了坚实的基础，提供了便利。信源以及初始传播者的数量和身份对信息扩散过程产生影响。比如具有粉丝基础的自媒体账号、网络红人属性的传播主体的信息扩散行为，其传播效果要大于普通个体之间的交互传播。

---

① 董竞：《试论政府公共危机信息传播机制的构建与完善》，首都经济贸易大学硕士学位论文，2006。
② 张鑫：《基于NET的交互式信息传播》，《情报杂志》2007年第4期；Bessen, J., "Patents and the Diffusion of Technical Information", *Economics Letters*, 86 (1), (2005): 121-128。

信宿决策采纳机制。信宿是否采纳信息并加以扩散，基于信宿对信息的判断，信宿会对自己接触到的可能进行扩散的信息进行认知，比如从信息环境的角度，结合自身情况，对信息进行综合评估、多维分析，进而进行选择（当然，也可能存在随意的网络行为，没有经历决策过程，率性而为，或者基于某些网络使用习惯进行扩散），最后决定是否采纳。这一内在方法和过程我们称为信宿决策采纳机制。不是每一次的信息传播都能得到采纳和扩散，当出现对信息扩散不利的因素，比如环境压力或者受到个人偏好等影响时，信息扩散也就不会持续下去。采纳机制在某种层面上影响着信宿数量、扩散目标的实现以及信息扩散的效果。[1] 信宿决策采纳行为是信息扩散在信息空间不均衡展开的主要决定因素。[2] 总之，信宿决策采纳机制反映了复杂的心理活动过程，同时又受到外部环境的影响和制约。

扩散效果反馈机制，是扩散的信息经过一系列扩散过程甚至加工过程之后回到信源，并对信源扩散主体产生影响的信息运动过程。比如信息传播之后，网络用户在评论区的留言、点赞、转发等都是反馈形式。这是信息扩散的继续，同时也检验着上一次信息扩散的效果。反馈的过程相对比较复杂，形式多样，有理性的也有非理性的。通过反馈，系统"可以不断将自身内部的某些信息以及系统与外界环境相互作用所产生的信息加以再吸收，以调节系统内部各局域的关系以及根据环境的变化调整自身同外界的关系，导致系统内部诸要素之间关系的不断自我调整"[3]。在网络传播系统中，信息发布主体能及时得到反馈结果，比如无人理睬、反对、支持、校正等。这同时帮助信源主体对信息进行一定程度的补充、修正和调整。这有利于实现信息传播的供需平衡，从而实现信息的有效传播。信息在传递给不同信宿时，总会遇到来自外界的各种各样的干扰和破坏，如信宿需求的突然变化、社会秩序的波动等。这时系统根据反馈信息，采取相应措施来控制，如及时更新服务内容、设立新的发展目标等，将外界波动对系统的影响降至最低。[4] 互联网平台进行信息传播

---

① 陈旭：《基于产业集群的技术创新研究》，电子科技大学博士学位论文，2007。

② 邓忆瑞：《基于网络维力的信息扩散研究》，哈尔滨工程大学博士学位论文，2008。

③ 湛垦华：《系统科学的哲学问题》，陕西人民出版社，1995，第29页。

④ 陈喜乐：《网络时代知识创新中的信息传播模式与机制》，厦门大学博士学位论文，2006。

和扩散，对引导舆情、实现线上与线下良性互动大有裨益。

信息节点扩散动机，在很大程度上是信息扩散目标，有助于激发信息扩散行为，是信息扩散的动力。信息扩散一般是具有目标性的，目标决定行为。作为计算机术语的节点（node），它指任何连在网络上且能与其他网络设备通信的设备。网络活动中的节点特征体现在各个传播主体或者网络用户上，这些用户主体不仅仅是信息发布主体，也包括对信息进行转发、点赞、评论、采纳、反馈的其他主体。信息处于不同的扩散过程中，处在不同节点的主体对其认知可能有所差异，这种认知会影响信息扩散主体的行为动机。比如对一则谣言，起初信息发布主体有意或者无意进行了传播，在信息的扩散过程中得到转发，并成为舆论场的活跃话题。而后来节点上的主体对其产生了质疑，后证伪，节点上的主体或终止原来信息的扩散，或进行辟谣，或将矛头指向信息发布主体。当然，也有以讹传讹者，进行谣言传播。

在对社会诚信进行公共关注的过程中，信息扩散得以实现的传播链条里，传播者是基础，是信息的发布者；信息接收者即信宿，也大多是网络用户，他们的决策采纳机制是信息扩散的本质和核心，主动或被动、理性或非理性的信息反馈为信息扩散继续进行提供动力。这种动力保障信息的进一步扩散。决策采纳机制也是信源信息传播发展态势的动力或者阻力因素，积极的反馈体现为信息扩散和信息需求的平衡，这会激励信源的传播行为；而负面的信息传播机制或者没有达到信息发布主体的期望值对此次传播扩散行为来说是阻力因素，会限制信源的传播行为。信息发布者若能根据反馈进行反思，调整自己的信息发布和扩散行为，则有助于信息扩散动机的满足和扩散目标的实现。比如政府进行说教式的诚信教育一般可能收到不好的传播效果，这反馈到政府这一发布主体，政府对此进行反思和调整，优化传播策略，就会实现扩散目标，提升传播效果。

当然，信息流动并不仅仅局限于这一过程，其或由这些节点构成的网络，而是处于更广阔的信息空间中。这个信息空间是现实社会空间和虚拟网络空间的整合，两者互为补充，而信息扩散机制不仅仅受到信息本身、信息扩散过程、信息节点上传播主体的主观认知影响，也极可能受到外部政治、经济、文化、环境等多重因素的不同程度的影响，是一个内部信息系统和外部环境系统相互作用的活动过程。

二　社会诚信公共关注的信息扩散模式

前面我们已经对社会诚信公共关注的信息扩散机制有比较充分的阐释和介绍。这里，我们探究社会诚信公共关注的信息扩散模式。首先是对模式的理解。模式更为抽象化，它是对现实事件的内在机制以及事件之间关系的直观和简洁的描述，是理论的一种简化形式，能够向人们表明事物结构或过程的主要组成部分，以及这些部分之间的相互关系。[①]如前文所述，在信息扩散的过程中，信源信息传播机制、信宿决策采纳机制、扩散效果反馈机制以及信息节点扩散动机共同发挥作用，决定了信息扩散的模式。在信息扩散机制中，涉及信息、传播信息的主体以及主体间的关系、技术等构成要件之间的联系。基于此，我们从以下几个维度讨论社会诚信公共关注的信息扩散模式。

（一）基于信息聚合的扩散模式

此种模式是基于信息本身的思考，所有的扩散都是对信息本身的加工和传播，在扩散过程中，信息的量和质都发生着改变。碎片化、片段化的信息一经聚合，进行整合性报道或者连续报道，便有可能展示更为客观真实的面貌，至少可以聚合为更为丰富的信息。

社会诚信议题关乎社会多个主体的利益，容易引起社会的广泛关注，各个社会诚信事件都容易呈现群体的聚焦效应。另外，社会诚信议题的话题延展性很强，因为诚信议题涉及政治、经济、文化等各个层面，议题转化的空间也非常大。所以议题较为容易引起讨论、关注，一个政治领域的议题也极有可能涉及经济领域、文化领域；一个道德议题很可能也涉及经济领域、法规领域。所以社会诚信议题的聚合不仅仅是简单的时间点的聚合，也不仅仅是同类多个事件的聚合，它很大程度上是多个层面、多个维度的聚合，是一种拓展后的融合呈现，以逐步趋向事件本质。信息聚合的数据可以为相关主体对本议题的关注、认知和把握，以及治理提供参考和依据。

---

① 王培智主编《软科学知识辞典》，中国展望出版社，1988，第776~777页。

（二）基于技术维度的扩散模式

网络是信息扩散过程中信息扩散的载体，是信息扩散的平台，是信息扩散赖以进行的场所，是信息扩散得以实现的桥梁。而对于网络来说，它同时肩负着技术的力量，虽然为信息扩散带来了前所未有的便利，但也存在某些弊端。

在信息发布时，主体可以通过多种方式来助推信息的扩散。比如设置超链接，加深网络用户的印象，从其他角度来深度传播；设置简捷的互动方式（语音输入、投票等），激发网络用户的参与、扩散兴趣；采用视频、数据可视化等表现形式吸引网络用户的注意。

另外，因为网络技术的便利，信息经由信息发布者传播后，信宿可以通过评论、点赞、转发、补充、校正、收藏、分享等实现进一步传播和扩散。但不同的技术支持有着不一样的扩散功能。我们以微信朋友圈发布的一条链接为例，如果用户出于各种各样的缘由仅仅进行点赞，那此信息的扩散于这个用户来说可能止于此；若能评论，其他共同好友看到了，可能产生共鸣，也可能引发下一步的扩散活动；再进一步，若此用户能将此链接分享到自己的朋友圈、QQ 空间、微博、网页、贴吧，或者几者同时进行，那这一信息就得到了更大范围的扩散，或许还能引起媒体的关注，作为新闻报道的信源被进一步挖掘报道，进一步扩散。

在这个扩散的过程中，有技术带来的便利，体现了丰富的网络媒体功能；同时也体现了网络用户的技术习惯，比如对某一种社交媒体的依赖，体现的是一种使用习惯。当然，基于技术的扩散也有弊端，比如可能以讹传讹的速度更快，碎片化的、片段化的信息容易对舆论产生误导。

（三）基于关系连接的扩散模式

"关系"是网络时代的黏合剂，是网络行为活动中的关键词，是信息传播的驱动力。在复杂的网络关系中，我们可以将关系分为两类：强连接和弱连接。强连接（strong ties）和弱连接（weak ties）是美国社会学家马克·格拉诺维特（Mark Granovetter）于 1974 年提出的用于描述人们社会关系网络的两个重要概念。强连接是指关系更为紧密、交往更为频繁的连接，具有强连接的有因为地缘、趣缘、业缘等共同特征而形成的社群，因为认知能力相似而形成的网络社群或者社区……将他们连接在一起的动力是某些方面的相似性、一致性，容易彼此信任，形成大致相同的价值观，不容易产生分歧。但这样也往往容易造成信息的同质化，还可能对用户的信息权利造成影响，重复信息冗余，产生"信息茧房"效应。这种强连接关系的扩散能使重要信息不被遗漏，达成某种程度的共识。每个人的社会关系在网络中的强弱连接都是兼而有之。与强连接相对的是弱连接。它可提供更多异质化的新信息，弥补强连接信息不够多元的空缺。在当下短视频时代，微信视频号和抖音短视频分别是注重私域流量的强连接和注重公域流量的弱连接的代表。强连接和弱连接共同发力，促使重大事件在一个个不同的社群中得到传播和扩散。信息扩散从一个群内部发展到群与群之间，从线上发展到线下，进而线下与线上交叉进行，时空交叠，形成整体网络。强连接是各类人群建立信息获取渠道和信息扩散渠道的主要因素，当然他们也可以通过弱连接为自己提供更多元化的信息。各类人群生活在不同的多样化的网络共同体中。

各种网络共同体比如网络社群得以组建，或因为血缘，或因为业缘，还可能是因为地缘或者趣缘。很多时候，就是因为大家共同关注某一事件，陌生人相互连接起来组建社群，进行互动讨论、分享意见。群组之间相互联系，信息在各群组中的扩散犹如一个晕染的过程。有链状、环状、树状的扩散路径。环状的扩散路径，如在微博中，可以搜索或者接受推荐，关注某人的微博，关注后可以看到他参与过的话题、他关注的微博、他赞过的微博以及他本人的热门微博等。通过超链接，我们都可以进行这些信息的点击、查看，而一旦点击查看，就会留下浏览痕迹，形成网络数据。微博主人反过来又可以循迹看到浏览者的网络行为，比如微博发布行为、话题参与行为、浏览行为、点赞行为等。这样的循环往复，环状扩散，一个话题被传播的概率也在几何式增长。而且因为网络行为很可能成为个性化推荐的数据依据，产生同类话题的微博可能注入这个扩散环中，让这种信息扩散更有厚度和力量。

值得注意的是，信息类别不同，连接强度对于信息传播和扩散的影响也有所不同。比如对绝大多数传播主体关注的健康信息的传播中，经算法推算后发现，用户对微信、微博、报纸、电视新闻的信任度依次为

63%、36.8%、20.7%、34.2%。① 由此可见，对于社交媒体传播的健康信息，不论是真是假，均可能会被用户所信任。在助推、传播虚假信息过程中，弱连接发挥了主导作用。在传播与扩散信息过程中，微博内的用户之间形成了一种范围更宽广的弱连接关系，陌生人之间的沟通、互动更为频繁，联络的可能性明显增加，这在很大程度上促进了虚假信息传播网络的形成，为传播、扩散虚假信息创造了新途径。② 针对互联网时代信息扩散模式和特征的变化，相关部门应该采取应对措施，用互联网的思维加以治理，比如在信息传播关键节点上，用真实可信的权威信息介入，加以引导，提高互联网时代信息扩散的可信度。

第四节　共鸣效应：公共关注的策略

如前文所述，信息扩散是社会关注的拓展，旨在确保信息的抵达，传播者的传播意图需要在接收方得到回应。共鸣效应是社会诚信公共关注得以实现的策略。传播主体通过相应的策略或叙事框架促使传播者和接收者达成共鸣，进而达到信息扩散的效果，实现社会公共关注的目的。共鸣效应是一种社会心理现象，是指个体在接收到信息时，容易受到与自身情感、价值观或经历相符合的信息的影响，从而产生一种情感上的共鸣。在社会公共关注产生的过程中，共鸣效应可以增强公众对某一议题或者话题的认同感和参与度。社会诚信与每个人息息相关，其重要性也更易被认知，这是诚信议题引起社会公共关注的优势所在。但是互联网时代，对于社会诚信的重新认知、重建重构，需要达成共识，才能产生共鸣。所以在公共关注阶段，也需要采取相应的策略。

不同的社会主体、不同的媒体间、媒体矩阵等如何使用针对性的叙事框架、共鸣策略，来实现信息传播的扩散与共鸣；在互联网时代，技术特别是算法如何干预公共关注中的"注意力"获取而提升社会诚信的"可见性"；框架扩散中，意见领袖的框架如何影响其他媒体的框架，公众的叙事框架多大程度上影响媒体和其他主体的框架；等等。这些是需

---

① 缪因知：《信息型操纵市场行为执法标准研究》，《清华法学》2019 年第 6 期。

② 刘彬：《健康传播中的虚假信息扩散机制与网络治理探究》，《传播与版权》2020 年第 4 期。

要探究的问题。

互联网时代，不同的社会主体，包括个体、媒体、组织机构选用叙事框架进行信息扩散，以期信息传播引起社会至少是目标群体的关注。其共鸣策略，包括各主体基于利益的叙事表达、叙事框架的扩散和跨媒体叙事。在框架共鸣机制的实现过程中，在意义互联网中构成群体的框架共鸣，以及在互联网中片段性意义生成的框架共鸣，是互联网时代社会诚信议题社会关注的两大实现路径，是对互联网时代网络群体社群化、类型化以及网络信息传播碎片化的回应。

一　互联网时代社会诚信公共关注的共鸣策略

共鸣策略是广告创意以及营销传播中采用的一种吸引用户的手法。它强调的是将媒体话语与受众所珍视的价值联系起来，引起受众的共鸣，使受众获得更大程度的满足。这个策略也运用到信息传播的其他方面。互联网时代社会诚信公共关注的共鸣策略主要体现在以下几个方面。

（一）利益表达或利益较量而共鸣

不同的社会主体，信息发布者或者引起公共关注的主体进行利益表达或者利益之间的较量，以期达到情感的、利益的、心理的共鸣，得到其他主体的关注、认同。这也是由诚信的工具理性和价值理性并存的特征所决定的。诚信所带来的利益，不仅有物质层面的，还有精神层面的。社会转型期，社会议题或者社会问题众多。一个议题的表达未必能引起足够的关注，所以信息发布者需要采取一定的叙事框架，来实现自己的传播效果。多种议题之间、议题表达者之间、议题关涉的各利益主体之间很多时候存在一种或隐或现的利益表达或者利益较量。比如某公司通过持续不断地起诉侵犯其知识产权的公司，向公众展示了其诚信和保护知识产权的决心。通过这种方式，该公司成功地树立了一个强大的品牌形象，并赢得了消费者和投资者的信任。在保护消费者利益、维护消费者权益这点上，多方利益相关主体产生了共鸣。

在互联网时代，媒介化生存成为一种常态，人人都是传播者。普通公众尽管传播力有差异，但言说的权利得到很大程度的释放，其利益的表达和争取也有了更多的机会和途径。信源在议题建构过程中发挥决定性作用，它往往成为内容分析的必要对象。Tuchman 认为，信息来源是记者建构新闻的起点。① 信源以及初始传播者的数量和身份对信息扩散过程产生影响。比如具有粉丝基础的自媒体账号、网络红人属性的传播主体的信息扩散行为，其传播效果要大于普通个体之间的交互传播。同时权力部门往往通过充当媒体的信源，成为社会真实的"定义者"。② 无论传播主体是谁，都在努力唤起公众的注意力，以期实现情感的、利益的或心理的共鸣，得到关注、认同。所以在互联网时代，力量不均衡的传播主体之间在社会诚信的议题建构中存在力量和利益的较量。公众深度参与的话题讨论甚至争论，更能激发共鸣效应的生成。

（二）叙事框架扩散而共鸣

叙事框架影响人们的认知和理解。共鸣效应在信息在不同的媒体之间扩散的过程中，很重要的一个策略便是叙事框架的扩散，意义相同或相近叙事框架的扩散，有利于共鸣的达成，从而强化某种认知、加深某种理解。在不同立场的媒体之间，议题的流动常常有一定的规律性，往往由精英媒体或者全国性的媒体扮演"意见领袖"的角色，其报道框架经常被其他媒体所引用，进而影响整个媒介体系，这一现象又被称为"共鸣"或者"扩散"。③ 互联网时代，叙事框架的扩散也有不同的路径，既可能由权威主流媒体的叙事框架向一般媒体扩散，也可能由公众的叙事框架向各类媒体扩散。比如2023年"淄博烧烤"事件，无论是大学生报恩的故事，还是后来淄博民众和政府的努力，都是"诚信""真诚""温暖"的叙事框架，而且这一叙事框架在不同的媒体平台间扩散、强化。所以，"淄博烧烤"事件引起广泛的公共关注。同时反映了人们对"诚信""真诚""温暖"等的认可。

另外，算法在叙事框架扩散中也发挥着独特的作用。算法对新型传

---

① Tuchman, G., *Making News: A Study in the Construction of Reality* (New York: Free Press, 1978), p. 88.

② Hall, S., Critcher, C., Jefferson, T., Clarke, J. N., Roberts, B., *Policing the Crisis: Mugging, the State and Law and Order* (London: Macmillan, 1978); Gitlin, T., *Media Unlimited: How the Torrent of Images and Sounds Overwhelms Our Lives* (New York: Henry Holt and Company, 2003), pp. 346–358.

③ Noelle-Neumann, E., Mathes, R., "The 'Event as Event' and the 'Event as News': The Significance of 'Consonance' for Media Effects Research", *European Journal of Communication*, 2, (1987): 391–414.

播形态的崛起有着重大的影响，算法本身的逻辑也在重构传播形式、媒介场域和媒介环境，从而重塑社会互动形式与文化。在这个重构和互动的过程中，算法不仅起到了中介的作用，在主导或者主宰社会信息传播渠道的同时，更在一定程度上获得了对传播的控制权，也挑战了过去人类在传播中的主体地位。① 在算法的作用下，内容提供者与消费者能够实现精准匹配，实现个性化推送，满足用户需求，实则把媒体自身叙事框架强化给了消费者。当然，经由算法而形成叙事框架，算法的黑箱、算法的偏见、"信息茧房"等问题也不容忽视。

（三）跨媒体叙事而共鸣

同一媒体的媒体矩阵，利用跨媒体叙事产生合力，实现共鸣。这是互联网时代框架叙事的优势所在，是公共关注和信息扩散的主干力量、媒体发挥作用的重要途径，也是媒介融合趋势下的优势显现。2003 年，美国学者亨利·詹金斯提出跨媒介叙事理论并于 2006 年进行了界定："横跨多个媒体平台展开的故事，其中每一种媒体都对我们理解故事世界有独特贡献，与基于原始文本和辅助产品的模式相比，它是系列产品发展的更为综合的一种方式。"② 跨媒体叙事最理想的形式，就是每一种媒体出色地各司其职、各尽其责。跨媒体叙事是一种新型的叙事模式，充分利用多元媒体平台进行协同叙事，让媒体参与多元主体的协作，构建宏大的故事世界。跨媒体叙事是后经典叙事学的一个重要分支，其理论与实践的结合自诞生之日起就备受关注。它既充分吸收了现有媒介理论和叙事理论的精华，又紧密结合了媒介融合环境下新的文化消费需求。新媒体技术的发展，为近些年的跨媒体叙事的发展带来新的机遇。

一方面，媒介融合为跨媒体叙事的实现提供了平台，跨媒体叙事需要平台这一物质基础，这是故事呈现的渠道。同时，媒介融合为用户提供了讨论和对话的空间，也为更多的用户参与进来提供了基础。另一方面，媒介融合环境下，用户与时俱进的消费方式和消费心理也催生出了跨

---

① 全燕、李庆：《作为行动者的算法：重塑传播形态与嵌入社会结构》，《陕西师范大学学报》（哲学社会科学版）2021 年第 4 期。

② 〔美〕亨利·詹金斯：《融合文化：新媒体和旧媒体的冲突地带》，杜永明译，商务印书馆，2012，第 423 页。

媒体叙事，实现故事的延伸与拓展，由单一媒介拓展到其他媒介形式上。但跨媒体叙事又不同于改编。它通过跨媒体和跨平台拓展新的故事世界，而不是在不同的媒体平台上表达相同的故事内容。它更体现为不断扩展的多种媒体或者多个主体的协同与合作，从而产生合力。这里的主体有作者、媒介运营者，也有网络消费者和粉丝群体。波斯特指出，"在媒体融合的世界里，讲述每个重要故事、推广每个品牌以及讨好每个消费者等，这些都是通过多媒介平台来实现的"①。

跨媒体叙事的格局，多元主体和媒介协同参与的媒体实践，是一种创造和维系意义空间的生产实践，也是争夺消费者"注意力"的一种方式。美国学者凯瑟琳·海尔斯（N. Katherine Hayles）将诞生并成长于媒介爆炸年代的年轻人视为"媒介一代"。较之前一代人，"媒介一代"在认知方式上深受媒介特性的感染与规训。他认为媒介的这种深度影响主要体现在这代人在认知习性上所特有的"过度注意力"（hyper attention，也译作"超级注意力"）上，其特点"是其焦点在多个任务间不停跳转，偏好多重信息流动，追求强刺激水平，对单调沉闷的忍耐性极低"②，缺乏"深度注意力"（deep attention）。为了抓住消费者的"注意力"，尤其是"深度注意力"，跨媒体叙事允许故事世界遍在于人类生存的每个角落，营造各种场景和情境，实现叙事空间的沉浸式遍在，让内容产品与消费者之间建构某种关系。

二 意义互联网中构成群体的共鸣效应

在互联网社会里，信息生产的无所不在使得观点极其多元化，绝对真理的权威性被无数网民消解，这样来自人类生活实践的观点或者观点集群更加真实，也更加有说服力，更能打动人心，从而促进共鸣的达成。由此，一个复杂多元的意义互联网正在形成。意义互联网有别于技术的互联网、文化的互联网或者经济的互联网。互联网技术给人类世界带来的变革不仅是技术结构的改变，其重构了商业模式，更改变了技术与社

---

① 〔美〕亨利·詹金斯：《融合文化：新媒体和旧媒体的冲突地带》，杜永明译，商务印书馆，2012，第30页。
② 〔美〕凯瑟琳·海尔斯：《过度注意力与深度注意力：认知模式的代沟》，杨建国译，《文化研究》2014年第2期。

会的关系，改变了人在世界中的地位和角色。人们的认知结构随之发生变化，在审视环境的同时审视自我，新的认知与看法推动了思维方式和行为方式的转变，从而建构了一个新的世界。对同一事件的认知，公众的意见往往呈现多元化的状态。意义共同体需要借助认知框架等因素来激发。

意义是一个人在现实世界中印记的升华。意义赋予自然环境以人的痕迹，从而摆脱自然环境本身纯粹的客观状态，与人相关联，打上人的印记，并影响人的认知和行为。关于意义的产生，有学者认为，意义是人的外在，需要用理性的光来探索和掌握。然而，在互联网时代，人们开始意识到，意义是多样化的，是处于不断变化中的。这种复杂多元的状态冲击了过去对意义的主流理解，使意义产生于人的观点开始受到重视。根据这种观点，意义的生产是在人的参与下完成的，对于每个人来说，意义是自己产生的，没有先于人而存在的绝对真理。① 但在当今的互联网信息流世界里，公众在很大程度上会受到舆论的影响，加上各种各样的文化情境和具体语境，这种公众间的对话既可能造成谣言的产生和传播，也可能造成网络暴力。所以，框架的共鸣所带来的意义，有可能是积极的，也有可能是消极的，但若能真正地从更多层面展开对话，更为合适的意义生成是极具可能性的。

对于事件的关注，在信息流中，人与人之间借助新媒体平台对话的可能性增加，而且事件意义的生成只有更多人的参与才更有意义，也才能显示其重要性。要引起更多人的参与和注意，在事件的信息生产和意义生成中，主体间的对话需要产生框架共鸣效应。主体间对话生成意义的框架共鸣效应的要义在于，我们面对的这个议题或问题，不是个人化的议题或问题，而是公有议题，是社会的问题，也就是需要我们共同关注的议题或问题。如何完成这种对话呢？作为普通公众来说，除了自身对这一事件的信息生产和意义解读，还需要借助他者（网络关系中的媒体、其他网民、政府等）的力量。在互联网时代，在信息开放的系统中，普通公众不仅拥有自己发声的平台，而且信息的传播和

---

① 师曾志、胡泳等：《新媒介赋权及意义互联网的兴起》，社会科学文献出版社，2014，第 142 页。

分享较为普遍。

意义互联网中的群体，或者基于共同的爱好或兴趣，或者基于某种地缘关系，或者基于某种利益诉求，或者基于共同的价值观和某种认识，它们在对某一事件上发出共同的声音，多元对话推动个人议题扩散，在对话上形成框架共鸣，比如某种情感的共鸣、认知的共鸣等。青岛大虾事件展现了这一发展过程。

2015年10月4日晚，四川网友肖先生在微博中爆料称，其与家人在青岛一家烧烤店吃饭时遭遇"宰客"，点菜时向店主确认大虾为38元一盘，但在结账时却变成38元一只。游客对事件处理结果不满意是青岛大虾事件整个对话的关键起因。这种对话由线下延伸到线上，由个人议题升级为公共议题而得到广泛关注。事件扩散的关键是媒体社交账号（青岛交通广播和澎湃新闻）的介入。从整个过程来看，传统媒体发挥了应有的功能，其介入与跟进对有关部门起到了较大的监督作用，促进了问题的解决。

事发双方对话进路如下："当事人双方各执一词无法达成和解"→"第三方行政部门介入：游客对处理结果不满意"→"一对多网络媒体信息扩散寻求社会公正：普通公民个人社交媒体发布信息"→"媒体关注推动对话：媒体通过社交媒体平台发布信息"→"多方关注，网状扩散：传统媒体、网络媒体网站及客户端、社交媒体转发和跟进"→"被动对话：有关部门介入"→"持续的对话扩散：社交媒体讨论"。

在这个对话的过程中，呈现了如下规律。

一是个人议题升级为公共议题获得公共关注需要满足相关条件。个人将自身经历发微博进行爆料，"……与家人在青岛一家名为'善德活海鲜烧烤家常菜'吃饭时遭遇'宰客'"，但并没有引起网友关注。这说明传播者第一次意义处理和信息生产是爆料性质的、个人化的，在信息海洋中可能被埋没。而当行政部门介入后，涉及第三方。同时"处理不公"又推波助澜，这就超越遭遇"宰客"的个人性，意义生成为"处理不公"，这与政府是否作为的敏感话题关联起来，提升了个人遭遇"宰客"的热度和关注度。作为媒体，要进行相关信息的传播和披露，发挥其监督功能，推进该议题引起关注和重视。

个人事件扩散中的关键对话：媒体社交账号的介入。2015年10月5

日，青岛交通广播通过微博对此事件进行关注，接着此信息得到头条新闻的关注、转发，头条新闻自身的影响力使得该信息转发和评论的数量急剧增加，公共关注的温度上升。2015年10月6日上午，青岛市物价局通过官方微博通告事件处理进程，称已责成市北区物价局对该事件依法立案处理。当晚7点左右，青岛市北区委宣传部官方微博通报对该烧烤店处以9万元罚款。网友晚间发布照片显示该烧烤店已停止营业。①

个人不是个体而是消费者中的一员，天价虾不是个人吃亏而是关乎政府作为、关乎旅游市场的事情。信息扩散的节点：2015年10月7日，政府相关部门关注此事，针对问题紧急行动，比如青岛市消保委发布谴责宰客行为的声明：《关于维护消费者合法权益的声明》。要求严厉查处旅游行业中的违法违规行为，青岛市旅游局、工商局、物价局、公安局等发布了《关于进一步治理规范旅游市场秩序的通告》。

该事件在信息扩散过程中出现了数个信息传播高峰，这主要与该事件社交平台发布的起点有关。社交媒体发起的信息转化为传播热点，大致需要大"V"或有影响力的账号加入、传统媒体推进、职能部门表态等多个对话主体进行推动和推广。

二是对话中意义生成框架的多元。通过这次事件我们可以看到，事情引起媒体关注的关键点在于游客对行政部门处理不满而寻求社会公正，事情进一步发展后，他们没有以行政部门的作为与不作为为焦点，而是对"天价虾"本身进行调侃，还有对"好客山东"形象进行讨论。正值国庆节长假期间，很多网友空闲时间相对较多而且比较集中，能通过各种方式来关注此事件。还有人编写生动"段子"表达不满，调侃这种"宰客"现象。有的段子虽然有一些过激，但因其调侃的意味，有趣的方式，传播效果更好。这也是网民表达某种情绪的一种方式。

截至2015年10月8日8时，青岛该事件引起了社会广泛关注，新媒体报道占有绝对的优势，新浪微博的评议有近60万条，论坛帖文1000余篇，博客文章400多篇。当然，其中也不乏传统媒体对其进行的报道，

---

① 《青岛官方谴责天价虾涉事烧烤店宰客　公布监督电话》，新华网，2015年10月7日，http://www.xinhuanet.com/local/2015-10/07/c_1116748269.html，最后访问日期：2019年12月2日。

有 200 多条。总之，这件事情得到扩散性关注。网友观点整理如表 1-5 所示①：

表 1-5　网友观点整理

观点	比例	例子
宰客导致地方形象的负面建构	35%	辐射到其他事件，网友"大猫"通过回顾电视剧《杀人街的故事》反映青岛专宰外地人。进而联系当前现实，青岛的形象毁在"大虾"里
期待相关部门积极处理该事件	32%	网友"张龙"分析该事件职能部门的作用发挥，物价局和工商部门是否正确和充分地行使了自己的权力，是否不予理睬、亵渎和怠于职权
期待青岛越来越好	28%	网友"我是韩大萌"表达青岛是一个不错的地方，对青岛未来的发展寄予了希望
其他	5%	关联性评论或者个人经历、经验分享等

资料来源：根据人民舆情监测数据整理。

由表 1-5 可以看出，"宰客导致地方形象的负面建构""期待相关部门积极处理该事件""期待青岛越来越好"成为舆论主要焦点。"宰客导致地方形象的负面建构"的舆论占据主流，各主体站在不同的角度展开对话从而产生一定程度上的共鸣。每一种舆论焦点形成了一定的话题圈，构成了某些观点一致的对话群体，而在不同的舆论焦点之间需要展开进一步对话和沟通，或者说这些不同舆论焦点的讨论与对话各自指向不同，有的指向问题，有的指向解决问题的途径、策略。

而在对话中，起关键扩散作用的传统媒体，对事件意义的生成起很强的引导作用。对于媒体，我们的社会需要的是：第一，一种就当日事件在赋予其意义的情境中的真实、全面和智慧的报道；第二，一个交流评论和批评的论坛；第三，一种供社会各群体互相传递意见和态度的工具；第四，一种呈现与阐明社会目标与价值观的方法；第五，一个将新闻界提供的信息流、思想流和感情流送达每一个成员的途径。② 为了引导舆论良性发展，问题舆论场与策略舆论场需要互通。这样不同的群体

---

① 周亚琼：《"青岛天价虾"事件舆情分析》，人民网-舆情频道，2015 年 10 月 19 日，http://yuqing.people.com.cn/n/2015/1019/c210114-27714346.html，最后访问日期：2020 年 12 月 3 日。

② 〔美〕新闻自由委员会：《一个自由而负责的新闻界》，展江、王征、王涛译，中国人民大学出版社，2004，第 11~12 页。

之间才能达成更多的、更充分的了解和理解。否则，事件可能会恶化，导致从线上到线下现实生活中的冲突或暴力。

三　互联网中片段性意义生成的共鸣效应

互联网传播具有即时性、广泛性等特点，其传播内容很多具有片段性特征，而具有片段性特征的内容很容易让公众生成片段性意义解读，缺乏理性公正的意义生成。这一方面是由于信息传播活动中非职业主体的公众普遍缺乏职业素养，没有顾及事情的前因后果，更没有多方面、全方位的调查取证，所以进行片段性传播，而这种片段性传播很可能与真相背道而驰；另一方面是由于在片段性意义生成中缺乏权威的声音，很多时候就助长了公众片段性意义的生成，公众在自己已有的认知和文化情境中去解读某一事件，可能因为刻板印象等原因而产生误读。这对事件传播中权威声音主体的作为和诚信是一大挑战。

在互联网时代，无论是政府还是媒体，随着信息系统更加开放，它们受到公众更多地、更为充分地围观和监督。公众不是简单地求助于媒体，媒体不是单纯的信息表达渠道，而是公众传播的信息可能成为媒体传播的信息的来源；而公众的意见生成，比如评论区的意见表达或者转发，可能掩盖职业媒体的声音。此时，政府的诚信需要权威声音的出现，而媒体，除了传达权威声音，还是一种融合性的媒介平台，可将社会各主体甚至各元素连接在一起，赋予事件以意义，建构某种情境。

第二章　互联网时代社会诚信建构的
议题聚合

　　现实生活中的问题首先总是由特定的个体或特定情况下的若干人关注，不具有普遍关注性。用米尔斯的话来说，单一的个案，不具有普遍性的意义，仍只是"个人烦恼"。议题聚合是指将多个单一的相关议题或话题进行整合和归纳，形成一个更为全面、系统、科学的概念框架或议题。它可以帮助人们更好地理解复杂社会问题的本质和内涵，并在研究、分析和解决这些问题时提供有益的思路和方法。议题聚合有助于现象的概念化、类型化。

　　单一的个案是议题聚合不可或缺的材料和基础。只有将不同来源的信息聚合在一起，或者一个一个单一的事件陆续出现或被反复表达，它们的相似点才可能被发现，其特点或者事件本身也才能引起社会的关注，进而形成关于特定话题的全面视角。这可以帮助人们更好地理解和分析问题，从而提供更为全面的解决方案。公共政策研究专家也指出："对一个问题的认识只有到第二次危机发生时才会出现，而在第一次危机发生时则往往做不到，因为第二次危机不会像第一次危机那样作为一个孤立的偶然事件不予考虑。"① 不是所有的现象一发生就会引起社会的广泛关注，其传播的源头都是一个点，而要由点到面，或者由点形成传播链条，要实现从最初少数人的关注，发展到全社会更多的关注和重视，这需要众多节点上各个主体或者多个主体的共同努力。比如互联网时代的全媒体传播，公众网络使用行为中的互动和信息挖掘、信息点评等，进行舆论造势；同时需要专家、学者等的论证、研究，证明其存在的特质等。至此，该社会事件或现象越来越引起人们的重视，在价值判断上也会不断产生共识。这样一来，该议题的"存在感"或"问题感"才会越来越

---

① 〔美〕约翰·W. 金登：《议程、备选方案与公共政策》，丁煌、方兴译，中国人民大学出版社，2004，第124页。

凸显。这就进入了议题聚合阶段。

在互联网时代，大数据、人工智能等为信息发布、信息传播、信息聚合提供了有利条件，比如一个事件得到聚合式甚至可视化呈现的数据新闻，或者通过超链接甚至网民的挖掘，一个典型事件可能揭示出更多类似的现象或者问题，使社会主体关注到以前被忽视的事件、发现以前没有发现的问题，从而使这一事件或者这类事件具有更为普遍的意义。

另外，通过对信息的筛选，可以聚合海量信息中与特定话题相关的信息，这种"关键词"式的提取、传播、检索，可以帮助人们提高效率，更集中地关注相关信息，从而更好地理解问题的本质，更精准地定义问题。当然，这种"信息聚合"可能给人们带来"信息茧房"、信息不对称甚至虚假信息等问题。所以必须建立起可信的信息来源，确保信息准确和真实、保护个人隐私和数据安全等。互联网时代，社会诚信议题聚合的核心是建立和维护信任，建构保证聚合信息可信的信任体系。

议题聚合需要把不同时空的个案按照一定的标准纳入特定的社会议题类型里。在互联网时代，某些甚至好多个案没有现成的社会类型可以纳入，所以需要重新聚合、界定，出现的新议题需要重新审视。议题聚合是议题建构过程中的一种类型化的活动。这是一个对现实社会进行类型化和定义的过程，对社会现实问题进行分类，进行类别化处理并做相应的命名工作。这是社会现实问题建构的一种重要机制。奥地利裔美国社会学家阿尔弗雷德·舒茨（Alfred Schütz）把这种机制称为社会现实的类型化和关联定位机制。① 如此一来，在社会结构中，分类图示得以呈现。议题聚合不是简单地将一些问题放在一起，而是需要在问题间建立联系，形成一个有机整体。无论是前文所述的个人议题成为公共议题的公共关注的过程，还是这里的议题聚合，其目的都是推进相关问题的解决。

在社会诚信的相关议题引起社会多方主体的关注之后，议题聚合恰能反映社会主体对诚信议题的理解。社会诚信"新议题"的定义、聚合的建构活动中，原材料是不断引起公共关注的个案。网民通过互联网平台不断展现新的议题或问题，为议题聚合提供了丰富的素材。对社会议

---

① 杨善华主编《当代西方社会学理论》，北京大学出版社，1999，第25页。

题进行聚合，关键在于定性、命名、概念化，发掘诸多现象背后的本质，在这中间起主要作用的是专家学者。他们对纷繁复杂的社会现象进行研究，运用当今互联网时代的新的研究方法进行针对性的探索和归类。有效、科学的研究能促进社会诚信议题聚合的顺利展开。学术研究的类型化能推进该议题的合法性建构，引起政府的重视。但值得注意的是，互联网时代新的议题、新的热点频频出现。专家学者在研究时容易关注热点现象，并且在很大程度上受到技术的牵引。同时，议题聚合可能促使新政策出台，但政策的出台如果先于系统的认知，就容易造成政策上的失调和悖论，与已有的政策条款可能存在某些冲突。这些问题对于社会诚信议题的聚合，以及社会诚信问题的解决和社会诚信的建构来说，都值得关注和思考。

在互联网时代，除了传统的按照政治、经济、文化等领域的类型化界定和议题聚合，将诚信议题类型化为政治诚信、经济诚信、文化诚信等，诚信议题聚合还呈现很多新的特征，应有新的类型化标准。互联网时代的新议题似乎让人们面临着更为复杂的场景，而信息的公开、透明，传播的速度和广度的提高给我们提供了讨论或协商的便利，同时也带来很多新的问题。比如通过视频曝光的"霸座男"事件，最后有关部门将"霸座男"纳入铁路征信黑名单，"霸座男"受到相应的处罚。"霸座男"一度成为热词。热词或新的概念，是互联网时代社会诚信议题聚合的元素和思维单元，这是从诚信建构的客体内容上说的。我们通过研究发现，社会诚信议题会促使新的概念出现，或者使旧词有新的意义指向；社会诚信议题从分领域聚合转向技术化聚合。从主体的角度，在互联网时代，社会诚信议题的聚合需要主体理念重塑，转变思维，重新认知，比如对习俗型信任与契约型信任的认知，对无中介信任与第三方信任的认知，对绝对权威信任与搜索对比信任的认知，等等。这有利于我们理解当今社会诚信建构的环境、内容等。

在议题聚合的过程中，因为议题多元而且泛化，定性泛化或者不准的现象在所难免。定性泛化或者不准是指对于社会诚信议题定性相对过去显得笼统，目前未能很好地进行归类界定，边界问题很难把握，而且凸显一种诸多议题都能与诚信议题相关联的趋势，特别是行为失范较易被纳入失信联合惩戒的范围或者被列入失信黑名单，从而受到相应的惩罚。这在一定程度上凸显了社会诚信议题的重要性、泛关联性，但同时也存在一定的弊端，比如其意义指向不像传统的类型化界定那么清晰，人们认知起来有一定的难度，对于问题的解决也可能造成影响。特别是技术导向的议题聚合和分类，治理的思维方式也需要跟进和适应。我们在这一部分对社会诚信议题聚合的建构取向进行了分析，社会诚信议题聚合的任务还远远没有完成，希望可以立足现状，为未来的建构找到更科学的路径和方式。

第一节　互联网时代的"新议题"聚合

议题聚合需要把不同时空的个案按照一定的标准纳入一定的社会类型里。在互联网时代，某些甚至好多个案没有现成的社会类型可以纳入，所以需要重新界定。互联网时代的新议题需要重新审视。议题聚合包含对社会现实进行定义、概念化和类型化的过程。而概念化和类型化是两种不同的思维方式和方法，需要进行区别，把握各自的特征，从而为议题聚合的功能特别是后期的对策行动、问题解决提供依据。

互联网时代涌现的新的议题需要社会给出合理的判断。判断聚合理论认为，聚合是从个体判断到集体判断，在诸多个体判断中协商达成共识，形成集体判断。概念或者议题的聚合对社会影响深远，是一个量变到质变的过程，也是一个给社会议题进行定性的过程。

一　社会诚信"新议题"聚合的必要性及可能性

（一）互联网时代社会诚信"新议题"聚合的必要性

互联网时代，社会诚信涌现出新的议题，形成了很多新的理念和观念。这些新的议题，众多而分散，需要进行分类和定义。这样才有利于诚信问题的解决和社会诚信的建构。社会诚信的建设和社会诚信问题的解决是社会诚信建构的应有之义。我们需要准确辨识议题属性，抓住问题实质，判断其管理和治理归属哪个部门，否则治理起来难度也很大，难以做出清晰或准确的判断，头绪比较杂乱或者茫无头绪。而原有的政治诚信、经济诚信、文化诚信、科研诚信等聚合性的词无法揭示出当今互联网时代新议题的特质。经验认识是概念制定与类型化的基本素材。

先必须有一个标准，再进行判断分析，进而对行为进行定性，然后认定类型，这样一种定性的过程其实质也就是对社会现象本质进行把握的"价值判断"过程。德国社会学家和经济学家马克斯·韦伯认为，由于区分了"价值判断"与"经验知识"，也就假定了社会科学领域事实上存在一种绝对有效的认识，即对经验现实的思维整理。① 所以对互联网时代的社会诚信议题的有效认识，需要进行议题聚合等思维整理，在对"经验知识"进行充分把握的基础上，才可能做出科学的"价值判断"。

互联网时代涌现出纷繁复杂的社会诚信议题，比如芝麻信用、虚假流量、网络差评师、网络水军、网络推手、马甲、洗稿软件、钓鱼网站、微商"黑代购"、伪装 App、山寨网站、刷单公司、职业刷手、数据诚信、数据窃取、被加粉、隐私、人肉搜索、网络诚信、网络失信、网络诈骗、电信诈骗、网络兼职刷单、圈粉、骚扰电话、网络投资新骗局、贩卖信息、信息窃取、信息欺诈、信息泄露、微信谣言、信息污染、数据造假、虚拟（货币）诈骗、红包诈骗、声音诈骗、点击欺骗、友情链接欺骗、砍价骗局、"照骗"、点击率造假、"共享风潮"、微信转错账追回难、"定制诈骗"（或叫精准诈骗，由最初的"盲打盲骗"发展而来）、炒作、网约车乱象、网络勒索、网络抢票诈骗、竞价排名、精准曝光（朋友圈曝光）……这些新的诚信议题，大多具有互联网特征，借互联网之便利而出现。新的观念，新的问题，需要重新审视和建构。要认识它们，我们就要借助概念系统，而要解决或治理相应的问题，就要将它们列入相应的法律政策框架下。

（二）互联网时代社会诚信"新议题"聚合的可能性

互联网时代社会诚信"新议题"聚合的可能性首先源于万物联网的大数据。各种数据库为"新议题"聚合提供了物质基础。在传统媒体时代，议题聚合的对象相对有限，即使已经有了相对稳定成熟的类型化的社会议题，有些议题也可能因为得不到传播而无法纳入社会类型当中。但在互联网时代，即使单一的事件发生在普通公众的身上，也可能借助网络的力量得到广泛的传播。另外，随着互联网的普及，人们的网络使

① 〔德〕马克斯·韦伯：《社会科学方法论》，李秋零、田薇译，中国人民大学出版社，1999，第11页。

用行为涵盖社会生活的方方面面，也暴露着个人的隐私行为，包括某些失信行为。聚合的数据涵盖面更广，有助于及时发现各个方面的问题。

互联网时代社会诚信"新议题"聚合的可能性还在于技术的加持。互联网时代，技术因素对议题聚合产生了很大的影响，产生了新的类型化标准，其中一个很明显的表征便是"议题技术化聚合"，即社会诚信议题在分类、定性、聚合的过程中，突破以往的领域类型划分，受技术化因素影响而出现和命名，社会诚信建构或被技术化处理，或采用技术化措施，被打上了技术化的烙印。

（三）社会诚信议题概念化与类型化的技术思维

社会诚信议题如何归类重构，整理现实体验或经验认识，如何进行议题聚合，需要科学的方法。韦伯指出，社会如何科学地对经验现实进行整理的问题，是对现实理性考察方式的关注。它也类似于自然科学。但其阐述的"规律"取代了对现实的历史认识，指出简单地依次列出由历史考察来实现严格意义上的"规律"在方法上是不可能的。[①]因此，韦伯提出理想类型（idealtypus），作为其抽象的理论概念，它涉及人类文化的各门科学所特有的内涵。通过建构理想类型这一抽象的概念，我们能够在客观上接近和理解复杂的社会现象。虽然理想类型并非现实中直接存在的具体事物，但它作为一种分析工具，能够基于我们对社会现象的观察和理性思考，帮助我们揭示出隐藏在复杂现象背后的本质特征和内在规律。通过构建理想类型，我们能够建立起抽象和概括事物与现实世界之间的有意义联系。这种联系反映了各现象之间的规律，只有把握住了规律才能抓住事物的本质。这也是概念化和类型化的前提。类型在现象学上的依据，是多次重复出现而且具有大致相同的外部特征。[②]韦伯从经验认识引出了理想类型的概念，从而引出了类型化的方法。基于此，超越抽象、严谨的概念界定，类型化方法成为现代人文与社会科学研究的基本方法论范式。类型的归类思维最大限度地将社会事实的本来面目展示给人们，在其中，繁多性、重叠性、关联性、交叉现象得以

---

① 〔德〕马克斯·韦伯：《社会科学方法论》，李秋零、田薇译，中国人民大学出版社，1999，第30页。

② 〔德〕亚图·考夫曼：《类推与事物本质——兼论类型理论》，吴从周译，台湾学林文化事业公司，1999，第13页。

尽情生长。①

所以类型化可能与现实状况存在某种层面的误差。类型化进路会产生不精确的结果：由于许多行为并不是简单地属于某个特定类型，或者不同的类型本身就可能覆盖同一种行为，留下大量的不确定空间；而可能在类型化过程中耗费的时间甚至超过其在分析涉嫌违法行为竞争效果上的时间，抵消了类型化所可能带来的效率。②特别是在互联网时代出现了新的状况、议题甚至问题，传统的分类已经无法完全覆盖，而规范类型化行为的法律法规也有可能滞后于新的现象和问题的出现。究其本质，类型化与概念化之间也有差异。"类型无法被定义，只能描述"③，其几乎处于个别直观与"抽象概念"之间，比概念更具体④。

我们在进行议题聚合时需要对概念化和类型化加以区别，对现象和本质加以区分。概念是对事物本质性认识之后理性认识的升华，是对共性的把握和挖掘。概念是封闭的、分离的"特征""定义"，其依据是一些有限的、彼此分离的要素，其认识只能明确地"非此即彼"；类型是开放和连接的结果，直觉与具体性无法界定，只能是解释、"加以说明的"，普遍常见的事物在于自身直观地、整体地掌握——尽管有固定的核心，但没有明确而固定的界限，一个术语用以描述某一类型的"特征"，或此或彼、或多或少，以适应复杂多样的现实。⑤

互联网时代，尽管社会诚信议题受到互联网技术的影响巨大，但无论是概念化还是类型化，应该基于行为本身的实质，而不仅仅是行为的场域与环境。在新议题层出不穷，无法对内涵特别是外延进行准确把握的情况下，类型化的方法不失为认识互联网时代社会诚信议题的较好选择。对经验的认识或者社会现象的认知，应该先有普遍性认识，然后进

① 李可：《类型思维及其法学方法论意义——以传统抽象思维作为参照》，《金陵法律评论》2003 年第 2 期，第 112 页。
② Lemley, M. A., Leslie, C. R., "Categorical Analysis in Antitrust Jurisprudence", *Iowa Law Review*, 93, (2008): 1260-1263.
③ 〔德〕亚图·考夫曼：《类推与事物本质——兼论类型理论》，吴从周译，台湾学林文化事业公司，1999，第 117 页。
④ 〔德〕卡尔·拉伦茨：《法学方法论》，陈爱娥译，商务印书馆，2003，第 338 页。
⑤ 〔德〕亚图·考夫曼：《类推与事物本质——兼论类型理论》，吴从周译，台湾学林文化事业公司，1999，第 111 页。

行规范、科学严谨的分类，之后才能以类推的方式规范相同或相似的行为。随着互联网的发展，诚信议题的类型化活动似乎正在进一步蔓延。因此，我们应该回到互联网时代的社会诚信特别是失信行为类型化活动的原点，去探究其本源，对失信行为的本质、生成机制与类型或者类型系列进行考察。如此，才能有利于后期诚信问题的解决。类型化是解决法律原则与不确定概念法律适用问题的重要方法。①

二 互联网时代"新议题"聚合的要素和目标

议题聚合是公共议题类型化、定义化、明晰化为社会性议题或社会问题的过程。议题聚合使零星分散的议题聚集而具有普遍意义，将不同时空的个案纳入某一社会类型里，对现实现象进行类型化和定义化处理，并进一步运用概念系统进行相应的命名工作。在社会诚信建构的议题聚合阶段，最主要的任务就是争取议题或问题的合法性。在此之前的公共关注活动中，议题引起舆论关注和讨论，媒体宣传扩大议题的影响力，这些为议题的合法性打下了基础。在议题聚合阶段，议题合法性争取的主要途径是借助专家的声望、学者的力量、政府的权威进一步定义或者重新定义议题，其中包括对一些新词的研究与阐释，比如"大数据杀熟"；一些词被赋予了新的内涵，比如版权问题，互联网诚信议题框架下的版权问题更多的是由于数字媒体便携和共享的特性而生成的。除此之外，重新定义议题也包括议题范围的变化，比如一个问题由道德范围内的问题发展为法律问题等。

当然，互联网时代诚信议题的界定不仅仅限于以上几种途径。但无论何种框架的议题聚合，其目的在于使社会更加清楚地认识错综复杂的问题。所以，议题聚合的目标是问题类型化并形成概念系统，进行问题的合法性定义，让公众更加清晰地认识问题，以便于找到针对性的问题解决方案。概念及概念化是人类重要的认知要素及方式。感知基于体验，认知基于心智，心智活动形成概念，概念化产生范畴，最终通过语言来表征。② 所以，概念或概念化在议题聚合阶段起关键性的作用，这对社

---

① Leenen，D.，*Typus und Rechtsfindung*（Berlin：Duncker & Humblot，1971）.

② 吴普云：《"颜值"认知的概念及概念化研究》，《兰州工业学院学报》2016年第4期。

会诚信概念系统的形成、社会诚信的建构和建设模式的提出具有基础性作用。

基于"议题聚合"的议题建构，我们可以对其内涵、指标、作用、目标进行分析结果如表 2-1 所示。

表 2-1　　"议题聚合"的内涵、指标、作用、目标

"议题聚合"的相关阐释	内涵	同一时空或者不同时空的个案被聚集，议题或者问题的意义因为聚合起来而得以凸显。纳入特定社会类型之后，社会现实议题被类型化和定义化处理，表现为相关主体对其运用概念系统进行相应命名工作
	指标	网民通过互联网平台不断展现新的议题或问题，传媒、政策、学术文本信息数目短时期大幅度增加，分散的问题类型化并被分类、命名
	作用	分散得以集中，个案得以聚类，让全社会相关主体感到议题或者问题的存在，不同的分类和界定影响着主体采用不同的方式去解决问题
	目标	问题或者议题在科学界定后被类型化处理，进而形成概念系统，进行合法性定义，让公众更加理性、清晰、科学地认识问题，同时也利于社会主体找到针对性的解决相应问题的方案

社会诚信新议题在定义、聚合的建构活动中，原材料是不断引起公共关注的个案。社会各主体通过互联网平台不断展现新的议题或问题，这为议题聚合提供了丰富的素材。对社会议题进行聚合，关键在于定性、命名、概念化，发掘诸多现象背后的本质，在这中间起主要作用的是专家学者。他们对纷繁复杂的社会现象进行研究，运用当今互联网时代新的研究方法进行针对性的探索和归类。有效、科学的研究能促进社会诚信议题聚合的顺利开展。学术研究的类型化能推进社会诚信议题的合法性建构，引起政府的重视。

当然，不是每一个议题都能得到很好的归类，很多新生的议题需要特别处理。议题聚合使问题集中而具有普遍意义，不同时空的个案被纳入某一社会类型里，对现实进行类型化和定义化处理，并运用概念系统进行相应的命名。议题聚合的功能在于让人们感受到处于一种紧迫的情境之中，不同的分类和界定影响着问题的解决方式。其目标在于问题类型化并形成概念系统，进行问题的合法性定义，让公众更加理性、科学、清晰地认识问题，同时也有利于相关部门找到针对性的解决问题的方案。

三　互联网时代社会诚信"新议题"聚合的机制

在互联网时代，面对新的议题或问题，社会主体各自发挥着自己的作用。在社会诚信建构的议题聚合特别是"新议题"聚合的活动中，学术场域发挥着主导作用，学术场域和政府场域是议题合法化的决定性力量。公众的网络使用行为和本身的信息数据为信息聚合提供了丰富的素材。部分网民能对相关议题进行关注和讨论，并通过社交媒体、网络投票等方式推广，将类似的现象和案例纳入一并讨论，若该议题吸引官方媒体或者公共机构的注意，官方进而采取相应措施进行积极回应，就会有效地推进议题聚合。我们对议题聚合中四大类主体的活动与关系分析如表2-2所示。

表2-2　议题聚合中四大类主体的活动与关系

类别	议题聚合主体	议题聚合方式	议题聚合效果
主体活动	媒体	辅助议题聚合	关联议题素材，提供聚合平台
	政府	介入议题聚合	介入议题聚合，界定议题范围
	学者	主导议题聚合	形成概念系统，定义议题性质
	网民	呈现各类议题	提供聚合素材，个别议题界定
主体关系	指向一致	类型化、定性的指向，但侧重点不一样	
	互构关系	学术场域是议题聚合的主导力量和主要行使者，政策场域也是介入者之一，传媒场域在议题聚合中只起到辅助作用。三者是一个共构共生的互构关系机制	

注：本书中的主体关系是从媒体视角透视各建构主体而进行的关系确定。

在议题聚合中，学者起主导作用，主导议题聚合，形成概念系统，定义议题性质；政府也是直接介入者之一，介入议题聚合，界定议题范围；媒体在议题聚合中起辅助作用，关联议题素材，提供聚合平台；网民呈现各类议题，为议题聚合提供丰富的素材。在互联网时代，网民有更多的机会和可能助推议题聚合的实现，很多词就来自网民的创造而最终获得认可和合法性的地位。多元化的主体形成一个共构共生的互构关系机制。在互联网时代，互联网平台可以有效地将它们连接起来，使其共同发力。

第二节　概念体系：议题聚合的元素

在人类认识事物的过程中，从感性认识上升到理性认识，在万千世界中寻找现象本质特征的共同点，进而生成概念，构建人类认识世界的体系。概念可以帮助人们从理性出发去解决已经发生特别是已经意识到的问题。心理学认为，概念是人脑对客观事物本质的反映，用文字来加以标记和记录。概念是思维活动的结果和产物，是进行思维活动的单元或要素。表达概念的语言形式是一个词或短语、词组。这一概念既有内涵，也有外延及意义和适用范围。概念是随着社会历史和人类认识的发展而变化的。概念是对特征的独特组合而形成的知识单元。它能使纷繁复杂的事务类型化、清晰化。概念是一种很重要的认知工具。

在互联网时代，社会诚信议题最终生成新的概念体系，这是社会诚信议题聚合的元素。概念的生成是社会诚信议题聚合的有效前提。这些新兴的概念是社会主体运用抽象的方法，从一组事物中提取出来的，是反映这一组事物共同特性的思维单位。它们基于某些范畴，按照一定的标准生成。社会诚信议题散布于诸多社会现象中，需要有整体性和系统化的思维，在议题的关联中去发掘现象的本质，经由人类的抽象思维分类，从而进行定义，进而合法化，强化人们的认知，进入人们的视野，得到不同程度的重视。

一　社会诚信议题聚合中概念生成的系统化思维

社会诚信议题关乎社会生活的方方面面。互联网时代社会诚信建构的空间呈现系统开放特征，是一个开放的空间。一是网络社会环境的开放，社会系统的开放；二是建构互联网时代的社会诚信需要系统开放的思维，需要以系统开放的理论为基础，以联系的、发展的思维去看待问题。

卢曼是较早把系统思想引入社会信任研究的学者之一。他对于社会系统的复杂性是这样描述的："这一概念意指，通过系统形态开放的一系列可能性……可能性的条件是可以指明的，世界就那样构成了，同时，世界包含的可能性，超出可能实现的可能性。因此，在这个意义上，它是一个'开放式'结构。从一个角度来看，世界与系统的这种关系可看作一个超载的、不断受到威胁的不稳定性问题……从相反的视角看，同样的处境表现为一种'较高的'秩序，这种秩序的构成，是通过在世界中系统的形成而减少复杂性。"①

卢曼对社会系统复杂性的描述包含以下三个观点：第一，社会系统是一个开放的系统，它的开放性是由世界的复杂性和无限可能性所决定的；第二，现实社会的复杂性表现在，与系统模型相比，永远都是处于"超载"的状态，很难用系统模型完整地模拟真实的社会；第三，利用系统的思想和方法研究问题，是对社会复杂性的一种简化机制。② 因此，概念化、定义化社会现象和议题，是常用而有效的简化路径。

钱学森等把社会系统定义为开放的复杂巨系统："如果子系统种类很多并有层次结构，它们之间的联系又很复杂，这就是复杂巨系统。如果这个系统又是开放的，就称作开放的复杂巨系统。"③ 社会系统的开放性指的是社会整个大系统和其他各个维度的子系统各自与外界进行着能量的交换、物质的交换、信息的交换等，不是封闭的状态。互联网时代信息系统的开放有其技术逻辑，呈现独有的互动模式。

任何个人或者团体的活动都离不开社会文化背景，都是在一定的客观社会场域中进行的，与社会各个环境元素互动互构、相互整合。对社会转型背景的思考，是建构社会诚信的应有之义。互联网时代信息系统的开放，是社会转型的结果，是技术发展的结果。社会转型带来系统开放，带来职业转型，促进伦理转型，社会诚信理应进行相应的转型，主动求变，进行理念重构。

新媒体技术应用的过程是一个传播生态变化的过程，同时也反映着社会多维度的变迁态势。"当一个新的因素加入某个旧环境中时，我们所

---

① 〔德〕尼克拉斯·卢曼：《信任：一个社会复杂性的简化机制》，瞿铁鹏、李强译，上海人民出版社，2005，第 7 页。
② 郭晓科：《制造信任危机》，法律出版社，2014，第 34 页。
③ 钱学森、于景元、戴汝为：《一个科学新领域——开放的复杂巨系统及其方法论》，《自然杂志》1990 年第 1 期。

得到的并不是旧环境和新因素的简单相加，而是一个全新环境。"① 当新的媒体技术加入传统的媒体环境之后，生成了一个新的传播生态。建构新的传播生态的同时，也构建着新的职业和新的观念。

传媒是社会发展的特定产物，也是社会系统和制度的组成部分，媒体作为信息交换和交流的载体和中介，其意义是由政治、经济、文化、制度等因素所赋予的。互联网时代信息系统开放的演变逻辑至少包括三层含义：第一层是社会层面的观照，社会转型的新状况、新形势，给社会各个方面带来的影响，信息元素和社会诚信都存在于一定的社会信息系统和社会环境中，不可能独立于社会而存在，要解决社会诚信问题以及相关的衍生性问题，全面建构社会诚信，就必须对社会转型期的历史现实进行扎实研究以及敏锐洞察；第二层是对社会转型下技术的衍变和社会价值观念的转型的理解；第三层是在社会转型和观念转型双重背景和作用下社会诚信的转型。

在三层逻辑的影响下，社会诚信的建构路径受到媒介技术、社会系统等全方位影响。议题聚合在社会现实实践逻辑的影响下，主要呈现以下三种建构路径。

第一，媒体技术推动的"技术-关系-议题聚合"逐层影响路径。新媒体技术引导社会系统的开放、传播系统的开放，带来了新闻传播伦理主体关系的变化，这种新关系体现一定的新的伦理观念。技术改变了人与人之间的交往模式，对于社会诚信的建构，出现了新的概念、新的议题，经由议题聚合，可以将复杂的现象简单化，从而把握住相应的规律，这有利于社会诚信建构规律的把握。互联网最初的存在是为了关系密切的、存有信任的、相互熟悉的社区相互通信，其人员确定、构成简单、相互信任；如今互联网已经演变成一个任何人都可以在其中相互通信的开放社区。这个社区从地域上说是全球化的，不存在什么管制（governance）规则，用户彼此之间不再相互信任，或者产生信任的根源发生了变化。并不相互信任的用户之间的利益也不再是一致的了，而有可能存在冲突，如病毒与反病毒、保密与合法拦截、共享与版权保护等。② 互联网带来

---

① 〔美〕约书亚·梅罗维茨：《消失的地域：电子媒介对社会行为的影响》，肖志军译，清华大学出版社，2002，第16页。
② 周煜：《技术逻辑之殇——论互联网治理之缘起》，《新闻界》2009年第2期。

的新的变化和问题需要引起重视。

第二，社会系统内部的"活动–规则–概念"逐层转变路径。各项社会活动需要规则的开放，规则的开放需要观念的转变，观念是认知的体现，其外在表现形式便是语言。以新闻传播活动为例，传播活动链条的延展，出现了新的角色；传播活动评价的多元，公众评价成为活动推动力或者职业焦虑的诱因；传播活动平台的无限，互联网要求适用范围更广的伦理规则的制定；传播活动把关的缺失，需要新的把关规则；等等。我们需要在这些变化下探讨诚信观念、责任观念发生的转变。

第三，诚信观念结构的"环境—制度—观念"体系转变路径。观念的转变与环境的重塑、制度的重构对于新闻传播伦理建设来说是三个不同的层次。环境是道德实体环境，根据系统开放理论，是给诚信观念提供养分的来源；制度是法律法规等刚性力量，有助于探讨不同层面的变化给诚信观念转变和概念系统的生成带来的力量。

与传统媒体的垂直化、科层制管理不一样，互联网倡导的是一种建立在"自律"基础之上的"开放"、"平等"和"创新"，让人人都可以参与建设和发展的精神理念。[①] 互联网社会是开放的社会，是互动的社会，是共享的社会。新媒体技术的快速迭代进化导致出现新的困难。例如，在互联网时代的新传播实践会带来空间变革，人们的时空观念、社会关系构成、各种价值观的排序都随着媒介的介入发生相应的变化，人们的互动在网络时代被媒介化、介质化了。所以，在互联网时代，媒介逻辑将从以时间面向为主导、以传播效果为目标的单向技术逻辑转化为基于日常生活的以空间面向为主导的多元实践逻辑。[②] 与此相对应，未来的媒介研究应聚焦于如何联结网络空间中的一系列互动关系，建立各种关联，畅通多种道路，探索打通时间和空间的路径。对媒介技术带来的变化发展，则需要从这种互动关联中重新解读意义的生成和进化。

根据沟通交往方式的不同，卢曼（Luhmann）将信任分为两类：人

---

① 周煜：《技术逻辑之殇——论互联网治理之缘起》，《新闻界》2009 年第 2 期。

② 苏涛、彭兰：《"智媒"时代的消融与重塑——2017 年新媒体研究综述》，《国际新闻界》2018 年第 1 期。

格信任和系统信任。其中，人格信任是直接接触而产生的，依赖于人格因素，也叫简单信任。然而，现代社会的复杂性决定了社会信任不能简单地通过个人信任取向来达成或者创造，而必须有一种不依赖于人格因素而建立起来的信任方式，这种信任就是区别于人格信任的系统信任。系统信任的形成依赖各种交往媒介。"所谓交往媒介，是符号泛化的选择代码，它的功能是提供这种能力，使在或短或长的链上主体间传递选择行为成为可能。"① 交往媒介支持高度分化的复杂社会系统，它使得信任行为不再依赖于个人封闭的熟人圈。货币、真理、合法的政治权力等都是泛化的交往媒介。交往媒介是复杂性简化的载体，它们每一个都有在自己的领域内以自己的方式为交往提供一种复杂性简化的能力。从这个意义上讲，媒介本身也是一种社会复杂性的简化机制。②

身处信息社会的我们，也会面临诸多困境。我们赖以生存的媒介社会或也存在新的问题。社会转型促进社会系统开放，社会系统开放促进互联网时代网络信息社会开放，网络信息社会开放导致价值多元、观念冲突。我们今天的信息环境正在经历着颠覆性的改变。以报纸、广播、电视等为代表的传统媒体正在走向历史舞台的边缘，以新传播技术为支撑的移动媒体、社交媒体已经逐步占据了民众的日常生活。这种变革是令人欢欣鼓舞的，同时也引发了人们的忧思。海量内容的提供、及时的个性化信息推送极大地满足了民众的信息需求，但剽窃内容、追求噱头、低俗淫秽、散布虚假信息、发布软文、揭发他人隐私等不当的传播行为，正在不断冲击着各类媒体所应当坚守的伦理准则，也正在将各类媒体变为一个个"不负责任的传播平台"。③ 所以，理性审视互联网时代网络信息社会开放的实践逻辑，批判性地看待其带给我们人类社会的影响、带给我们观念和认知的影响，是社会诚信建构之必需。

二 社会诚信议题聚合中概念生成及其意义指向

形成概念（concept formation），在我们的日常生活与发展过程中是最

---

① 〔德〕尼克拉斯·卢曼：《信任：一个社会复杂性的简化机制》，瞿铁鹏、李强译，上海人民出版社，2005，第 63 页。
② 郭晓科：《制造信任危机》，法律出版社，2014，第 16 页。
③ 张昆：《拓展媒体伦理研究的新空间——〈全球媒体伦理规范译评〉读后的思考》，《新闻与写作》2017 年第 11 期。

平常普遍的事情，概念是思维的基本单位，是认识的起点，是人们学习、推理、交流等高级认知能力的基础，其重要性不言而喻。[1]

对概念的加工（conceptual processing）是一种抽象的活动，是对长时间积累的记忆符号信息的提取。具身认知理论认为在认知中身体和心理即生理和心理是相互关联的。具身认知理论是与离身认知理论相对的，它的提出表明心理学家开始逐渐认识到身体在认知活动中的重要性。具身认知理论认为，身体的感觉—运动系统（包括情绪、本体感受）是概念形成的基础。[2] 所以，在概念形成过程中，身体线索至关重要。形成的概念又可以分为两类，一类是具体概念（如椅子），另一类是抽象概念（如幸福）。对抽象概念的定义主要建立在背景、事件或心理状态上，这就使得开始用具身认知理论解释抽象概念的形成面临一些挑战。

我们前面已经论述，在传统媒体时代，在社会诚信建构的议题聚合阶段，对诚信议题的领域进行了划分，比如政治诚信、经济诚信、文化诚信。这些概念在议题聚合之前是不存在的。传媒是协助专家学者进行概念界定和议题聚合的一个平台，是一个辅助手段。而在互联网时代，互联网改变了信息生产方式和传播方式。原来对社会诚信议题的聚合以专家学者的权威话语、精英话语为主导。在互联网时代，是多元主体对话，对议题的定性更为开放，体现了协商、讨论的过程。整个网络成了一个公共论坛，允许多种声音的存在、多种意见的并生。它们相互补充、相互佐证，有时也会彼此质疑，逼近正确和真实。经由对话和传播，在这一过程中为形成的新概念被赋予特殊的含义，有了特殊的意义指向，并可能成为某类现象的代名词。

在社会诚信议题聚合中，生成的概念也有两种，即具体的概念和抽象的概念。具体的概念比如"表哥"、"霸座"、老赖、水军、刷单炒信、黑名单、红名单等；抽象的概念比如"联合惩戒"、"联合激励"、诚信、失信、数据诚信、隐私等。具体的概念在特定的情境和语境中有其特殊意义，而经由网络的传播被人们广泛使用且具有了特定的意义。我们以

---

① 殷融、苏得权、叶浩生：《具身认知视角下的概念隐喻理论》，《心理科学进展》2013年第2期。

② 叶浩生：《"具身"涵义的理论辨析》，《心理学报》2014年第7期。

"表哥"为例。由于特定事件的网上传播,"表"可能不再指向人与人之间的一种关系,而是实实在在的手表;"哥"只是代表性别。"表哥"经由该事件的发酵和传播而被赋予了一个新的特定的意义,即贪污腐败的官员。再比如"房姐",该词是指拥有多套房产的女人,也是售楼小姐的代名词。尽管"房姐"有多种意义解读,但与"表哥"关联,或者在特定的语境下,我们便很容易想到它的特指意义所在。

社会诚信议题聚合中概念生成的意义指向为议题聚合提供了素材、前提,与原有的概念体系相比,显示出了很大的不同。其意义生成的路径与以往也不一样,以前是自上而下的,议题聚合、概念生成和界定以专家学者为行为主体,政府和媒体等行为主体起着相应的辅助作用,产生不同程度的影响。而在互联网时代,普通的公众有了更多的话语权,民间话语占有了一席之地。概念生成的路径多了一种方式,即自下而上。在自下而上的民间话语中,对概念的界定和生成,少了严肃的意味,多了戏谑的味道,比如"表哥""房姐""教科书式""座霸",还有利用段子表达观点或者给一件事情定性,等等。

这些欠严肃的表达方式很多来自民间话语场,也就是很多这种表达方式或者话语来源于普通公众。比如"座霸"一词,以往有"路霸""学霸""麦霸"等,而"座霸"一词源于2018年8月21日一段"G334列车上男乘客霸占靠窗座位不肯让"的视频。该视频显示,一名男子拒绝让座,并说:"站不起来,到站帮我找个轮椅。"列车员与该男子沟通无果。其原因是这名男乘客在女乘客上车前先坐在了女乘客的座位上。后有媒体将视频的标题直接改为"女乘客在G334次列车上遇座霸"。2018年8月22日,多家媒体曝光了这段"座霸"视频,随后此事在微博引发舆论。

"人民微博"在2018年8月22日8点发布信息《男子"葛优躺"高铁霸座:帮我找个轮椅》(见图2-1),文中称"女乘客在G334次列车上遇座霸"视频热传。"座霸"一词给这个事件和这个不让座的男子定性了,而且这个很具体的概念没有被抽象的概念诸如"不道德""不文明""霸道"等代替,更为形象。随后,很多媒体对此事件进行了报道,大多使用了"座霸"一词(见表2-3)。

图 2-1　"人民微博"发布"男子'葛优躺'高铁霸座：
帮我找个轮椅"截图

表 2-3　有关高铁"坐霸"的媒体报道汇总

序号	标题	来源
1	《高铁"座霸"身份被曝背后："人肉神器"也能买你隐私》	《南方都市报》
2	《高铁"座霸"不能道歉就算完事》	东方网
3	《高铁"座霸"应该怎么治》	《检察日报》
4	《"座霸"引发公愤，盖因缺了"公德"》	求是网
5	《"高铁座霸"事件中，谁还没有"对号入座"？》	央视网
6	《博士成"座霸"与大学生打司机》	光明网
7	《高铁"座霸"不能道歉就算完事》	环球网
8	《比"座霸"撒泼要赖更严重的，是乘务人员失职渎职不作为》	搜狐网
9	《对不要脸的痞子"座霸"不应留情面》	光明网
10	《"高铁座霸"博士：你要赖的样子真丑》	中国网
11	《就该激起"座霸"们的羞耻感》	《南方日报》
12	《高铁"霸座"男被处治安罚款 200 元 记入铁路征信体系》	人民网山东频道

相关的报道还有很多，除了常规性报道之外，很多媒体也进行了不同角度的报道策划。从表2-3的统计我们可以看到"座霸"一词成了事件发生后那几天或者那段时间的热词，在热搜排行榜上也居于前位。"高铁座霸事件"成了舆论热点。在对"座霸"进行议论、定性的过程中，一些媒体也借助其他一些词进行辅助，比如"耍赖""丑""撒泼耍赖"。2018年8月24日，人民网山东频道发布相关信息（见图2-2），除了公开道歉，"高铁座霸事件"的主人公孙某还受到了应有的惩罚，即依据《关于在一定期限内适当限制特定严重失信人乘坐火车推动社会信用体系建设的意见》《关于限制铁路旅客运输领域严重失信人购买车票的管理办法》的规定，铁路客运部门在铁路征信体系中记录孙某的信息，并在一定期限内限制其购票乘坐火车。

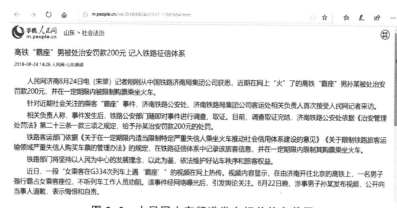

图2-2　人民网山东频道发布相关信息截图

三　社会诚信议题分领域聚合到技术化聚合

以往的议题聚合大多是分领域聚合，比如个人诚信、社会诚信、政治诚信、经济诚信。现在虽然也有个人诚信、商务诚信、政务诚信、社会诚信等分领域聚合，但互联网时代，技术化因素对议题聚合产生了很大的影响，催生了新的类型化标准，其中一个很明显的表征便是"议题技术化聚合"，即社会诚信议题在分类、定性、聚合的过程中，突破以往的领域类型划分，受技术化因素影响而出现、命名，或进行社会诚信建构的技术化处理，或采用技术化措施，打上了技术化的烙印，比如联合惩戒所依赖的就是大数据和信息联网。

我们对技术化聚合的突出议题进行了整理（见表2-4）。互联网时代，技术化催生了社会诚信议题中的新角色或者旧有角色的新内涵。互联网时代出现了很多新的问题，涌现了大量新的社会诚信议题，需要技术化界定新议题。伴随着新的议题或问题产生，相关部门借助技术的力量，采取了一些建设性的措施。新的技术虽然带来了便利，但它本身具有的某些特征又是社会诚信问题产生的"温床"。

表2-4　社会诚信议题技术化聚合的突出议题

技术化催生新角色	芝麻信用、网络差评师、网络水军、网络推手、马甲、拼夕夕、表哥、洗稿软件、钓鱼网站、微商"黑代购"、伪装App、山寨网站、刷单公司、职业刷手、悬浮照……
技术化界定新议题	大数据杀熟、数据诚信、数据窃取、被加粉、隐私、人肉搜索、网络诚信、网络失信、网络诈骗、电信诈骗、网络兼职刷单、圈粉、骚扰电话、网络投资新骗局、贩卖信息、信息窃取、信息欺诈、信息泄露、微信谣言、信息污染、数据造假、虚拟（货币）诈骗、红包诈骗、声音诈骗、点击欺骗、友情链接欺骗、砍价骗局、"照骗"、点击率造假、"共享风潮"、微信转错账追回难、"定制诈骗"（或叫精准诈骗，由最初的"盲打盲骗"发展而来）、炒作、网约车乱象、网络勒索、网络抢票诈骗、竞价排名……
技术化建设新措施	联合惩戒与联合激励、红名单与黑名单、精准曝光（朋友圈曝光）、查重软件、信用积分、信用数字化、信用信息共享平台、"老赖"黑名单系统、信用查询网络系统、网络实名制……
技术化追溯新原因	虚拟化、信息不对称、符号化、自由空间、隐匿性、网络安全技术、网络监管不力……

从表2-4的统计我们可以看到，在技术化催生的新角色中，有物有人，有抽象的有具体的，有符号的有实体的，有直接主体的也有介质化的存在……有的是虚拟数值符号，却能对实际生活产生影响。比如芝麻信用，可以转化为实际价值，在诸多的场景应用中产生实际效用，影响现实生活的很多方面。有的是基于技术的平台，却由此滋生了很多诚信问题，比如钓鱼网站、伪装App。有的是互联网时代产生的新的主体角色，比如"网络差评师""网络水军"。有的成了代表性的有特殊意义指向的新生角色，比如"表哥""拼夕夕"……下面，我们以"网络差评师"为例分析互联网时代社会诚信议题中的新角色带来的新问题，以及它们对社会诚信建构的影响。

2018年，江苏省海门市人民法院受理了一起关于电商平台诉"网络差评师"的侵权案件。① 有买家专门做"网络差评师",损害评价的真实性和完整性,以此谋得某种利益。这是因为互联网电商平台上的用户/买家评价数据对于商家的信用评级等其他等级评价的重要作用,以及这些数据对其他消费者购买行为的参考价值。恶意差评扰乱了网络市场经营秩序,损害了合法的营商环境。要改变此种状况,需要多元主体合作。"平台要对恶意差评零容忍,对于恶意差评师,要加大主动发现线索的力度,及时推送给行政机关和执法机关,同时要加强对商家的教育,让商家向差评师说不,并帮助遭恶意差评的商家报案,提供法律帮助,平台介入才能降低其维权成本,这样效果更好。"② 浙江大学光华法学院副教授高艳东阐述了以上观点。"网络差评师"属于互联网空间的失信行为主体,应该被纳入失信者名单,对其交易行为和网络活动予以限制,让不法分子付出更多代价。通过失信者名单建设,诚信制度建设和诚信教育共同发挥作用,多管齐下,形成合力,才能有效遏制恶意差评行为。其中很关键的一环是公民诚信素养的提升,发挥自律的作用。

技术化界定的新议题当中,有的是新问题,比如红包诈骗、网络竞价排名等。有的是旧问题借助网络技术和平台出现新的形式,也就是呈现一些新的特征。比如假借慈善之名诈骗,在互联网时代可以利用假视频、片段性视频欺骗公众博得信任。比如"网络直播者假借慈善诈骗"——刘国彪借公益之名利用直播平台诈骗案③中,刘国彪向不明真相的网民进行虚假宣传,骗取信任,并将广大网民献爱心、刷礼物换取的现金据为己有。这在某种程度上反映了网络公益存在的问题以及直播存在的某些风险。这些问题在传统媒体时代也存在,但形式相对单一,作假手段也没有网络时代如此多样。

社会诚信的建构包括诚信建设。诚信建设是实现社会诚信的一个重

---

① 王琦:《全国首例电商平台诉差评师案宣判! 淘宝胜诉获赔 1 元、3 人被判刑》,搜狐网,2019 年 1 月 22 日, https://www.sohu.com/a/290677288_161795,最后访问日期:2024 年 2 月 10 日。

② 《网络差评师终要为失信"买单"》,信用中国(山东),2019 年 4 月 26 日,https://credit.shandong.gov.cn/28/82718.html,最后访问日期:2024 年 7 月 19 日。

③ 《省高院公布 2017 年度十大案例"凉山伪慈善案"入选》,四川在线,2018 年 1 月 23 日,https://sichuan.scol.com.cn/dwzw/201801/56066862.html,最后访问日期:2024 年 2 月 10 日。

要途径。技术化建设新措施包括多个维度，是对具体问题采取的针对性措施。一是基于大数据的联合惩戒与联合激励，比如工信部、最高检、教育部、公安部等 13 部门在 2018 年 8 月印发《综合整治骚扰电话专项行动方案》，该方案明确了，2018 年 7 月至 2019 年 12 月底，在全国开展综合整治骚扰电话专项行动，包括全面清理各类骚扰软件、严格规范金融类电话营销行为等，并将违法违规行为列入相关信用记录。还有基于技术本身而进行的措施创新，比如区块链技术的应用。区块链这种自带价值的创新技术，也许能够给我们打造诚信社会提供一个崭新的思路。新技术浪潮为解决社会问题提供了机会。在诚信建设中，必须重视区块链等新技术的应用。区块链的信息存储和处理具有去中心化、防篡改、共享、透明等特点，在社会信用体系建设领域具有广阔的应用前景。新技术的运用，可以在一定程度上将难以量化的道德问题演变成数学问题和社会问题进行求解，必将为社会信用体系建设提供创新的路径和方法。[①] 但区块链本身也是分类型的，根据区块链技术内部结构的不同，可将之分为公有链、私有链与联盟链三种类型。公有链是完全去中心化的，参与者之间形成"技术信任"机制；私有链是中心化的，所有参与者完全依赖主导者；联盟链是部分中心化的，参与者通过协议进行合作。公有链通过算法争夺记账权形成共识机制，私有链各个节点的记账权是由中心机构赋予的，联盟链的共识机制是各个节点之间的彼此信任。联盟链兼具公有链与私有链的优势，具有信用多元、信息共享与高效率的特点，可广泛应用于社会治理各方面。[②]

二是对技术产品的运用，即信息联网下的信用信息共享平台的使用，更有甚者，将互联网时代的社交媒体作用发挥出来，采取建设性措施，比如精准曝光（朋友圈曝光）。社交媒体不仅是人们交往的平台，还是舆情的聚集地，建构社交媒体舆情场域，对失信行为进行曝光，能引导网民舆论，树立正确的价值观，有利于社会诚信的建构。

在对原因的探索方面，因为互联网自身的特点，新的诚信议题特别是诚信问题出现的原因主要有以下几个方面：虚拟化、信息不对称、符

---

① 张近东：《建立刚性的失信惩戒机制》，《人民日报》2018 年 8 月 29 日，第 20 版。
② 赵磊：《区块链类型化的法理解读与规制思路》，《法商研究》2020 年第 4 期。

号化、空间自由、隐匿性、网络技术安全隐患、网络监管不力……对这些原因的思考，有助于议题认知的加深和问题的解决。站在更为宏观的角度，则有利于把握社会诚信建构的技术发展环境，理性地判断技术给人类社会的政治、经济、文化等各方面带来的影响。这有助于进行针对性的诚信建设为社会诚信建构服务。因为社会诚信建构是一个长期、系统的过程，需要有长远的、宏观的眼光和视角，需要社会各个领域、各个层面、各个主体的积极配合和努力，共同推进诚信理念和行为的形成和传播。

第三节　理念重塑：议题聚合的框架

社会诚信议题聚合的框架来源于具体社会环境中社会主体的认知。社会诚信议题聚合中的概念生成、问题界定、议题分类都需要具备一定的思维能力和认知能力，这是对社会诚信议题这一客体对象的聚合。除此之外，互联网时代社会诚信主体的认知、理念随着时代的变迁、社会的进步以及技术的发展产生了变化，出现了新的特征，比如对环境的感知、对文化的感知、对安全的感知、对信任达成的感知都呈现不同的变化和特征……认知影响行动选择。所以，对社会诚信主体认知行为进行观照，探究其理念重塑过程，把握主体认知层面的本质，对其进行界定和归纳，有利于把握社会诚信议题聚合中主体角度的深层认知问题。这也是在社会诚信这一议题和观念建构中非常重要的内容。议题聚合的框架代表一种理念、一种思维方式。

一　理念重塑中的习俗型信任与契约型信任

顾名思义，习俗是基于习惯，契约是基于制度。习俗型信任的产生是基于农业社会和熟人社会的关系结构；契约型信任则基于工业社会和陌生人社会而得以存续。不同的社会形态，不同的诚信理念认知，影响信任的达成。在信任达成或者产生信任的过程中，以关系为重还是以契约为重，互联网时代社会诚信建构中的理念重塑和认知选择呈现怎样的状态，以及应该如何。这些将影响人的行为。

基于社会文化环境思考社会诚信的建构，这是因为无论是个体还是群体，其活动都是在一定的客观社会环境中进行的，与社会环境互动。

结合社会转型背景进行思考，是构建社会诚信的应有之义。在中国，自然经济与小农经济的生产方式、生活方式长期居于主导地位，与之相适应的"自发性"和"散漫性"交织而积淀的传统文化中，渗透着一种"我行我素"的自我意识，这给社会诚信的建构增加了难度。

习俗型信任是基于大家知根知底的人际关系。农业社会是一个熟人社会，呈现的特征为：分散、相对封闭、局部性。它孕育和建构了一种以血缘和地缘为框架的自由的人际关系，人际关系相对比较简单，爱、恨、情、仇都非常明朗。而且人口密度小，这种关系建构的空间相对有限。其与工业社会人口密度大，但人与人之间却是"咫尺天涯"，住在钢筋水泥的房子里邻里之间老死不相往来的状态恰恰相反。基于以上特征，有学者将这种人际关系界定为"自由的稀薄人际关系"。[1] 在相对封闭的农业社会里，人们大部分时间和空间里是与自己的亲人、熟人生活在一起，信任不是一个问题或者说不是一个很严重的问题。换句话说，这种习俗型信任建立在地缘、亲缘、血缘关系的纽带基础上，相对牢靠。

契约型信任是陌生人社会的一种合作关系基础上的信任。工业资本主义的力量导致了全新的陌生人社会的出现，而互联网的出现更是强化了这种现象。更有甚者，将熟人社会关系也移植到陌生人的社会里。要维持关系，就离不开交往，离不开合作。他们的信任关系显然具有某种现代社会的契约特征。交易与互惠的主要区别在于前者有明确的目的，后者是处于关系互动中的各方的义务和不言而喻的期待。在陌生人之间选择建立社会关系，互惠是必不可少的要素，[2] 当互惠在陌生人社会里成为常态，必然会改变社会秩序的性质乃至本质。现代社会与传统社会的区别也由此形成。[3] 换言之，选择互惠来维持某种社会关系是陌生人建立关系网络的基础条件。原有的行为规则和规范已经不适用于现在的社会，如今人们的心态发生了改变，理念也随之转变。但有一点是肯定

---

[1]　张康之：《在历史坐标中看信任——论信任的三种历史类型》，人民网，2006 年 4 月 14 日，http://theory. people. com. cn/GB/41038/4300010. html，最后访问日期：2019 年 10 月。

[2]　Blau, P. M. , "Reflections on a Career as a Theorist", *New Directions in Contemporary Sociological Theory*, （2002）：346.

[3]　Cohen, M. L. , "Being Chinese：The Peripheralization of Traditional Identity", in Cohen, M. L. , （ed. ）, *Kinship, Contract, Community, and State: Anthropological Perspectives on China* （Stanford：Stanford University Press, 2005）, pp. 39-59.

的，即互惠互利、共同发展，这恰是诚信建构的应有之义。社会诚信建构的目的在于打造诚信文化和诚信环境，实现良好的社会互信、经济发展和社会进步。

在人类社会中，"熟"，本是关系的一种表达。在互联网时代，熟人关系的观念却可能被颠覆，让人们对关系有新的认知，而将更多的信任投注在契约或者第三方平台等。比如原有面对面的"杀熟"，现有"大数据杀熟"，携程、滴滴都有这种现象。《科技日报》2018年2月28日的一篇报道《别让"杀熟"杀死大数据》提出"大数据杀熟"的概念，这是在公共媒体中首次出现该概念。本文报道了人们在使用互联网产品时可能遭遇的问题，不同的网络用户购买相同的产品（实际物品或者服务）时，所需要支付的费用不同。比如在同一平台预订同一家的同一规格的酒店，不同的网络用户所需支付的金额有差异。而且这种现象还不是个案。所以在2018年，"大数据杀熟"成为年度十大新词之一，由国家语言资源监测与研究中心、商务印书馆、央视新闻等单位共同发布。由此可见，"大数据杀熟"代表了一种网络使用情形，其概念源于多个类似网络行为和网络情境的整合。只不过这个概念中的"熟"，与我们传统意义上的血缘、地缘、业缘等熟人关系的"熟"已经有所差异。这种"熟"更多的是根据网络用户对该平台的习惯性或者依赖性的判断而得出的数据。

"大数据杀熟"是指网络用户所需支付金额呈现差异化的现象，或者平台/商家定价不同。但这种"大数据杀熟"就是"价格歧视行为"吗？目前普遍的看法大抵如此，但这也是值得商榷的。价格歧视（price discrimination）是微观经济中的一种定价策略①，它所代表的意义是，在细分市场中，同一供应商以不同的价格销售相同或大致相似的商品或服务②。由价格歧视引发的差异化价格与差异化产品（product differentiation）有所不同，差异化产品涉及的是不同的产品或服务，③ 而价格歧视与用户的弹性需求有关，用户的意愿是很重要的影响因素。这也就是说，价

---

① Krugman, P. R., "International Economics: Theory and Policy (8/E)", *Pearson Education India*, 6, (2008): 142.

② Phillips, R. L., *Pricing and Revenue Optimization* (Stanford University Press, 2005), p. 74.

③ Belobaba, P., Odoni, A., Barnhart, C., *The Global Airline Industry* (John Wiley & Sons, 2009), p. 77.

格歧视需要具备以下两个特征或者条件，一是价格歧视的发起主体，即产品提供者，基于某种原因或者目的而进行差异化定价；二是价格歧视的客体——同一产品的差异化定价。如果不满足上述特征，将其定为价格歧视或者"大数据杀熟"是不科学的。比如在京东平台上，除了自营店，其他商家以京东为平台售卖产品，在京东平台若出现价格差异，此种情况下平台本身并没有提供商品，所以京东平台不是价格歧视的主体。另外还有一种情况我们不可以忽略，不同渠道、不同时令季节的同一商品的价格本身就可能有波动，或者不同的店铺对商品存在不同的定价，在这种情况下，店铺也不是价格歧视的主体。所以也就不存在价格歧视。还有一种情况可能是，"同一产品"这个"同一"，不是绝对性的"同一"，批次不同、真伪不同（正品与仿品的区别）等，也可能导致价格不一样。当然这就是另一个层面的问题了，如假冒伪劣现象。

价格歧视需要同时满足上述两个条件。比如我们在滴滴平台打车，打车平台不仅是中介，还是产品（服务）的提供商。如果出现不同乘客相同的服务诉求却需要差异化支付（优惠券的使用除外），滴滴平台的行为则属于价格歧视。因为在这个过程中，滴滴司机只是承接运送任务，没有对服务进行自主定价或议价，在这一活动过程中滴滴司机没有这项权利，所以滴滴司机不是价格歧视的主体。而滴滴平台却承担了这两种角色。由此我们可以看出，很多已有的定义将"大数据杀熟"与价格歧视行为等同是不科学的，非价格歧视行为同样可能是"大数据杀熟"现象的原因，而这种错误理解将会导致我们所制定的解决方案失效。[①] 所以对议题概念的科学界定非常重要。

互联网给人类提供了很多便利，媒体中介或者网络使用等中介行为将人们连接起来，建构了某种关系。"大数据杀熟"中的熟人关系，是基于一定的利益或目的而建立的关系，还可能只是一种单方面主体的消费习惯或消费依赖。其中情感因素不是很稳固，相对薄弱。这种"杀熟"的可能性和风险更大。与之关联的现象，有的甚至是根据顾客的犹豫期来进行判断。如果选中的商品不立马付款，放在购物车里一段时间，

---

① 詹好、邵靳天、黄智威：《"大数据杀熟"：概念澄清及解决方案》，《软件》2019 年第 8 期。

排除本身的活动优惠，商家可能会给予一定其他优惠而促成交易。比如有时会有相应的降价提醒。所以此时，消费者不立马付款，表现出对平台的依赖度低和购物欲望没那么强烈，这成了线上"无声"的"讨价还价"方式。平台或者商家基于这种数据进行判断，从而实施"算计"。这样的体验会让消费者对平台或商家的信任度降低。

陌生人关系可能因为某种中介而成为"熟人"，比如同时加入一个网络社区或社群，而进行短暂或长期的交流。有着血缘、地缘关系的熟悉的人们，在他们之间嵌入某种物质、某种中介之后可能成为陌生人，完全不了解对方的"熟悉的陌生人"，比如用虚拟的身份进行网络社交活动。在网络世界里，你们成了"陌生人"，重新建立关系，或者进行试探。在互联网社会，本来是毫无关系的陌生人，因为契约或者缘分（趣缘）而成了"熟人"或者组成了群体，同时，本来是"熟人"的一群人，可能咫尺天涯，或者因为网络生存的某种契约而"陌生化"。网络生存中的契约既可能是实质性的契约，也可能是网络虚拟社会的契约，你只要点击选择，便默认遵守，从而进入一个关系圈，还可能是一种理念契约，比如你会进入一个"诚实守信志愿者群"，遵守相应的规则，并成为志愿者，甚至还会开展一些线上与线下的活动。

互联网时代社会诚信的建构是基于社会转型过程的，是与社会形态、社会文化分不开的。纵然，基于关系的习俗型信任在当今社会处于相对边缘的位置，只是在家庭、亲戚、邻里之间的关系里占主导；而契约型信任在当今社会形态中还缺少足够的条件，契约的表现形式多样，特别是在网络虚拟社会中，很多是实现预设的契约，还有无形的不可言说或者无法说清楚的契约，它们需要参与这种关系建设的人们达成某种共识，并能有相对正确的选择。而有形的契约，或许有时候也难以逃脱"霸王条款"的制约。在传统社会里，如果达不成这种契约，那行为主体可以选择另一种路径。但是在网络社会里，违背这种契约，可能就无法实现自己的目的。而要遵守这种契约，进行协作，实现自己的目的，可能也要以牺牲自己的某些利益为代价，比如李彦宏曾发表言论称"中国人愿意用隐私交换便利"。尽管该言论引起了很多争议，但不得不说这应该引起我们的思考。而完成这种交换，换来的是人内心的不安宁和某种隐忧。缺乏信任，交往就会成为一种非常危险的活动。

二　理念重塑中的无中介信任与第三方信任的较量

信任产生于交往，交往随着人类社会的变化而变化。进入网络社会，人类的信任基础由基于关系的习俗型信任即身份信任过渡到契约型信任，再由契约型信任过渡到第三方信任，从而形成身份信任—契约型信任—第三方信任的历史沿革，网络环境中信任基础发生了本质变化。但这三种信任并不是相互替代的，而是一种并存的状态。

网络化陌生人社会在人际关系上的表现是"自由的稠密人际关系"，人际关系被网络或者第三方力量融合在一起。"随着知识与认同的增进，当事人之间不仅相互了解及认同，而且逐渐清楚他们为了维系信任应该做些什么。"[①] 在互联网时代，我们很多时候愿意选择去相信一个陌生人、一个陌生的平台、一个陌生的社群、一个陌生的社会，而某些情境下对周边的人甚至是家人、朋友却缺少了信任的元素。熟人关系有时反而成了信任建立的障碍。在社会诚信主体认知行为的理念重塑中，存在无中介信任与第三方信任的交织。无中介信任即我们前文所述的基于地缘、血缘关系的无须借助中介的信任类型。第三方信任是指以中介或第三方为依托、为参考、为寄托而产生的信任关系。

互联网时代，信息系统开放，平台开放，人际关系交往自由。自由就给了人更多的选择。在开放的网络空间中，人们有了更多的机会，甚至不得不对他人开放、与他人沟通与合作。我们如果把自己封闭起来，那么生存就会存在某些困难。无论是媒介化生存、网络化生存，还是数字化生存、数据化生存、智能化生存，网络用户都处在一个开放的生态系统中，相互连接，其中也包括人与机器建立的关联。

在网络社会里，基于熟人关系建立起来的圈子、社群等，依然可以通过这种相对亲密的关系来维护信誉，获得信任，依靠约定成俗的规则或者成文的规定等来协调关系。但在互联网时代，陌生人之间的交往依靠这样的调节方式会显得非常无力。所以在互联网时代，我们需要重构一种规则，保证技术条件下的关系运行。比如对人的信誉进行评级，并

---

① 〔美〕罗德里克·M. 克雷默、汤姆·R. 泰勒编《组织中的信任》，管兵、刘穗琴等译，中国城市出版社，2003，第 161 页。

发布相应的数据报告，每一个网络行为主体都有自己的信用身份证，拥有自己的信用数据。凡此种种，有利于陌生人之间建立关系，加深了解，找到建立信任关系的依据，为合作提供参考。

每一个行为主体在网络社会的各种行为中都作为一个节点而存在，他们通过各种关联与其他主体处于总体互动之中，每一主体行为都对其他主体产生直接或者间接的影响，但在何种程度上产生影响，产生多大影响，具有不可预知性和不确定性。为了减少人们的信任风险焦虑，在保证隐私不受到侵犯的情况下，必须保证交往系统中必要数据和信息的充分共享。当然，其前提是相关数据真实可信。

互联网时代信息传播方式多元，信息开放共享，信息边界被打破，使交往行为系统成为一个无边界的开放、多元的信息系统。网络用户主体之间的交流如此，普通的公众也可以更多地了解到政府的行为、参与媒体的信息传播行为，并进行评价。信息充分共享在很大程度上促成了直接效应的产生，这就会建构各种信任关系，合作行为也将更为普遍化。另外，我们为了确保信息隐私安全，可以采取"后台实名、前台自愿"等措施。

在网络社会，第三方信任能为我们提供一些便利，比如提供平台和空间，这有助于搭建交流合作的平台，是网络社会信任产生的物理基础；第三方信用认证、第三方数据信息库等能给予我们一些理性的参考指标，有利于了解对方（见表2-5）。早在2009年中国互联网大会首届中国网络诚信推进论坛上，中国互联网络信息中心（CNNIC）可信网络服务事业部总监苏勇就指出权威的第三方认证是可信网络发展的必由之路。具体而言，苏勇认为所谓的权威的第三方认证可以达到如下效果：第一，风险规避；第二，角色区隔；第三，降低成本；第四，维护诚信。[1] 高文珺、李强在研究我国消费者初始信任影响因素时，发现企业概况和权威认定对信任形成的影响最大。[2] 同时，消费者会因为信任第三方而信任网络商店，这种信任属于移转式信任。第三方信任不仅可以成为网络

---

① 管金平：《社会基本信任形态在网络环境中的范式更迭与制度回应》，《学习与实践》2015 年第 4 期。

② 高文珺、李强：《服务行业中消费者初始信任影响因素研究论文提要》，《中国社会心理学会 2006 年学术研讨会论文集》2006。

零售商在经营网站时增加消费者信任的一种方式，而且可以降低交易风险，同时提升消费者网络购物的意愿。①

表 2-5　第三方信任的类型及作用

序号	类型	作用	案例
1	第三方平台/空间	聚合作用，搭建交流合作的平台	比如社群、团购平台
2	第三方信用认证	关系建立的参考指标	比如信用评级认证、芝麻信用的分数
3	第三方数据信息库	信息公开和共享，加深了解	比如数字档案、宣传网页
4	第三方担保	平台担保或者签订协议，消除后顾之忧	比如七天无理由退货的契约，平台先行赔付
5	第三方效应	参考依据，如名人效应一样，也可能是负效应	比如对某一平台的信任，信任天猫胜于信任一般的淘宝店；在某些事情上信任名人胜于信任普通公众

在网络社会中，很多陌生人借助熟人关系来做一些违背诚信的事情，从而让人们对网络平台存疑，比如冒充熟人进行诈骗、借钱。身份信任在网络环境中难以发挥作用，契约型信任也显得捉襟见肘，这也是基于身份信任与契约型信任的传统法律制度对网络社会、对电子商务的规制日见困窘的真正原因。② 第三方信任也并不是没有弊端，比如随着人工智能（AI）的发展，人工智能声音模拟技术使得骗术更加高明，平台的信任度，或者说网络交往中的人际信任再次受到挑战。所以我们要正视第三方信任的利弊，正视互联网时代它与无中介信任之间力量的较量，围绕第三方信任去立法、执法和司法，去积极促进与规范第三方信任机制，让第三方真正发挥效力，网络社会的信任才有可能建立起来。比如对滴滴平台的管理，2018 年 5 月 6 日河南郑州空姐顺风车遇害和 2018 年 8 月 24 日温州姑娘小赵乘坐顺风车遇害，滴滴平台在诸如此类的事件中应该承担多大责任、承担什么责任、应该如何规范，这都是需要明确的问题。

①　程玉桂：《有机食品可追溯与网络消费信任研究》，《江西社会科学》2016 年第 4 期。

②　管金平：《社会基本信任形态在网络环境中的范式更迭与制度回应》，《学习与实践》2015 年第 4 期。

三　理念重塑中的绝对权威信任与搜索对比信任

在中国的历史发展过程中，人们的社会关系建构基于血缘和地缘而进行，纲举目张，尊卑有序，亲疏有异，这就是所谓的"差序格局"。差序格局以乡土社会为背景，加上中国特有的传统继承和亲属制度，而儒家长幼尊卑有序的伦理道德又为这样的社会格局提供了意识形态框架。于是，信任遂与差序格局紧密地联系在一起。① 绝对权威信任理念在中国几千年的封建文化中根深蒂固，信任权威、信任长者、信任家长、信任长辈、信任掌权者……随着互联网技术的发展，社会诚信主体理念重塑由绝对权威信任过渡到搜索对比信任。很多时候，两者并存，各自发挥着自己的作用。在互联网时代，搜索对比信任的作用日益凸显出来，这也是人们在网络社会产生信任的途径。搜索对比信任是在对比理念的基础上产生的，也就是在信息搜索后进行对比，进而选择信任还是不信任。

如前文所述，互联网时代是开放的时代，是信息共享的时代，互联网是一个公共空间，是一个交流的平台。它是一个数字档案、是一个数据库，能给我们提供丰富的信息，满足我们多方面的需求等。搜索对比信任打破绝对权威信任，打破习俗型信任，而通过互联网技术手段，去产生信任，消除心中的顾虑。我们归纳了搜索对比信任产生的路径，主要有如下几种情形（见表 2-6）。

表 2-6　搜索对比信任产生的路径

序号	类型	作用	案例
1	搜索引擎	找到相关信息，并有了相应的排序	比如百度
2	量化指标参考	根据相应指标做出比较判断	比如信用评级认证、芝麻信用的分数、宝宝店的钻级
3	评价参考	其他人的评价作为参考比较	比如点赞或评论、投票
4	咨询求助	求助获得意见进行比较	比如发布帖子征求意见或者在朋友圈征求意见，展开讨论

---

① Francis, F., *The Great Disruption: Human Nature and the Reconstitution of Social Order* (New York: The Free Press, 1999), pp. 36-38.

续表

序号	类型	作用	案例
5	线上与线下比较	线上与线下对比	网络虚拟形象建构和现实形象的差异化比较，比如政府公信力形象；比如线上与线下物品价格、质量比较，判断价格是否虚高，有无假冒伪劣

在信息系统开放的时代，消费者不仅能更多地了解对方，而且能进行相应的比较，可以做出更加理性的评价。这种搜索对比之后产生的信任相对来说比较牢靠，加上相应契约或者制度的保障，基本没有后顾之忧。当然，也不能排除我们搜索的信息、比较的对象数据不完全是真实可靠的，这会影响搜索对比的信度和效度。比如看到一个产品销量很好、评价很好，在比较之后进行了购买，购买之后才发现商品并没有评论的那么好，可能是刷单的存在而让搜索对比无效。但无论怎么说，搜索对比给了我们更多的参考。当我们做决定时似乎有很多参谋在身边，这让人们有安全感，对自己的理性抉择也更有信心，信任更容易生成。

第四节　视而易见：议题聚合的取向

互联网时代社会诚信议题聚合的取向是视而易见。视而易见一方面是指社会诚信议题的泛在。当然，泛在有利有弊。泛在指无所不在，无时无刻，广泛存在，比如有泛在学习、泛在网络等。我们可以通过对泛在学习、泛在网络的理解来对议题泛在进行把握和认知。泛在学习（U-Learning），又名无缝学习、普适学习、无处不在的学习等，顾名思义就是指每时每刻的沟通、无处不在的学习，是一种任何人可以在任何地方、任何时刻获取所需的任何信息的方式。由此我们可以理解，泛在是一种状态，无处不在，无时不有，无缝对接，广泛联通。泛在网络来源于拉丁语 Ubiquitous，从字面上看就是广泛存在的、无所不在的网络。也就是人置身于无所不在的网络之中，可以在任何时间、任何网络，利用多种网络、多种媒介，与任何人或任何物，进行信息交换，基于个人和社会的需求，利用现有网络技术，为个人和社会提供泛在的、无所不含的信息服务和应用。互联网时代，泛在网络是一种常态，在这样一种泛在网络中，社会诚信议题泛在，即社会诚信议题广泛存在、无所不在，甚至被泛化，而且这种泛化不一定是积极的。这是社会诚信议题聚合的特征，是互联网时代议题聚合的重要取向。

视而易见另一方面体现为社会诚信议题的可视化，这可以帮助人们更加直观地感受到诚信议题的存在和影响。互联网时代，通过数据可视化、案例展示、舆情图谱等方式，可以客观、科学地呈现诚信议题或问题的分布、深度和趋势，使人们更加了解诚信的实质和重要性，帮助人们去理解社会诚信议题的本质以及各种现象之间的关联。

一　社会诚信议题泛在的关联定位

（一）社会诚信议题不同元素超级链接的关联定位

关联定位能突出某一议题的重要性，体现其在社会生活或者社会体系中的位置，有利于对议题进行理性的界定。互联网时代，超链接（即超级链接）可以轻松实现关联定位。超链接的实质是不同元素之间的连接。超链接是网络信息层次化的基础形式，建构层次化的信息组织。超链接使得网络文本在写作和阅读等方面不同于传统文本，提高了信息传播的效率。当然，不恰当的超链接可能带来误解，产生不好的传播效果。超链接允许我们同其他网页或站点进行连接，实质上起到了信息聚合的作用。链接既可以存在于网页之间，也可以存在于同一网页上的不同位置，还可以被置于网页上实现更多扩展，如一个网址、一张图片、一段视频、一个应用程序、一个二维码、一段文字、一个按钮或者一个表情符号等。超链接具有空间跳转属性。网络用户可以对这些链接目标进行选择，然后执行"单击"等操作，所选目标就打开或者运行了。当然，超链接还可以根据具体内容进行多层设置，实现多次跳转。超链接实现了各层次之间的联系。对于社会诚信议题来说，超链接可以将相关内容、相关议题连接起来，而且是跨越时间、超越空间的，以此引起人们的记忆和认知。比如通过搜索引擎网站将相关议题聚合在一起，方便查阅。另外比较常见的还有通过网络专题将议题各个层面聚合在一起，或者通过相关新闻的超链接将相关议题聚合在一起。

（二）虚拟信用资本转化的应用场景泛在

虚拟转化为现实存在，这可以克服道德虚化、伦理虚化、诚信虚化的弊端。虚拟信用资本比如信用积分，可以实现转化，将其价值体现于现实生活中，比如支付宝里面的芝麻信用。这能让人感知到诚实守信的价值，这也是诚信的应有之义。

通过图 2-3 可知，根据不同的分数系统会给出相应的芝麻分等级，图 2-4 网络用户为 830 分，信用极好。积累一定的信用分之后，可以享受相匹配的服务（见图 2-4）。比如"先惠""先享""免押""修复""延期""速办"等。点开"免押"可以看到免押金租物、免押金租车、免押金订新能源车、免押金住宿、免押金骑行、免押金租充电宝、免保证金拍卖等。信用积分给生活带来很多便利，"一起打造无押金的社会"，让人们感受到信用积分的重要性，这就会促进"守约"。同样，信用积分分值也是自我的名片和品牌，是一种身份象征，分数高能给人留下比较好的印象，这样利于与人交往，赢得信任，促进合作。

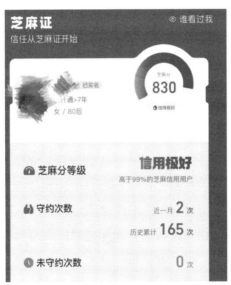

图 2-3　网络用户芝麻信用得分截图

像这样的事例还有很多，比如《正向激励！让好的纳税信用"变现"真金白银》（国家税务总局，2018 年 7 月 26 日）、《厦门发布信用分"高分"民众可享生活便利》等。作为中国首批社会信用体系建设示范

图 2-4　网络用户芝麻超能力截图

城市之一，厦门发布个人信用"白鹭分"，达到一定分值的民众，可以享受各种便利，让信用"变现"，感受"诚信的价值"。"白鹭分"被广泛应用到图书馆免押金借阅、厦门的信用乘车、公共自行车免押金租用、入校健身快速审核、智慧医疗信用付、信用租房、无人便利店信用购物等民生信用服务。这让人们时时处处感受到诚实守信带来的益处，让诚信理念更加深入人心。当然，在这一过程中，科学合理的信用评价是前提，也唯有如此，才能给信用变现严肃感、权威性、神圣感。"白鹭分"模型预留出部分指标权重，按照自愿互惠原则与市场化的第三方个人信用评价模型对接，努力形成公共信用评价与市场化第三方信用评价相结合的市民个人信用综合评价体系。

二　诚信议题可视化和定义相互促进

诚信议题的可视化需要在对诚信乃至其定义进行理解的基础上进行，这样才能厘清可视化元素间的逻辑，把握其内在关联和本质。而诚信议题的可视化，可以将诚信议题较为深刻、复杂的内容形象地表现出来，利于人们接受和理解。还可在此基础上不断完善诚信议题的定义，进而为诚信社会的建构提供更全面、精准、有效的支撑。

诚信议题的数据可视化是指借助相应技术的力量，用数据可视化的方式，将相关的数据以图表、热力图、新闻地图、决策树、H5 等形式呈现，以便于用户直观地对数据进行分析和理解。这种方式可以将复杂的、抽象的数据呈现为易于理解和有助于洞察问题本质的形式，进而推动人们更好地发现不同现象之间的关联，找到问题的症结，甚至预测其发展趋势，界定问题。

诚信议题的数据可视化可以应用于各个领域，如金融、医疗、教育、政府监管等，以强调透明、诚实和公正等价值，建立信任关系，增强职业道德意识和社会责任感，维护个人、企业和整个社会的诚信水平。比如金融机构可以利用数据可视化技术，生成客户信用报告，相关领域的专家可以对相关变量进行可视化比较和分析，以此研究控制信贷风险的路径和方法。例如，金融机构可以将信用报告中的征信、欠款量、逾期天数、信用额度等指标进行分析，将其转换为可视化的图片和表格，从而帮助决策者更好地了解个体或企业的信用情况，推断与之相关的风险因素，找到相关联因素之间的逻辑，定义不同问题的具体本质。

诚信议题的可视化需要理论基础，需要运用伦理的、法律的、经济的相关知识。以中国政府推出的"信用中国"建设为例，该项目旨在利用大数据和互联网技术，加强对个人和企业诚信状况的实时监测和评估，并对不良行为进行打击和惩戒。这就需要有科学的指标体系和评价标准，需要有针对性的理论作为支撑，还需要有法律依据。同时，为了方便社会主体理解其应用和效果，为了更好地实现对信用行为及其影响的可视化，"信用中国"平台不仅提供了不同领域、不同维度和不同分值的信用评价体系，还通过网络舆情分析、案件查询、信息披露等构建了一个涵盖多领域的诚信问题图谱，包括经济、环保、快递、交通安全等方面。这个图谱不仅能够直观展示国内各领域的诚信问题，而且能够将这些问题和相关数据有机整合在一起，帮助政府和社会监管部门全面掌握诚信问题的状况，从而有针对性地制定预防和治理政策。

除此之外，对诚信问题的可视化进行深入的分析，开展相应的研究，并不断地调整完善研究方法，进行理论的指导和提升，这有助于优化诚信分类体系和诚信评价指标，制定高效专业的诚信管理规则和流程，开发更加有效的信息化治理工具，实现诚信建构的全方位覆盖和监督。如此一来，可视化与诚信问题的定义就可以达到相互促进的效果，这将为诚信社会的建构提供更精准、全面、科学的支持。

三　议题聚合视而易见的定性泛化

定性泛化指的是在对社会诚信议题进行定性分析与界定时，方法相对于过去更为宽泛和笼统，试图覆盖议题的广泛面向。这种宽泛性导致了对诚信议题的归类和界定不够清晰明确，进而呈现一种趋势，即许多不同性质的事件或行为轻易地与诚信议题相联系。这在一定程度上凸显了社会诚信议题的重要性、泛关联性，但同时也存在一定的弊端，比如其意义指向不像传统的类型化界定那么清晰，人们认知起来有一定的难度，对于问题的解决也可能造成影响。

我们以"信用中国（湖北）"（http://credit.hubei.gov.cn）中"信用资讯"的"社会聚焦"条目（2018 年 7 月的条目）为例进行观察和分析。其中有传统的议题，比如政府公信力、个人征信业务、税收违法黑名单、盗版书、拖欠农民工工资黑名单等；也有新的议题，比如信用消费、在线招聘陷阱、网络诚信宣传日、信用分、大数据征信、共享单车问题、大数据平台探索"信用+"模式、网购毕业设计、规范网络投票、联合惩戒+网络查控"双保险"、全国信用信息共享平台、"网络兼职刷单"骗局等。这些议题相对来说定性很明确，但除此之外，还有定性模糊和泛化的议题。很多与"诚信"并无直接关联的议题被纳入失信黑名单，再加上"联合奖惩""一处失信，处处受限"，很多案例的定性出现模糊化，界限变得较为不清，甚至违法违规事件也以失信定性，在伦理和法规之间无法做出较为清晰的判断和定性。

比如黑名单，可纳入黑名单的情形很多：拖欠农民工工资、患者恶意逃费、网络售彩、高铁上"霸座"、买卖合同纠纷、不文明游客、食品药品风险黑名单、"机闹"黑名单、重大税收违法、企业经营异常、环境违法行为、企业安全生产问题、网约车失信、扰乱铁路安全……以上议题，有的很明显属于失信，而有的已经明显是违规违法，当然违规违法也是失信问题，但这样泛化定性不利于问题的解决。而且在互联网时代，很多新的问题凸显，法律法规可能落后于新议题的出现，甚至伦理道德的要求也落后于新议题和新技术。由于网络交易的匿名性，网络欺诈和坑蒙拐骗很容易发生。一些人则担忧网络安全，担心获得方便的代价是隐私的丧失。社会信任增长的步伐太慢，但是，保障和尊重隐私权的"信任—价值"系统将会加快社会信任的发展。这些系统要使网上交易更具有诚信，还有很长的路要走。① 互联网时代的新议题似乎让人们面临更为复杂的场景，而信息的公开、透明，传播的速度和广度的提升给我们提供了讨论甚至协商的便利，但同时也带来了很多恐慌和无奈。

通过检索我们可以发现，诸如社会诚信、商务诚信、政治诚信、经济诚信、个人诚信等概念在某些网站的栏目设置或板块设计上使用较多，在媒体的报道中或者专家学者的研究中使用较少。这也就是说，经过上一轮的议题聚合，形成了概念体系，但目前在互联网时代社会诚信出现了新的问题，有很多新的状态，以领域为维度进行分类不再适合当前的情况。在互联网时代，涌现了与诚信议题相关的一些新议题和课题，并进入相关行业、学者、政府的视野，比如人机信任、机器诚信、人工智能伦理、区块链、直播带货"翻车"等。每一个概念都与诚信相关联，但其内核和本质又存在差异。我们需要思考的是，互联网时代需要建构一套怎样的概念体系才能满足当前形势发展之需要，以把握现象的本质。这是互联网时代社会诚信建构的重要命题。

---

① 〔美〕理查德·斯皮内洛：《铁笼，还是乌托邦：网络空间的道德与法律》（第二版），李伦等译，北京大学出版社，2007，第39页。

第三章 互联网时代社会诚信建构的舆论动员

舆论动员指围绕一个特定的社会动员问题或者议题，公众、传媒和政治力量，在一定条件下若形成公共讨论，并主要由传媒报道和呈现出来，进而影响个人和群体的信仰、态度、意见和情绪，激发更多主体参与到社会变迁或者社会行动中的过程。舆论动员是通过舆论影响和改变社会成员的意见、情绪、态度以及信念，引导、发动、激励和组织社会成员积极参与相关实践，从而达到一定目的的活动。① 在社会诚信建构中，便是结合社会诚信、社会信用体系建设的近期、长期目标，通过舆论传播的方式，影响、改变社会成员的意见、情绪、态度以及信念；同时发挥互联网优势，在互联网场域中实现舆论动员的路径拓展，利用场景应用，连接社会要素，调动一切积极因素，整合社会资源、凝聚社会力量，从而动员全员重视并参与社会诚信建构。其中，场景的应用更贴近公众的现实生活，它能促进舆论效应的实现。

舆论动员可以有两种理解：第一，从舆论的功能看，舆论动员指通过舆论进行的社会动员；第二，从舆论的形成与发挥作用的过程看，舆论动员分为舆论的动员和动员的舆论两个阶段，舆论的动员指为了形成舆论所做的动员，动员的舆论指舆论形成之后的动员作用。②本书的舆论动员采用的是第一种理解。在社会诚信的公共关注阶段，诸多议题已经引起社会的广泛关注，形成了舆论。所以本章探讨互联网时代社会诚信建构中，在互联网语境下，借助互联网平台，社会主体通过舆论进行的动员。舆论动员能够营造积极的社会氛围，能够促进个人和群体的心理认同，能够整合社会资源、凝聚社会力量，能够提高执行效率、

① 曾润喜、朱利平：《网络舆论动员：内涵、过程及其治理》，《北京航空航天大学学报》（社会科学版）2019 年第 6 期。
② 朱从兵：《关于抗战时期舆论动员研究的思考》，《史学月刊》2015 年第 10 期。

促进重大目标的实现。① 舆论本身反映了相应主体的各种认知、态度、情感、诉求和行为倾向等，一旦被建构，其本身就是一种动员资源。

互联网时代的舆论动员最根本的特征是连接性。谈互联网的连接性，谈的是互联网的物性、功能性问题。互联网的连接性，指的是通过互联网等新媒体手段建立起群体间的联系和互动，形成社交网络和舆论场。媒介之连接，不仅仅关乎物性和人性，更关乎个体与群体，甚至关乎社会权力和资本神话。② 互联网为信息的互通、互联、互动提供了更加高效的手段和渠道，让信息的传递变得更加快捷、方便和广泛。利用互联网和现代传媒技术，以多平台、多渠道的方式，运用舆论进行动员，扩大动员的范围并提高动员的效果。此外，从系统视角看，网络舆论动员不仅需要考虑公众和各种机构之间的相互作用，还需要考虑到其背后的现实社会关系，这些社会关系构成了一个网络，使得舆论动员具有连接性的特点。多元化、交叉性的主客体构成舆论动员的主体和对象。动员主体以多平台、多渠道为介质，通过立体化、全方位的传播内容和融合策略，采用数据化、智能化的手段，实现更加精准和有效的动员。

互联网不仅提供公众舆论表达和传播的渠道，还能发挥平台优势，借助传播，营造舆论氛围，影响认知，调动积极性，借助一定的策略发动社会公众从事特定的活动。互联网发展的突飞猛进为新形势下的社会动员带来了前所未有的机遇和挑战。媒体组织大众及其他社会主体参与某项行动，具有先天的优势。媒介具有议程设置功能，能构建诚信的价值和意义。互联网平台要实现舆论动员，首先需要具备较强的信息传播力，还需要网络用户间具备较强的互动性。舆论动员是社会建构主体站在更高的角度，让公众提高认识水平、达成共识，为问题的解决做好动员和准备工作。戴维·米勒指出："共识是指在一定的时代生活，一定的地理环境中的个人所共享的一系列信念、价值观念和规范。"③ 建立共识是规范和约束人们采取一致行动的基础。舆论动员让公众意识到问题的

---

①　陈睿：《如何做好新时代的舆论动员》，《人民论坛》2020 年第 9 期。

②　〔荷兰〕何塞·范·迪克：《连接：社交媒体批评史》，晏青、陈光凤译，中国人民大学出版社，2021，译者序。

③　贺治方：《社会动员在国家治理中的功能及其合理边界》，《学术界》2019 年第 7 期。

严重性和诚信的重要性，为政策的出台做好舆论工作，打下社会心理基础，进而自觉支持诚信体系建设，人人主动参与进来。

互联网时代全媒体传播使得舆论生态和传播格局发生变化。中国社会科学院新媒体研究中心副主任黄楚新认为，虽然全媒体的概念由来已久，但以往对全媒体的认识聚焦于较浅层次，主要有媒介形态、分发平台或表现手段等。为了使舆论动员达到更好的效果，让诚信的观念深入人心，我们可以在互联网时代采取全过程传播、全方位传播、全员传播、全面传播、全效传播的方式。诚信关乎每一个个体，每一个行业，所以舆论动员应该更广、更深入。全媒体动员的维度，首先便是突破时空限制。利用互联网平台，宣传典型，树立榜样，传诵经典案例，滚动播出，即时动态传播、轮番传播……潜移默化，深入人心。当前，人类社会处于万物互联的时代，人们身处万物皆媒的场域里。"泛媒介"已经成为互联网时代的标志性特征之一。这一概念让我们意识到技术的力量，同时提醒我们规避技术决定论的迷思和想象。

在舆论动员格局相对单一且集中的传统媒体时代，掌握主要信息资源的政府机构和新闻媒体构成了舆论动员的核心主体。它们主要通过报纸、电视、广播等传统媒体渠道，向公众传递信息，引导舆论走向。媒体不仅是信息传播的平台，更是政府机构进行舆论动员的得力助手，通过精心策划的报道和评论，塑造公众的认知和态度。然而，在这一时期，普通公众在舆论动员中的参与度较低，他们大多处于被动接收信息的状态，难以主动发起或影响舆论。

进入互联网时代，媒体环境发生了翻天覆地的变化，舆论动员的格局也随之重塑。媒体矩阵成为舆论动员的主要力量，社交媒体、新闻网站、短视频平台等新兴媒体各自发挥着独特的社会功能，共同构建了一个多元化、立体化的信息传播网络。传统媒体与新兴媒体之间的互动日益频繁，形成了一个相互补充、相互促进的媒体生态系统。政府机构也紧跟时代步伐，建立了自己的宣传平台，如政府网站、政务微博等，用于发布政策信息、回应社会关切，并与公众进行实时互动，从而更有效地进行舆论动员。更为显著的是，互联网时代赋予了公众前所未有的信息生产与传播能力。普通网民不再只是信息的接收者，他们可以通过社交媒体平台等多渠道发表自己的观点和看法，甚至发起话题讨论，形成网络舆论。尤其是舆论领袖，他们凭借广泛的影响力和号召力，能够在短时间内迅速汇聚公众意见，形成强大的舆论动员能力，其影响力有时甚至不输于专业媒体。通过线上与线下的联动，公众能够更直接地参与到社会事务的讨论和决策中来，进一步增强舆论动员的广度和深度。

　　社会诚信建构的舆论动员，在互联网时代呈现更加复杂和多元的特点。它旨在将抽象的概念和问题具体化，提高社会公众的认知水平，为政策的出台和对策行动营造良好的舆论氛围，奠定良好的社会心理基础。舆论动员通过不断呈现议题或问题个案，运用多种传播策略进行动员，政府、知识分子等具有话语权的社会精英对问题进行合法化解释和合理化论证，从而引导公众意识到问题的严重性和诚信的重要性，主动参与其中，自觉支持诚信建设。舆论动员的作用在于使社会建构主体站在更高的角度，让公众提高认识水平，为问题的解决做好动员工作和准备工作。

　　让诚信的理念和意识深入人心，离不开积极正面的新闻宣传和舆论引导。在诚信动员的过程中，除了社会行为层面的动员，通过传播开展的"符号动员"也起着关键性的作用。"符号动员"是指通过各种信息符号的交互立体式传递过程来明确意义，激发情感和行动力。① 社会诚信建构之所以在各个领域取得诸多成绩，与全社会建立起了相互共享、相互理解的意义体系即符号体系不无关联。这是社会共识达成的前提。常见的"符号动员"主要有以下几种。一是从文本角度研究话语、修辞、符号以及文化资源等对行为的作用或者影响。二是信息符号的动员，比如动员主体借助横幅、标语、口号、流行语、宣传画片等线上与线下符号建构意义，发起动员，促进共识的达成，将更多的力量凝聚在目标意义框架下，进而达成"框架共鸣"。三是运用精神伦理符号带动情感认同从而形成社会动员机制。精神伦理符号学是一种人类社会的生活态度和世界观，它试图通过对人类的批判与反思，从符号角度和伦理角度来反观社会个体作为"符号活动的动物"和"伦理符号的动物"对大自然及其生命个体的关怀与责任。②

---

① 〔美〕艾尔东·莫里斯、卡洛尔·麦克拉吉·缪勒主编《社会运动理论的前沿领域》，刘能译，北京大学出版社，2002，第94页。

② Wilson, J., "Volunteering", *Annual Review of Sociology*, 26, (2000): 215-240.

　　社会诚信建构的舆论动员需要发挥互联网优势，拓展到互联网场域。这样更有利于激发舆论动员效应，提升舆论动员效能。互联网时代社会诚信建构的舆论动员，需要发挥互联网场域的优势功能，结合社会诚信的特征，打通线上与线下，从而在场域融合中实现舆论动员。诚信是一种重要的社会资本。在互联网场域中，"场景应用"是将诚信这一社会资本与社会其他要素连接起来的有效方式。"场景应用"借助于相应的场域，场域体现为各种关系的网络空间。本书将从"互联网场景应用+相关利益+正向联动""互联网场景应用+相关利益+负向联动""互联网场景应用+话语修辞+情绪联动"出发探讨社会诚信建构中舆论动员的场景应用路径拓展，从"符号动员"的角度超越社会行为层面的动员，以知识生产激发舆论反应，进行理性引导。

第一节　互联网时代的"连接性"动员

　　互联网时代的舆论动员最根本的特征是连接性。连接性指的是通过互联网等新媒体手段建立起群体间的联系和互动，形成社交网络。互联网为信息的互通、互联、互动提供了更加高效的手段和渠道，让信息的传递变得更加快捷、方便和广泛。舆论动员也不例外，它强调利用互联网和现代传媒技术，以多平台、多渠道的方式形成舆论，运用舆论进行动员，扩大动员的范围和提高动员的效果。其舆论动员的连接性主要体现在以下几个方面。

　　第一，多元化、交叉性的主客体构成。主客体构成包括动员主体和动员对象。互联网时代，打破了以政府机构为动员主体的格局，企业、个人特别是意见领袖利用互联网平台，以舆论为工具和手段，进行动员，这些动员或基于个人的利益诉求，或以获得价值认同、社会认同为目标，在很多时候与政府动员的理性诉求不一样。同时，不同的动员主体在不同的动员活动和动员目标下，有着不同的动员对象。同一主体，既可能是一种动员活动的动员主体，也可能是另一种动员活动的动员对象，或者不同的主体开展不同的动员活动，互为动员对象，形成一种交叉动员的状况。

　　第二，多平台、多渠道的传播方式。利用互联网的特点，舆论动员可以通过多种传播平台和渠道，如微博、微信、短视频、直播等，将动员信息传递给更多的受众，并实现信息的交流和互动。多平台、多渠道构建全媒体矩阵，如此形成动员渠道的系统性，实现动员信息的全方位传播和宣传。这种媒体矩阵可以让动员信息更加全面、直观地展现出来，形成一个完整的信息生态系统，让公众从不同的角度、不同的平台感知到动员信息，从而提高动员信息的关注度和影响力。相比于单一平台的媒体宣传，多平台、多渠道的传播方式能够实现"1+1>2"的传播效果和动员效果，这也是舆论动员中所追求的最佳效果。

第三，立体化、全方位的传播内容。不同的动员对象具有不同的需求和不同的接收信息的方式，因此媒体动员需要在多个平台和渠道上提供丰富多样的信息内容，以满足动员对象的多元化需求。例如，对于年轻人而言，他们可能更喜欢通过漫画、动画等形式来了解动员信息；对于职场白领而言，他们可能更希望通过专业的报道解读来了解动员信息。因此，媒体动员需要考虑到目标受众的不同特点和需求，通过不同的表现手段和形式来实现动员信息的多样化和立体化，即在多个平台和渠道上提供丰富多样的信息。除此之外，舆论动员还需要注意信息的统一性和协调性。这也意味着，在多个平台和渠道发布的动员信息需要保持一致性和目标性，以及关注到平台特征的差异性。如果信息存在分歧或不一致，将会给动员对象带来困扰和疑惑，同时也会影响动员的效果。所以，舆论动员需要在传播内容和手段上进行协调和整合，确保信息的一致性和有效性，以提高动员的成功率和效果。

第四，数据化、智能化的动员策略。互联网技术的发展，实现了万物互联，网民的网络使用行为被记录，舆论动员有了更多的原始数据、更丰富的数据分析和挖掘手段，可以根据动员对象的特征和动向，制定更加精准和个性化的动员策略，提高动员效果和受众参与度。例如在社交媒体平台上，动员主体可以通过分析用户的点赞、评论、转发等行为信息，来了解用户的兴趣爱好和社交圈子等特征，从而确定更能满足受众需求的内容和传播方式。当动员对象感到动员信息符合自己的要求和兴趣爱好时，就容易产生共鸣和参与情感，从而积极参与动员活动。这不仅可以提高受众的参与度和动员的影响力，还可以增加动员对象的信任度和好感度。在数据化场景中，关联和激活社会要素，激发舆论动员效应，是舆论动员的应有之义。

总之，互联网背景下的舆论动员最根本的特征是连接性。多元化、交叉性的主客体构成舆论动员的动员主体和动员对象。动员主体以多平台、多渠道为介质，通过立体化、全方位的传播内容和融合策略，采用数据化、智能化的手段，实现更加精准和有效的动员。

一　社会诚信建构中舆论动员的"连接性"场域

互联网时代社会诚信建构的空间呈现系统开放特征，是一个开放的、相互连接的空间。人类社会是一个复杂的系统，人本身也是一个系统，网络社会同样是一个系统。互联网时代社会诚信建构的系统开放体现在以下两个方面。一是网络社会环境的开放，社会系统的开放；二是建构互联网时代的社会诚信需要系统开放的思维，需要以系统开放的理论为基础。在社会诚信建构的连接性场域的舆论动员中，起主导作用的就是传媒场域。这在当今的互联网时代，指的就是全媒体场域和媒体融合的语境。

全媒体是指以数字技术为基础，通过各种传播渠道对信息进行全方位、多元化、立体式的传播，实现信息的互通、互联和互动。媒体融合则是基于信息产业和媒体技术的深度融合，打破不同类型和形态媒体之间的界限，实现多媒体、跨平台和交互式的传播方式。全媒体动员更侧重于多平台、多渠道的运用，强调不同媒体之间的互补性、互动性，使信息传递更加立体、全面、生动。媒体融合动员更强调不同媒体通过多元化的传播形态和手段，实现跨媒体的融合和协同。

（一）社会诚信建构中舆论动员的全媒体场域

全媒体的特点是多样性、便利性和互动性。多样性指的是全媒体可以在不同的平台、渠道和形态上进行信息传播，满足不同受众的需求；便利性指的是全媒体可以随时随地获取信息，保持信息的及时性和有效性；互动性则指的是全媒体可以实现信息的交互和共享，促进用户参与和共建。

当今的全媒体，已经不是传统意义上的包括各类传播工具的全媒体，而是在媒体渠道全和多的前提下，传播形式不断变化和出新的格局。2019 年 1 月 25 日，习近平总书记在主持中共中央政治局第十二次集体学习时强调，"全媒体不断发展，出现了全程媒体、全息媒体、全员媒体、全效媒体，信息无处不在、无所不及、无人不用，导致舆论生态、媒体格局、传播方式发生深刻变化，新闻舆论工作面临新的挑战"。① 更深层次的全媒体概念，是上述"四全"融为一体的全媒体，不仅仅是跨媒介的融合，而且是跨时空、跨物理屏障、跨主体身份、跨功能的更深层次融合。② 要发挥"四全"媒体的效能，就要坚持一体化发展方向，催化融合质变。融合则预示着媒体功能的多样性，同时也离不开统一性基础上的合力传播模式，广泛互动和动员。

随着数字媒介技术的发展，全媒体时代已经来临。从最初的门户网站，到如今的"三微一端"、大数据、云计算、人工智能、算法推荐等，技术日新月异，技术蕴含的价值观得以显现。当前，全媒体不断发展，出现了全程媒体、全息媒体、全员媒体、全效媒体，信息无处不在、无所不及、无人不用。③ 打造全媒体动员格局是互联网时代社会诚信建构舆论动员的必然选择。

全媒体动员的维度，第一便是突破时空限制。它突出的表现是，一方面，利用互联网平台，宣传社会诚信建构方面的典型，树立榜样，传诵经典案例，滚动播出，即时动态传播、轮番传播……潜移默化，深入人心，打破时间的限制；另一方面，在空间方面，打破地域限制，无论是正向的宣传还是管制惩戒动员，都可以实现联网，超越空间的限制。

全媒体动员的维度，第二便是表现方式的融合化，文字、声音、图片、视频、直播、H5 等，更多采用数字移动技术，多介质融合，根据媒体形态的不同特质，发挥不同媒体平台的作用。全媒体为了获取用户群体的关注，注重将文字、图片、音频、视频等融为一体，将一些严肃而理论性较强的思想宣传内容转化为生动活泼的、具有现实解释力的内容。④ 比如通过 AI 新技术，实现虚拟与现实的互动，运用于多种直播互动领域，让人有身临其境的感觉，以更好地传播诚信故事等。

---

①　中共中央党史和文献研究院编《习近平关于网络强国论述摘编》，中央文献出版社，2021，第 59 页。

②　陈恒：《对话专家：全媒体时代主流媒体的历史机遇》，《光明日报》2019 年 6 月 19 日，第 6 版。

③　钟悠天：《善于用全媒体讲好中国故事》，《通辽日报》2019 年 6 月 18 日，第 3 版。

④　李超民：《论全媒体环境下宣传思想工作的创新》，《思想理论教育》2019 年第 6 期。

全媒体动员的维度，第三便是发挥全社会的力量，包括政府、企业、公众等主体的力量。在互联网时代，也就是调动广大网民的积极性，利用社交媒体平台及新媒体技术与网络用户积极互动，共同建构社会诚信。"多种专业、不同部门参与到宣传思想工作当中来，有利于形成'工作共融、资源共享、发展共赢'的宣传合力。"① 诚信的环境关乎每个人的生存、生活质量，诚信的建设也需要每一个人的努力。互联网时代人人都是传播主体，都可以发挥社会动员的力量。

全媒体动员的维度，第四便是社会诚信舆论动员的效果是否全方位覆盖，是否实现了动员的吸引力、感召力和说服力。这些效能可以通过算法的精准推送实现，根据不同的群体推送不同的内容从而产生针对性的动员效果，实现高效的智能匹配。另外全媒体技术传播信息的特点，比如互动性、即时性等，为舆论动员工作提供了便利。特别是主流媒体，可以发挥自己的优质内容生产优势，利用媒体平台，建构更广泛的传播网络，实现流量和质量并存、并重的动员格局，利用算法，精准化推荐优质内容，实现更广泛、更高效的动员。

（二）社会诚信建构中舆论动员的媒体融合语境

媒体融合是将传统的媒体技术和新兴的数字技术相结合，通过网络、移动终端、传感器等技术手段，实现对信息的快速获取、高效处理和智能分析。在媒体融合语境中，传统媒体、新兴媒体和社交媒体之间的边界逐渐变得模糊，信息传播的形态也从单一向多元化转变，从而提高了信息的传播效率和用户的参与度。

互联网技术或者说数字技术是引起这场融合的原因和动力，当然媒体融合也受到来自政府、市场等方面的影响。社会动员特别是舆论动员，本质上是信息传播活动，要遵从其所在政治空间的生态、规律和规则。

媒体在舆论动员中既是工具，也是主体。从传统媒体到新兴媒体的发展，媒体的交互性增强，成了人的器官的延伸。它不仅是信息分享的工具，而且能为用户的主动性和主体性赋能。2014年，《关于推动传统媒体和新兴媒体融合发展的指导意见》审议通过，2020年，《关于加快

---

① 刘龚君：《全媒体时代大宣传格局的构建》，《学术论坛》2016年第12期。

推进媒体深度融合发展的意见》由中共中央办公厅、国务院办公厅印发，新型主流媒体的发展取向由"打造"深化为"做强"，这是国家战略层面媒体融合要达到的目标。新型主流媒体建设不断加强，中国媒体融合发展推进系列改革，取得了相应的成就。媒体平台化的主要目的是通过技术加持，促进融媒体的发展和自身资源汇聚，产生自身发展的积极效应。媒体平台化是众多媒体机构全媒体传播工程的重要举措，也是构建全媒体传播体系和格局的重要步骤。我国多次对媒体创新融合做出重要部署，相关事件或改策整理如表 3-1 所示。

表 3-1　我国对媒体创新融合做出重要部署的相关事件或改策

时间	事件或政策	内容
2014 年 8 月 18 日	在中央全面深化改革领导小组第四次会议上的讲话	推动传统媒体和新兴媒体融合发展，要遵循新闻传播规律和新兴媒体发展的规律，强化互联网思维，坚持先进技术为支撑、内容建设为根本，推动传统媒体和新兴媒体在内容、渠道、平台、经营、管理等方面的深度融合，着力打造一批形态多样、手段先进、具有竞争力的新型主流媒体，建成几家拥有强大实力和传播力、公信力、影响力的新型媒体集团，形成立体多样、融合发展的现代传播体系
2015 年 12 月 25 日	视察解放军报社时的讲话	要研究把握现代新闻传播规律和新兴媒体发展规律，强化互联网思维和一体化发展理念，推动各种媒介资源、生产要素有效整合，推动信息内容、技术应用、平台终端、人才队伍共享融通
2016 年 2 月 19 日	在党的新闻舆论工作座谈会上的讲话	要尽快从相"加"阶段迈向相"融"阶段，从"你是你、我是我"变成"你中有我、我中有你"，进而变成"你就是我，我就是你"，着力打造一批新型主流媒体
2019 年 1 月 25 日	在中共中央政治局第十二次集体学习时的讲话	推动媒体融合发展，要坚持一体化发展方向，通过流程优化、平台再造，实现各种媒介资源、生产要素有效整合，实现信息内容、技术应用、平台终端、管理手段共享融通，催化融合质变，放大一体效能，打造一批具有强大影响力、竞争力的新型主流媒体
2020 年 9 月	《关于加快推进媒体深度融合发展的意见》	推进媒体深度融合，实施全媒体传播工程，做强新型主流媒体，新型主流媒体的发展定位从"打造"深化为"做强"，这正是媒体融合国家战略所要达到的具体发展目标

续表

时间	事件或政策	内容
2021 年 3 月	《中华人民共和国国民经济和社会发展第十四个五年规划和 2035 年远景目标纲要》	要推进媒体深度融合，做强新型主流媒体，建强用好县级融媒体中心。2021 年，媒体融合沿着国家顶层设计与政策指引持续探索媒体融合实践

　　媒体融合是媒介发展的一个阶段，其实质则是媒介内容的数字化以及网络的 IP 化，将报刊、广播、电视、影视、游戏、音乐制作与网络传播融汇发展的综合体系。① 媒体融合不仅仅是指内容的网络化，也不仅仅是指建立媒体网站、创新微信公众号等形式，而是要运用互联网数字技术、数据处理技术进行信息收集、信息整合、信息分发、信息推送、信息反馈，创新信息内容形式和信息传播方式，优化信息传播模式，即利用各个媒体自身所擅长的优势功能，将信息数字化、表格化、系统化地进行整合归纳，以体现出媒介融合的多媒体性、互动性，自动化、个性化的信息整合能力，为大众化提供充实以及实时的信息内容。② 媒体融合是当今的传播语境和场景。我国的社会诚信建构离不开对媒体融合背景和场域的观照。

　　社会诚信建构的"中央厨房模式"的媒体融合场域运用是媒体融合时代的媒体自我发展的主要路径。这种运用的好处在于可以充分地共享资源。以大众媒介为主体，一次采集，资源集中共享，多个媒体渠道可以根据自己的媒体特征量身打造，以契合自身特点的形态呈现，之后完成各自的内容制作，实现多次发布。如果此种运作方式有效进行，则能发挥正向作用，降低成本，增强媒体传播效能，实现"1+1>2"的舆论效果。比如对一社会诚信模范进行报道，可以对文字、图片、视频、直播等多种形式的素材进行采集，媒体采集回来后，资源集中共享。纸媒从资源共享数据库抽取文字和图片，进行加工，选择适合媒体特征的表达方式，进行深度报道；视频报道以视频、图片、文字相结合的方式

---

① 陈禹、程哲依：《基于媒介融合的信息传播模式研究》，《电脑与信息技术》2019 年第 2 期。

② 陈禹、程哲依：《基于媒介融合的信息传播模式研究》，《电脑与信息技术》2019 年第 2 期。

进行，设计相应的互动形式……多媒体平台的报道需要把握各媒体的传播特性，在传播内容上形成互补，各有侧重，运用异质化报道形成报道合力。

上述的媒体融合场域更多的是集中于单一媒体或媒体集团内部。当然"中央厨房模式"可以是媒体内部，也可以聚合其他媒体资源，达成制度性合作。当今互联网时代，媒体融合更是有媒体间的融合，媒体与其他社会组织机构、与公众的互动与协作。媒体的边界模糊甚至消失。丹麦学者克劳斯·布鲁恩·延森在论述媒介融合问题时，把媒介分为三个维度：一是人的身体以及它们在工具中的延伸；二是大众传播媒介；三是数字技术。[1] 我们按照此种分类进行理解，公众特别是广大网民及社会均可视为"媒介"概念的第一个维度。瑞典学者安德列斯·尼尔森等对媒体融合做划分时，也将"用户对媒体的互动使用与参与的融合"[2]作为其中的一部分。

除了制度性的合作，媒体还可能因为某一重大事件而临时策划报道，形成合作关系。比如对某一主题的报道，联络其他媒体进行合作，发挥各自的优势形成融合性报道，并发挥互联网媒体的优势，提升用户的参与度。除此之外，媒体还可以根据主题内容选择相关的社会机构进行合作，策划相应的活动，由线上扩展到线下。这是一种非独立型报道策划，只要运用恰当，就会对媒体功能的发挥产生积极影响。同时，媒体也成为公众、相关企业、相关部门进行宣传的平台，两者形成合力。此时，媒体更多地成为社会系统的中介，体现了大众传播媒介向社会、向公众的开放。

二 社会诚信建构中"连接性"动员的要素和目标

在传统媒体时代，舆论动员的主体主要是政府机构、新闻媒体等掌握信息资源的部门。媒体本身也是政府机构进行舆论动员的强大工具。普通公众几乎很难进行舆论动员。在互联网时代，媒体矩阵自然是舆论动员的主要力量，履行其社会功能。同时，政府机构有自己的宣传平台进行动员，宣传政策，营造舆论氛围，与公众互动。而且，互联网也给

---

[1] 〔丹麦〕克劳斯·布鲁恩·延森：《媒介融合：网络传播、大众传播和人际传播的三重维度》，刘君译，复旦大学出版社，2012，第3~4页。

[2] 蔡雯：《媒体融合与融合新闻》，人民出版社，2012，第4页。

予了公众生产信息和传播信息的可能，特别是舆论领袖，具有强大的舆论动员能力，其能力很多时候不逊于专业媒体。在互联网时代，传统媒体与新兴媒体互动，公众的力量还可能介入其中，网络动员成为社会动员的一种新形式。社会诚信建构的舆论动员在于让类型化的已经有一些概念定义的问题具化，提高社会公众的认识水平，为政策的出台和对策行动做好舆论工作，打下社会心理基础，让大家自觉遵守政策，意识到问题的严重性和诚信的重要性，自觉支持诚信建设，主动参与进来。其目标是进行对策行动的动员工作。其考察指标是传媒工作人员不断进行议题或问题个案的呈现，运用传播策略进行动员；具有话语权的政府、知识分子进行问题合法化解释和合理化论证。舆论动员的作用在于使社会建构主体站在更高的角度，提高公众认识水平，为问题的解决做好动员工作和准备工作。

我们对社会诚信建构中舆论动员活动的相关要素进行了如下分析（见表3-2）。

表3-2　社会诚信建构中舆论动员活动的相关要素分析

舆论动员	内涵	结合社会诚信、社会信用体系建设的近期、长远目标，通过舆论传播的方式，影响、改变社会成员的意见、情绪、态度以及信念，调动一切积极因素，整合社会资源、凝聚社会力量，从而动员全员重视并参与社会诚信建构 舆论动员包括动员主体、动员对象、动员渠道、动员策略、动员效应等要素。其中舆论是工具，是手段
	指标	传媒工作人员不断进行问题个案的呈现，运用传播策略进行动员；具有话语权的政府、知识分子进行问题合法化解释和合理化论证；网民特别是舆论领袖参与，成为舆论动员的主体之一
	作用	社会建构主体站在更高的角度，让建构主体达成共识，提高公众认识水平，促进心理认同，整合社会资源，凝聚社会力量，为问题的解决做好动员工作和准备工作，促进目标的实现
	目标	影响、改变动员对象的意见、情绪、态度以及信念，引导、发动、组织动员对象积极参与相关实践

三　社会诚信建构中"连接性"动员的作用机制

社会诚信的建构，需要实现从情感认知到具体行动的转化，这中间不可或缺的就是舆论动员的力量。资源动员理论认为，可利用的资源是动员主体促使集体行动发生的关键因素，持有和可利用的资源总量越大越丰富越权威，资源动员的可能性将越大，效果将越优良。"资源"既有实体资源也有无形的甚至虚拟的资源，包括意识形态、价值观念、精神意志和动员技巧等。网络资源、媒体资源以及二者建构起来的文化资源对社会诚信的建构发挥着不可替代的作用。当然，动员能在大众那里发生效力，是大众进行利益权衡之后进行的理性选择。情感视角下的动员，主要侧重于利用情感在社会动员中所起到的激发、交流、感染等作用，通过调动人的情绪使其产生共鸣。勒庞的"心智归一法则"、布鲁默的"循环反应"、斯梅尔塞的"价值累加"理论，都从情感的不同角度阐释了动员促成行动的重要因素与过程。① 无论采用怎样的动员路径，动员的最终目标都是采用恰当的动员策略和路径，去集结更多主体的力量。

互联网时代的舆论动员，共情传播发挥着重要作用。更多的用户参与共情传播以便有更好的传播效应和动员效果。对于共情传播的界定，刘海明、宋婷做了有益的探索，他们将共情传播界定为"个体在面对群体的情绪情景时参与信息接收、感染和表达以及传递分享的过程"②。共情传播就是产生情感共同体。但情感可能有消极情感，所以也需要纠偏。共情与共识都包含行动，都指向社会效果。共情传播比共识传播门槛低。共情只需要一个事件、一个案例甚至一段视频或一句口号就能被唤起。③ 而共识是更高层次的要求，还需要达成一定的认识或者认知。

借助互联网平台，多元化主体因各种平台连接在一起，在舆论动员中，更是各自发挥着自己的作用。在互联网时代诚信建构的舆论动员中，人人都是传播者，网民和很多企业也掌握了较为丰富的资源，拥有表达的权利，所以也成为舆论动员的主体和场域之一。这是与传统媒体时代不同的地方。所以我们从媒体、政府、学者、企业、网民五大类主体出发对舆论动员的作用机制进行分析。

---

① 卢兴、董传升：《情感共鸣与价值共识：奥运舆论动员与集体记忆建构机制研究》，《沈阳体育学院学报》2022 年第 1 期。
② 刘海明、宋婷：《共情传播的量度：重大公共卫生事件报道的共振与纠偏》，《新闻界》2020 年第 10 期。
③ 赵建国：《论共情传播》，《现代传播（中国传媒大学学报）》2021 年第 6 期。

我们对社会诚信舆论动员中五大类主体活动和关系分析如表 3-3
所示。

表 3-3　社会诚信舆论动员中五大类主体活动和关系分析

类别	舆论动员主体	舆论动员方式	舆论动员效果
主体活动	媒体	通过策略影响受众认知	唤起情感反应，进而促发行动
	政府	政策方案选择促进执行	政策方案选择，政策合法论证
	学者	理论与现实结合及转化	命题形式传播，政策方案建议
	企业	自律配合与示范感召等	积极参与建构，打造自身形象
	网民	话语表达及其舆论效应	借助平台互动，产生舆论效应
主体关系	主体发挥作用一致	通过一定方式进行动员，达成一致的动员效果	
	主体间主导与辅助关系	运用舆论进行动员，媒体是舆论动员的主导力量，其他是舆论动员的辅助力量	

注：本书中的媒体关系是从媒体视角透视各建构主体而进行的关系确定。

由表 3-3 我们可以看到，在舆论动员的过程中，各个主体都能发挥
相应的作用。但从舆论动员的角度，在媒介化的社会，各个主体都可能
倾向于以媒体为平台进行舆论动员。在全媒体时代，媒体的作用已超越
了信息传播的范畴，成为聚集社会力量的平台和工具。我们甚至可以说
一切皆媒，它形成了一个强大的网络。舆论动员是为了发挥舆论的作用，
通过舆论的生产、传播来影响、说服社会主体参与行动，获得社会资源。
互联网时代的全媒体场域和媒体融合语境为舆论动员创造了更为优越的
条件，这也理所当然地让媒体成为舆论动员的主导力量。

《人民日报》《光明日报》都曾开设"诚信大家谈"专栏，旨在发动
更多主体的力量进行讨论、传播故事、献计献策。在"信用中国"网站
"诚信文化"下有一专栏为"诚信大家谈"，汇集了多个媒体、多个主体
的力量，将分散变为集中，以引起更多人的注意，促进诚信氛围的形成
和诚信认知的养成，与"诚信人物""诚信典故""企业诚信文化""城
市诚信文化""社区诚信文化""校园诚信文化"共同打造"诚信文化"
板块。在互联网时代，充分地挖掘网络资源，利用网络媒体对社会动员
发挥积极作用，拓展舆论动员的渠道，丰富舆论动员的内容，优化舆论
动员的策略，改进舆论动员的手段，提升舆论动员的效果，是诚信社会
建构中舆论动员的重大课题。

第二节　数字互联：舆论动员的显著特征

数字互联指的是通过数字化技术进行信息传递和交流的方式，是互联网时代社会诚信建构中舆论动员的显著特征。数字互联能够通过互联网等渠道迅速传播信息，使广大参与者能够快速响应和参与到舆论动员中来，提高公众参与度。数字互联打破了地域障碍和物理距离的限制，为不同社会群体和个体提供了一个开放的交流平台，为广大公众提供了一个便利的交流和发声渠道，使民意得以更加直接地体现出来，公众可以发出自己的声音、提出自己的诉求，促进了信息共享和互动，有助于在社会诚信建构中推进政策和措施的执行。数字互联通过集思广益、群策群力的方式，推动了公众的关注和参与，促进了舆论动员中公共利益和共同目标的实现。数字互联在进行舆论动员的同时，因为其互联共享，还面临着隐私泄露等问题，为了更好地实现动员效果并保护个体自我，舆论动员存在隐匿性也是常态。

一　公共性是舆论动员的内在价值

公共性指的是某个问题或者议题的推进受到社会主体普遍关注和共同参与，其必须满足三个条件：多方面的参与、公共的知识和价值、多样化的冲突和协商。公共性是舆论动员的内在价值所在，是社会诚信建构的前提和基础，只有当某个议题或者问题具有公共性，才能得到广泛的关注和解决。例如，网络诈骗、食品安全等问题之所以能够成为公共性问题，是因为这些问题已经对整个社会产生了影响，而不再是单纯的个体或社会问题。这种公共性的形成，对于促进社会的公平正义、增强社会稳定和建构诚信社会等目标的实现具有重要的意义。基于公共性，媒体能够以互动的形式有效解决社会生活中共同面临的问题、协调各方立场和化解相互之间的矛盾。而在具体的舆论动员过程中，公共性主要由以下四种方式显现出来：一是由媒体参与和组织的公共讨论内容应具有公共信息属性；二是包括媒体在内的讨论行为是一种公共参与；三是舆论动员最终达成的共识是为各方普遍接受和认同的公共价值；四是在舆论动员中运用公共性引导媒体间的互动体现了公共生活的基本规则。①

互联网空间提供了这样一种公共的场所，供公众展开对话和讨论，利益相关主体构成系统性联盟，因为网络而连接起来。依据哈贝马斯公共领域理论的相关阐述，网络空间不是一个标准的公共领域，但网络空间具有成为公共领域的可能性。哈贝马斯指出："所谓'公共领域'，首先意指我们的社会生活的一个领域，在这个领域中，像公共意见这样的事物能够形成。"这样的公共领域是对所有公民开放的，作为个体的人们集合在一起而成为公众，他们就共同关心的问题进行对话和讨论。哈贝马斯公共领域理论的一个鲜明特点是其面向多元的开放性。这种开放性一方面表现在参与的群体是开放的，即对参与到公共领域中的公众的资格没有做出狭义的界定。另一方面表现在它所涵盖的范围是广泛的，即讨论主题是不设限的，包含政治领域、社会领域、文化领域在内的诸多领域的论题，都可能进入公共领域的视域。② 哈贝马斯的公共领域理论包含有益的思考，公共领域要求"公共性"立场，公共性是判断公共领域的标志。为了公共领域的建构和公共性的确立，哈贝马斯提出了两点建议：其一，明确公共领域与私人领域的界限，防止把个体的私人特性与公众的公共性相混淆；其二，哈贝马斯要求公共批判要以公共利益为指向，在进行批判时不能带有个人感情色彩，明确批判的对象和范围。③ 哈贝马斯公共领域理论中公共性原则为公共讨论中的主体以公共利益为准则，推动社会公共目标的实现提供了参考。

在社会诚信建构中，舆论动员的公共性体现在以下几个方面。首先，社会诚信本身就是一个涉及所有人的公共议题，具有公共信息属性。在现代社会，随着信息技术的发展和信息交流的增多，社会诚信问题更加复杂和突出。在互联网时代，舆论动员已经成为公众意见形成和传播的重要渠道。舆论动员有利于引导全社会形成一种良好的诚信氛围。这种诚信氛围不仅仅需要得到政府以及各类组织机构的重视，还需要公众的

---

① 王艳：《和谐社会视域下如何开展舆论动员中的媒体互动》，《传媒》2017 年第 23 期。
② 余佳莹：《当代中国语境下哈贝马斯"公共领域"理论的再阐释》，《新闻传播》2019 年第 14 期。
③ 徐芳：《论哈贝马斯"公共领域"思想及其对公共治理的实践价值》，《湖北行政学院学报》2017 年第 1 期。

广泛参与和支持。因此，在社会诚信建构的舆论动员中，必须充分发挥舆论的公共性，在媒体、社交网络等渠道上呼吁公众参与诚信建构，形成共同的诚信文化。

从本质上来说，舆论动员之所以能产生，个人议题或者问题成为公共议题是很关键的一点。网络舆论本身具有公共性，公众参与度高，传播范围广。所以前文所述的社会诚信建构的公共关注过程为此打下了基础。议题聚合为舆论动员之后达成共识提供了相应的框架和依据。舆论动员的目的是促进社会共识的达成和公共治理目标的实现。

其次，社会诚信的舆论动员也需要通过公共性的话语场进行意义建构，形成共享的价值观念。诚信本身也具有公共价值和公共意义。在社会诚信建构的舆论动员中，关键的问题是如何让公众认同和内化某种理念或价值观念。这需要舆论动员主体借助媒体、网络等渠道，不断地引导公众认识到诚信的价值和重要性，强调诚信与个人利益、社会利益之间的关系，让广大公众形成共同的价值观念，并将价值观念转化为具体行动。这种意义建构超越了单纯的"就事论事"式的论辩，而是把某个事件和更广泛的意义联系在了一起。它通过构建行动的更广泛和更深层次的意义对行动者进行动员，引导他们加入集体行动。从个体内化或个体社会化层面看，意义建构就是个体对当下发生的事情进行的主观性理解和阐释并形成共享意义系统的过程。

最后，舆论动员是公共性问题解决的重要手段之一，能够推动公共性问题进一步升级。当某个问题成为公共性问题后，舆论动员可以通过多种手段进行传播和推动。例如，媒体报道、专家学者讲解、政府工作人员宣传等都可以引起公众的注意和关注，逐渐形成对问题的共识和舆论压力。这种舆论压力可以促使相关部门采取措施，解决公共性问题，进而推动社会诚信的建构。动员发起者、参与者和组织者往往具有共同或公共的诉求，因而借助互联网可以在较短的时间内吸引人们关注和参与事件，[①] 借助互联网来呈现、建构和分配网络舆论场中的意见"公共性"，以寻求最广泛的公共行动资源并产生行动合力。

---

① 张恒山、钟瑛：《网络事件动员的多重机制与管理路径——以政府舆情类网络事件为研究视角》，《新疆社会科学》2019 年第 4 期。

二　交互性动员整合多维优势资源

在互联网时代，舆论动员的交互性首先体现为虚拟与现实的交互。随着新媒体平台的快速崛起，传统媒体的用户战略面临挑战，于是各级广电、各类报纸纷纷在抖音、头条、快手、微信公众号、微博等平台开设自己的新媒体账号。2021 年 3 月，中华人民共和国第十三届全国人民代表大会第四次会议通过的《中华人民共和国国民经济和社会发展第十四个五年规划和 2035 年远景目标纲要》提出，要推进媒体深度融合，做强新型主流媒体，建强用好县级融媒体中心。2021 年，媒体融合实践朝着更为深入的方向发展，主要体现在两个方面，一是"四级"传播体系的逐步贯通，连接基层服务，打通"最后一公里"，服务乡村振兴，推进国家治理体系和治理能力现代化。二是全媒体传播矩阵的初步建成，媒体阵营与互联网媒体合作，融媒体思维渗透到媒体内容生产分发的各个阶段。这为互联网时代的社会诚信多元多维建构奠定了政策基础和物质基础，为媒体动员的虚拟空间和现实空间的连接增加了多种可能和路径。

习近平总书记多次对媒体创新融合做出重要部署，其中的核心观点便是着力打造一批新型主流媒体。2019 年 1 月 25 日，在中共中央政治局第十二次集体学习的讲话中，习近平指出，主流媒体要及时提供更多真实客观、观点鲜明的信息内容，牢牢掌握舆论场主动权和主导权。[①] 主流媒体是一个很难界定的概念，有传统媒体时代的主流媒体，也有新媒体时代的主流媒体。互联网时代，传统媒体面临着转型，在社会诚信建构的舆论动员中，传统媒体有着怎样的角色转型、承担着怎样的功能。这是我们需要探究的问题。媒体和社会总是互构的。媒体技术的发展与其所处的社会密切相关。互联网时代，媒体需要调整自身的功能和角色，这样才能立足于社会、服务于社会。无论是传统媒体还是新兴媒体，都要努力寻找在舆论动员过程中实现良性互动的基本规律，使各种媒体能够在利他或互利中做出正确的价值选择，使社会共识的达成更具广泛性

---

① 中共中央党史和文献研究院编《习近平关于网络强国论述摘编》，中央文献出版社，2021，第 59 页。

和民主性。而从某种程度上说，推进舆论动员中的媒体互动实为维护社会和谐稳定的一种媒体策略和政治智慧，也正是基于此，公众对政府的信任、公众对媒体的信任有可能得到最大限度的维护和巩固。①

作为多方主体进行互动和博弈的传播平台，国家级主流媒体中央广播电视总台主办的"3·15"晚会发挥自身平台优势，利用网络媒体平台和现实空间以及两者的互动，建构了很好的舆论影响力，30多年来不断优化舆论动员效应。"3·15"晚会协调观众、企业、社会三方力量的互动，从"制造舆论冲突"到引发"舆论争夺"，再到"整合社会认同"，这期间充满"反抗"与"协商"。②

中央广播电视总台主办的"3·15"晚会从奠定传播势力、提升传播依赖、扩大传播范围三个方面建构舆论影响力，优化舆论动员效应。从奠定传播势力上来说，从1991年第一届由中央电视台、中国消费者报社、中华工商时报社、中国消费者协会合作主办到2024年第34届由最高人民法院、最高人民检察院、国家互联网信息办公室、国家发展改革委、工业和信息化部、公安部、司法部、交通运输部、农业农村部、商务部、国家市场监督管理总局、国家药品监督管理局、中国消费者协会等部门机构与中央广播电视总台联合主办。从节目策划、制作到后期曝光回应，官方力量加盟渐多，多个部门联动。

在征集民间举报线索方面，随着网络平台技术的发达，渠道越来越多。但也存在一个问题，就是民间议题成为官方议题的通道应该是多元化的，经由"3·15"晚会进入公共议题的民间议题在前期有着怎样的"遭遇"，对政府信任、媒体信任有着怎样的消耗，或者说如何在这一过程中保证政府信任、媒体信任不受损，这是需要考虑的一个问题。作为媒体，不仅仅是曝光某一事件，还应了解事件进展，监督权力部门的活动，推动问题的解决。

中央广播电视总台"3·15"晚会构建了虚实场域互动的舆论动员模式（见图3-1），在官方力量加盟渐多的情况下，通过借助场外媒体平台、征集民间举报线索来建构舆论影响力，优化舆论动员效应。在

---

① 王艳：《和谐社会视域下如何开展舆论动员中的媒体互动》，《传媒》2017年第23期。
② 高宁：《央视"3·15"晚会的议题互动及舆论传播研究》，暨南大学硕士学位论文，2020。

互联网时代，"3·15"晚会传播范围的扩大主要是借助场外媒体平台。在"3·15"晚会开始之前的一定阶段内，运用自媒体预热，宣传造势，比如采用短视频等大家喜闻乐见的方式进行预告。在晚会期间，利用场外媒体平台多途径传播晚会内容，更新事件动态。主流媒体充分发挥平台媒体和意见领袖的作用，进行舆论引导，组织网民讨论，扩大晚会的舆论影响力。同时，还利用算法等，实现对企业、政府、公众等晚会相关内容的精准推送。"3·15"晚会为扩大传播范围和提升动员效果还非常注重晚会之后对曝光问题的后续追踪报道，借助"3·15"晚会热度，扩大其影响力。相关案例的追踪报道形成了更有效的警示作用。

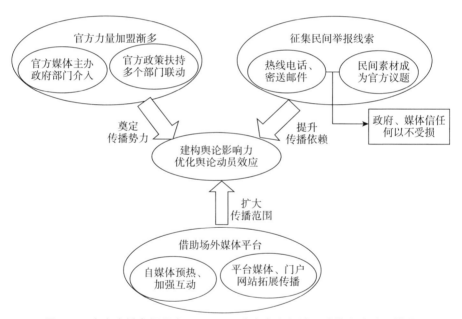

图 3-1　中央广播电视总台"3·15"晚会虚实场域互动的舆论动员模式

在诚信的社会建构中，网络空间和现实空间往往交融互促，主流媒体和其他媒体平台与现实空间共同发生作用，产生舆论动员效应。主流媒体及其他媒体平台可以将很多碎片化信息背后隐藏的问题揭露出来，让人能整体、综合地考虑问题。

在舆论动员的过程中，主流媒体及其他媒体平台必然要超越信息告知的层次，能理性地引发公众的讨论，做公共论坛的主持人，启发公众进行思考，为社会诚信的建构和社会诚信问题的解决营造良好的舆论氛围。"一切社会问题都不可避免地引起连绵不绝的街谈巷议，不断伴随着强烈的舆论活动。"同时，社会问题的解决往往需要借助舆论活动，需要"引起人们的激烈议论""激起人们的关注，不断有人发出解决矛盾的强烈呼声"。① 互动讨论的过程其实是民意得到充分表达的过程，是征求和收集民意的过程，也是探求问题解决方案的过程。

在舆论动员中，除了虚拟与现实的交互，还有官方舆论场与民间舆论场的交互，以及情感与利益的交互。人们的情感与利益在官方舆论场与民间舆论场之间进行博弈。② 社会诚信建构中的舆论动员离不开诉求的提出和回应，而诉求往往比较复杂，包括某种利益、价值、信念或者情感上的需要等，所以需要利益与情感、理性与情感策略的交织运用。情感视角认为，不论是"对社会的动员"还是"由社会的动员"，集体或群体需要共同的情感来实现一致性行动。谢金林认为，抗争者可以借助情感刺激网民进行公共话语建构和社会认同，从而决定网络抗争动员的过程和结果。③ 与此相反，理性视角则认为利益才是动员发生的根源，而非公众情绪的表达。人们参与某一社会抗争的决策依据，主要来源于对自身的政治机会结构、行动资源、关系网络、被抗争方资源策略等的综合考量。④ 但无论是情感的视角还是理性的视角，都是在互联网场域中进行的，需要把握相关利益主体的关系。

三　隐匿性动员建构诚信双重作为

传统的动员往往是在现实社会中进行的，充满诉求的抗争性动员往往又是带有政治性的，所以动员活动相对来说公开透明，参与主体的真实信息也往往有章可循。而在互联网社会，舆论动员则呈现较大的差异。互联网上的舆论动员通常由组织或个人发起，并且可以通过线上平台、社交媒体等形式进行组织。这种方式与传统的公开透明的集会或示威不

---

① 刘建明：《社会舆论原理》，华夏出版社，2002，第41页。
② 杨江华：《网络集体行动的舆论生成及其演化机制》，《青年研究》2015年第6期。
③ 谢金林：《情感与网络抗争动员——基于湖北"石首事件"的个案分析》，《公共管理学报》2012年第1期。
④ 赵鼎新：《西方社会运动与革命理论发展之述评——站在中国的角度思考》，《社会学研究》2005年第1期。

同，其动员的对象和影响力难以预测。一方面，社会成员或组织既可以通过设置具有身份认同的象征符号来发动和号召人们参与行动，也可以将个体的真实身份很好地隐藏在大众符号之中，以此规避风险。另一方面，网络的超时空性及匿名性等特点，为动员主体隐藏真实信息提供了技术支撑。这种"身体不在场"不仅不影响抗争动员的推进及效果，还可以帮助动员者们减少某些规则、习惯的约束和限制，规避惩罚风险和缓解心理压力。①

　　网络赋予社会主体虚拟生存方式——身份隐匿，越来越多的人或组织选择隐匿身份来进行网络行为。这种隐匿行为是现实社会活动的一种新的突破，但也会带来一些问题，比如隐私泄露，违背现实社会的既有规则和伦理道德，形成认同焦虑或者信任危机等，甚至触犯法律。而且，技术的滥用已经使得互联网时代的不诚信行为更加隐蔽，给社会诚信的建构带来风险和障碍。在微信公众号"极客视界"中有这样一篇文章《第一批 AI 已经开始诈骗了》，作者是"极客君"。文中写道，自从微信成为国民级社交软件之后，各类骗子的主战场也随之进行转移，从原来的电话短信诈骗进行了产业升级，成功步入了移动互联网时代。借助人工智能，进行语音诈骗也不是稀奇之物了。"现在的技术已经完全可以通过算法来生成人的全套语音了，甚至连愤怒、高兴等不同语气情绪都能够做到惟妙惟肖，足以以假乱真，而所需要的材料也仅仅只是被生成者的几段话。""其实不只声音可以伪造，现在连脸都可以通过 AI 来进行伪造了，比如前段时间在 Reddit 上大火的明星换头成人短片。"而比成人短片造假更可怕的还是制造假新闻，这会以假乱真误导人们的认知。AI 换脸技术是指利用人工智能算法，将一张人脸图像与另一张人脸图像进行融合，生成一张新的人脸图像。这种技术在娱乐、教育、医疗等领域有着广泛的应用前景，但同时也存在被滥用的风险，可能对个人隐私和社会秩序造成严重的侵害。这加速了风险社会的建构，对社会诚信的建构是一种阻碍。对人工智能风险的防控需要政府的力量的介入和理性引导。

---

　　① 　曾润喜、朱利平：《网络舆论动员：内涵、过程及其治理》，《北京航空航天大学学报》（社会科学版）2019 年第 6 期。

隐匿性动员在社会诚信的建构过程中有着双重作用，一方面是积极的隐匿性动员，即动员主体利用互联网的优势和人工智能技术，可以有效地实现舆论的积极引导，进行技术干预以及便捷地进行教育和知识传播，从而有针对性地引导达到"润物无声"的效果。比如拦截不良信息和虚假新闻，实现数据净化和诚信文明建设；某些政府部门利用互联网的优势，开展针对性的积极引导，精准推送政府诚信建设理念，提高公众对政府的信任度和认可度。在教育方面，开展在线教学、知识普及和科普宣传等活动，通过丰富多彩的视频、图文、漫画等人们易于接受的形式，提高公众的素养和认知。

另一方面是消极的隐匿性动员，即动员主体利用网络的隐匿性特征进行非正向的动员。1973 年，美国心理学家菲利普·津巴多（Philip George Zimbardo）曾经做过一个"模拟监狱"实验，并提出"匿名制服效应"，实验表明，当一个群体的所有成员都穿同样的制服时，个人因为不容易被识别而被淹没于匿名之中，容易进入"去责任化"状态，降低个体责任意识。在互联网世界，动员主体可能通过虚假信息引导公众的行为和决策；动员主体可以选择匿名身份，使其真实身份不易被追踪，发表不实言论或实施违法行为，从而对社会诚信的建构产生消极效应。

第三节　诉求消解：舆论动员的多重功能

舆论引导是带有目的性的活动，往往是有意而为之的。舆论动员的功能实质上是舆论动员所达到的目标和效应。诉求的消解，受到互联网社会系统的综合影响，是社会各主体在社会场域中相互作用的结果。诉求的消解，第一种情况是诚信素养得以提升，实现了舆论动员的教育功能；第二种情况是通过舆论的监督和影响，相应诉求得到了回应和问题得到了解决；第三种情况是舆论动员中的相应诉求得以转移，有时甚至是冲突得以转移，与诉求初衷出现偏差或者背离，延伸为新的诉求、问题甚至冲突。这种偏差或者背离不能一概地肯定或者否定，而需要根据具体情况判断。在这一过程中，通过对诉求的引导和判断，以及对相关节点的引导，舆论动员的功能得以体现和实现。

一　互联网时代社会诚信建构中舆论动员的社会教育功能

社会诚信的建构要以教育为先。教育功能的实现，可以让人们获得更多的知识、更丰富的经验和更深刻的理解，这有助于提高人们对社会问题的认知和理解能力，并促进人们对社会问题的参与和行动。例如，通过开展社会诚信教育和宣传活动，可以引导公众关注社会诚信问题，加强对社会诚信意义、重要性和实践要求的认识，激发人们积极参与社会诚信建构的意愿和行动。

在当今的互联网时代，价值多元，同台竞存，要处理好个人与群体、个人与社会、线上与线下、学校与社会的关系，需要进行诚信价值观的培育和引导，满足主体的教育功能需求。教育功能是指教育系统内部各要素之间及教育系统与外部环境之间相互联系和作用的可观察到的客观结果。由此可知，教育的正向功能是上述客观结果的积极面，教育的负向功能便是上述客观结果的消极面，若不能区分客观社会后果与主观意向，则必然导致功能分析上的混乱。[①] 教育的功能方向与教育主体的价值参照系密切相关。所谓的 "教育主体"，是指直接或间接地参与教育系统之中的、构成教育系统要件或支撑教育系统的其他系统。[②] 划分不同教育主体是以相对不同的主体利益为基准的，即学校是指有别于学生利益的环境系统，社会是指有别于学校利益、学生利益的环境系统。[③] 相对于学校和学生更多考虑近期利益，社会考虑更多的是长远利益。对于社会诚信的教育来说，社会教育显得尤为重要，而且在互联网时代，社会教育的新特征、新功能为舆论动员教育功能的实现提出了新的课题。其中公共讨论是互联网时代社会教育的典型形态。这有利于教育主体实现教育功能，让社会教育成为一种常态和习惯，促进公众诚信观念的养成和社会诚信的建构。

社会诚信的建构关乎我们每一个人，互联网时代的公众被技术赋予了更多的权力，他们更易表达自己、发表观点，推进舆论发展，有助于达成某种共识，但也可能走向另一种极端，那便是证实性观点吸收，排

---

① 鲁洁主编《德育社会学》，福建教育出版社，1998，第 223 页。

② 马和民、高旭平：《教育社会学研究》，上海教育出版社，1998，第 304 页。

③ 张奇勇：《教育正负功能理论分析框架的构建》，《现代教育科学》2005 年第 3 期。

除意见不合者，从而形成"信息茧房"。所以对互联网时代公众进行的各种互动讨论、互动协商应该有一个理性的看待，促使其为社会诚信建构服务，成为建构中的积极力量。讨论与协商的结果是为了社会共识的达成。社会共识，即社会合意，是社会成员对社会事物及其相互关系形成的大体一致或接近的看法。社会作为一个统一的有机体，要良性发展，就得在诸多层面达成一致，特别是对重要的存在和事物有一个正误、善恶的判断标准，进而存有一种接近或者一致的认知，这样行动才有了共通的基础，整个社会也才可能协调发展。达成这种共识，除了信息传播提供共识产生的渠道、对话的平台以及共识资源，还需要教育等来助力。

　　人类进入媒介化生存状态。互联网时代开放的平台，具有开放性和意见呈现的多元性特征。在互联网搭建的公共平台上，公民不仅能对公共问题进行关注，还能进行评论、转发等，也能在议题的讨论中提出自身的见解，而且有较为通畅的渠道获得他人的意见和主张。这样的互动过程可以促进公共舆论的生成，本身就是"诚信教育""伦理教育"的过程，促使公众在互动中反思个人的言论行为甚至现实行为。媒介和教育都具有信息传播和技术的特征。

（一）公共讨论的伦理教育功能

　　教育是社会诚信建构的手段和措施。对社会诚信来说，诚信教育能提升社会主体的诚信意识，是舆论动员的有效手段。互联网时代的公共讨论产生的伦理教育效应源于社会教育。社会教育在某种程度上独立于国家和社会公共团体的学制系统之外，是为了提高失学民众以及全体国民的素质，利用各种文化教育机构与设施所进行的一种有目的、有计划、有组织的教育活动。[①] 社会教育的内涵随着时代的变迁发生着变化，很多学者对此进行了不同维度的解释。简言之，社会教育存在于学校教育之外。或者说学校之外的一切教育都可以被称为社会教育。当今的社会教育多是自发的、突然的、无目的的，但在操作中又实现了多重目的。因为外界很多因素的参与变得不确定：教育主体多元、教育效果多元、教育内容多元、教育时空多元。

　　1912 年以后，社会教育才在教育行政上正式确立地位，其发展才有

---

① 吴晓伟：《民国时期社会教育的发展嬗变及特征》，东北师范大学硕士学位论文，2006。

了制度上的保障。在教育领域，教育传播模式是指描述教育传播过程中各要素的地位与作用、相互关系以及发生联系之后的性质与功能的简化形式。① 从民国时期最初的社会教育发展到现在新媒体时代的社会教育，其教育传播形式有很大的改变，这影响着社会教育的实践。纵观历史的发展，我国的社会教育传播模式除了传统的教育传播模式之外，也呈现新的特征。这主要体现在由精英主导式向公众化的社会教育传播模式的嬗变，由单向灌输式向讨论式的社会教育传播模式的嬗变，由有限时空向虚拟化的社会教育传播模式的嬗变。

1. 精英主导式向公众化的社会教育传播模式的嬗变

精英主导式和公众化的社会教育传播模式，是站在教育的传播主体层面来讲的。精英主导式的社会教育传播模式，是一对多、少对多的一种模式，传播主体是少数人；而公众化的社会教育传播模式，是广大公众作为教育传播主体，各主体之间形成了更为复杂的网状结构关系。

民国时期的社会教育是精英阶层主导的社会教育。其社会教育的发展离不开社会教育家的推动。他们把自己的毕生精力都奉献于中国社会教育事业，推动了社会教育事业的发展。比如提出民众教育主张的社会教育家俞庆棠，创办江苏省立教育学院，从事民众教育的实验和研究工作；在河南洛阳、广东花县（花都区）创设民众教育试验区。还有我国著名教育家雷沛鸿，他在广西任职期间，将儿童教育、成人教育、学校教育与社会教育合并，形成了广西国民教育的特色。通过此次实践，他提出了学校教育与社会教育合流的主张。特别值得一提的还有生活教育倡导者、我国著名教育家陶行知，曾投身于平民教育运动。他们认识到学校教育的优势与不足，重视社会教育对学校教育的补充作用，推动社会教育的开展。②

发展到今天的新媒体时代，社会教育除了精英主导式的传播模式外，已逐步向公众化的社会教育传播模式嬗变。公众化的教育传播模式是指教育主体不再以精英为主，它应该包括全体公众在内，争取更多的公众力量参与其中，包括第三方社会组织。比如香港的媒介素养教育发端于

---

① 李运林：《传播理论》，高等教育出版社，1989，第95页。
② 吴晓伟：《民国时期社会教育的发展嬗变及特征》，东北师范大学硕士学位论文，2006。

20 世纪 90 年代末，目前主要由民间团体和社会组织、政府组织、以香港电台为代表的公共媒介等三大类机构和组织从事相关教育工作。①

社会教育应是针对全体社会成员的，"以社会之全体为教育之客体，而施教于社会全体之谓也"②。"乃就人类共同生活环境中有组织的社会文化影响做积极措施……从而促进社会全面地向上发展。"③ 社会之全体为教育的客体，在当今也是教育的主体，很多普通公众成了教育传播的主体，或者由受众转化为传播者，进行二次传播。由少数人主导的社会教育传播模式嬗变为公众化的多元主体的传播模式，这也是讨论式的社会教育传播模式的基础。

2. 单向灌输式向讨论式的社会教育传播模式的嬗变

新媒体技术越来越强调互动性。社会教育传播模式由精英向大众、单向灌输嬗变为互动式的讨论式的传播模式。借助新媒体平台，公众更便利地参与进来，对媒介事件进行更为深入的讨论，从各个角度展开，从而实现一种潜移默化的社会教育，有争论、有协商、有讨论，可以听取多方的声音。网络的争议是一种思想解放，是一种社会教育，更是一种自我教育、自我启发。这是社会进步的体现。

在民国时期，名家林立。当时是以单向灌输式的教育传播模式为主。从社会教育的内容上来讲，它包括"处世、接物，立身、行事"④，"以经济、政治、文化、生活为内容的多种形式的教育"⑤，是"在广泛的社会生活和生产过程中所进行的教育"⑥。"协同体的提升"与"自我扩张的统一"才是社会教育的目标。⑦ 单向灌输式的社会教育尽管也涉及很多方面，但讨论的深度较为不足，传播主体与教育客体之间的互动性不强，所以教育的效果相对来说也不及自觉反思和互动讨论后的自我反思

---

① 张荣、韩芳丽、耿寿辉：《当前社会教育的国内外模式研究》，《中国青年研究》2013年第 3 期。

② 余寄编译《社会教育》，中华书局，1917，第 1 页。

③ 杨亮功主编《云五社会科学大辞典》（第八册），商务印书馆，1970，第 223~225 页。

④ 〔日〕中岛半次郎：《论学校对家庭与社会之关系》，《游学译编》1903 年第 8 期，第1~5 页。

⑤ 李冀主编《教育管理辞典》，海南人民出版社，1989，第 15 页，第 118 页。

⑥ 全国十二所重点师范大学联合编写《教育学基础》，教育科学出版社，2002，第 8 页。

⑦ 胡钦太、林晓凡：《基于新媒体的社会教育传播模式构建研究》，《电化教育研究》2014 年第 5 期。

和自我教育。比如针对近些年国内外的突发灾难，新媒体等传播平台及时披露相关信息，吸引人们对突发事件的关注和讨论，有助于加强公民的危机意识教育，提升其应对危机的能力，使其在讨论和互动中受到教育和启发，这是新形势下的社会教育。

3. 有限时空向虚拟化的社会教育传播模式的嬗变

新媒体时代，现实生活中的有限空间在网络上得到延伸，时间上显得更加灵活，增加了很多非即时性的交流，不同时、不同步依然可以达成交流。这就为社会教育提供了更多的平台和机会。

社会教育体系经历了从不完善到初步完善的过程，各项基础设施的建立健全也需要一个过程。比如在民国时期，学校教育很发达，名师云集。社会教育没有固定的属于自己的施教场所，所以它们多是借用学校的校舍、场地开展教育活动。夜校和补习学校等作为社会教育的机构，与学校教育在时间上形成错峰，在夜间或节假日借用学校场地进行教学。开展社会教育的平台相对来说很有限。

如今，人们借用互联网平台互动交流，公开讨论。而这一切网络行为的实现，需要借助网络这样一种虚拟空间。网络中相当多的人开展长时期的讨论而出现的社会聚合，即网络社区。在这种虚拟化的空间中，受众的意见表达相对来说较为顺畅，而且容易实现多级化传播。多级化传播的范围越来越大，程度也越来越高。与以往的传统媒体的多级化传播不同，网络中的多级化传播可以全部利用网络这个媒介实现，而不用在媒体之外去形成。这样的多级流动，扩大了信息的传播范围。这就有了让更多公众参与进来的可能。

另外，虚拟空间可以处于全天候开放和激活的状态，信息内容丰富全面，而且受众也可以自由选择获取信息的时间，可以随时随地地参与讨论、加工和传播，不受时间限制和地域影响。

除此之外，受众个体之间的联系因为虚拟的空间而加强。在这样一个空间里，他们可以表达自己的想法，可以形成讨论甚至争执，而这一切活动的发生不仅在特定的时间，也不会因为他们之间本不认识而受到影响。这就为社会教育活动的开展提供了更多的可能性和便利性。

4. 互联网时代社会教育传播模式的实践自觉及其反思

在网络传播中，不乏新的选题，这些新鲜的议题也有很多进入公众的视野，公众给予它们足够多的关注，发表自己的见解，展开充分的讨论。这是网络或者自媒体自净功能的体现，也是社会教育的新形式。

2015 年"成都女司机被打"事件这一鲜活案例给了我们深刻的启示。该事件可谓一波三折。先是打人的男司机张某遭到一边倒的谴责；其后，张某道歉，而女司机卢某被打前连续变道、碾压实线的视频曝光，于是舆论反转，网民开始指责和谩骂卢某；再后来，舆情爆炸，女司机卢某遭遇"人肉"，同时网络上也出现了很多反思的言论，比如"网络暴力""驾驶规则与安全"等。

对此事件产生的社会教育效果，我们从前文所述三个维度进行分析。一是公众化的社会教育传播模式，这体现得较为明显。仅就《南方都市报》的《成都被暴打女司机发布致歉信》这一报道，就有 14 万多条评论。经过统计，我们发现其中理性的声音多于情绪化的非理性表达，比如网友"钟树"评论："这事到现在为止，已经成了考验我国法律和道德的考场，如果这样可以提高国人素质，也不枉大家的关注。"网友"飞鸟"说："早这样不就好了嘛。但是打人男必须严惩。又有一个女司机被暴打，而且那女的自杀了。希望大家以后不要再以暴力解决问题。"

二是在由单向灌输式向讨论式的社会教育传播模式的嬗变方面，我们将此次事件的讨论维度进行简单的归纳，就可以看到人们从各个角度展开了讨论，其中也包括当事人的反思。其讨论的议题主要包括以下几方面，比如路怒症、暴力、"女司机"群体形象、舆论反转、儿童安全问题、法律角度看女司机驾驶、行车记录仪、"人肉"搜索/网络暴力/水军、行车文明/交通规则、双方法律责任、个人隐私……除此之外，评论中的部分网友会@另外的网友进行回应，他们对相关信息或赞成或反对。

三是广泛而多元的讨论能参与到事件的发展过程中，是基于虚拟化的无限延伸的传播空间。不同的传播主体通过不同的传播渠道，或者在不同的传播平台、网络社区展开讨论。比如在"成都女司机被打"事件中，腾讯新闻有专题网站进行报道，一条报道引发了 14 万多条评论，这样大规模的互动、讨论在现实空间中基本上是不可能的。这样广泛深入的讨论在很大程度上能引发传播者或者受众反思自己的行为、获取相关方面的知识、在社群压力下纠正自己的不恰当行为、达成某种共识等，这具有积极作用。

当然，也不可否认，在虚拟社会的互动交流中，也存在不理性甚至不文明的因素。我们应该理性地看待新媒体时代社会教育传播模式的新特点，发挥其优势，并因势利导，规范虚拟空间的行为。新媒体时代的社会教育，媒介素养的提升应是其核心内容。新媒体时代的社会教育，应是公众自觉参与的，培养具有自我教育意识、自觉反省意识的公民。

（二）公共讨论中的社会诚信建构

互联网建构着若干个公共议题传播、共享、讨论的平台，各主体在网络平台可以互动协商。作为个体，对社会诚信有自己的认知和体验，这与个人的生活体验、知识层次、人生阅历等相关。在公共讨论的过程中，有个人认知的表达，而且个人的认知很可能转化为公共认知，即成为对某一问题或议题认知共识的一部分。

"博士携女友逃票40次被抓"的公共讨论实践给我们以相关思考。此事件首先是由《宁波晚报》进行报道：2019年6月12日，有民警发现一博士携女友逃票。就事论事，此事虽然情节严重，和40次逃票没有本质区别，但舆论发酵不应那么大。促使事件进一步发酵的是铁路警方的查实和公示：霍某从2018年12月1日至今，累计逃票29次，共计票款1430元；忻某（霍某的女友）的行程路线与霍某（医学博士）一致，累计逃票11次，共计票款530元。其逃票次数之多让人瞠目结舌，也吸引了更多网友的注意。自此，一个负面典型就这样被舆论"围观"。

在网易的话题和讨论区，网友对此事展开了激烈的讨论和跟帖。网友的评论主要集中于以下两方面。

一是聚焦于学历和逃票的问题，并由此延伸到人品道德，甚至是逃票博士的职业——医生以及医德问题。很多网友在学历与人品道德是否有关的问题上存有分歧。而我们的媒体，几乎每一篇报道的标题都没有离开"博士"和"40次"两个关键词，这是值得媒体反思的。在进行此类事件的报道时，媒体不应盯着"博士"学历，而应该挖掘事情本身，提升报道价值，比如引导人们对检票漏洞等进行反思，以引起相关部门的重视；比如对于个人道德自律有限效力的思考；比如对"逃票"行为的定性，是贪小便宜还是违法行为，处罚规则中经济惩罚和法律惩罚各自的边界如何明了；等等。

二是聚焦于对此事的判断和意见，比如有网友提出建议加入黑名单，有网友直接评论"人品，才是一个人最好的名片"。此类意见对此事持否定态度，还有一类意见尽管也持否定态度，但同时对吐槽之人提出质疑，"此事确实有违公德，然吐槽人数之多，且吐槽内容之纷杂，好似人人都是'圣人'"。

从上面的分析我们可以看到，公共意见呈现多元化趋势，也不可避免存在问题，比如讨论分散性，容易形成集群化现象；讨论质量参差不齐，达成理性一致的意见很难。很多时候，网络上的讨论都是有争议无共识，没有结果。这时主流媒体就要发挥引导作用，占领舆论高地，引导舆论走向。

二　互联网时代社会诚信建构中舆论动员的公共监督功能

在社会诚信的建构中，有相互的协作，比如政府和掌握数据库资源的企业合作，从而促使政府和媒体发现问题。媒体发布信息，引起全社会的关注，动员全社会进行诚信建构，营造诚实守信的社会氛围。除此之外，各主体之间也有相互监督的关系，特别是在互联网时代公共监督成为常态的情况下，其舆论动员功能也不容忽视。公共监督有利于相应的诉求得到回应或者问题得以解决。

我们以传媒为例。传媒本身是公共监督的主体和力量，同时也是被监督的对象。公共监督有利于传媒做出相应的回应，从而得到社会的信任。按照麦奎尔（McQuail）的定义，传媒问责（media accountability）是指传媒为出版的品质或效果而直接或间接向社会做出回应的所有自愿和非自愿的过程。新闻问责是为了明确新闻媒体在社会中的定位和责任，更好地发挥传媒的角色与作用，促使媒体与其他社会主体的良性互动。在新媒体时代，它有着更为丰富的定义，在多层次的主体交互活动中体现着更为复杂的关系。

大众传媒作为特殊的社会机构，要满足受众的信息需求，提供真实客观的、有质量的信息，同时大众传媒也有宣传的责任和功能。然而，新闻工作者有时会辜负大众的期望。虽然"媒体可能制造严重伤害"，但它"不会触及法律"。这就涉及新闻职业伦理和社会道德准则甚或法律准则之间的平衡问题。新闻业被认为是"公共产品"，就伦理层面来说，它需提升公信力，向社会负责。自 2001 年起，《新闻记者》杂志每年都会评出十大假新闻，我们以 2001～2022 年的假新闻为样本进行分析，可以看出互联网技术对传媒问责的影响。

（一）2001～2008 年：以公开致歉为主的新闻问责

2001～2008 年，新闻问责方式除了公开致歉还出现了对作者除名处理以及行政处罚。但是在这 8 年中，明确提到问责的占 18 条，而行政处分的仅有 1 条，相关责任人受到处罚以及当事记者被解聘的共 2 条。因此在 2001～2008 年，我们可以发现，面对假新闻，问责形式以媒体公开发表致歉声明为主，对相关责任记者与编辑的追究力度不够（见表 3-4）。

表 3-4　2001～2022 年十大假新闻中公开致歉数量统计

单位：条

时间	公开致歉数量
2001～2008 年	18
2009 年	4
2010 年	5
2011～2014 年	8
2015 年	6
2016 年	4
2017 年	5
2018 年	5
2019 年	5
2020 年	6
2021 年	5
2022 年	6

"致歉"就是向对方表达歉意，承认和陈述自己的不当行为或者错误行为，给对方带来不好的影响或者辜负对方所托，对不愿为的事，可声明自己的相关主张；对不能为的请托，更应陈述理由，说明自己为什么不能为。与之相近的一个词是"道歉"，"道歉"的意思是"为不适当或有危害的言行承认不是；承认使人委屈或对人无礼，同时表示遗憾"。由此可见，"致歉"的程度是弱于"道歉"的程度的，"致歉"可能无法起到很好的警示效果。

2001 年 3 月 14 日，《羊城晚报》刊登了一则题为《错位夫君夜换娇妻 30 年》的文章，署名"钟方"。该文章一时引起较多媒体的转载，但最终经查证为假新闻，而其源头为 1999 年 7 月 4 日《邵阳日报》晚报版上刊登的一篇《两对恋人苦苦等了 30 年》的文章，作者是洞口县人谢立军，其内容全是凭空编造。《两对恋人苦苦等了 30 年》中提到的青龙乡早就不存在了，当地更没有这么 4 个人，因此激起公愤。谢立军害怕了，主动承认了错误，并在几天以后在《邵阳日报》公开发表了致歉文章。① 谁曾料到，不到两年，这则假新闻又借尸还魂，愚弄了更多无辜的读者。

以致歉为主的问责方式，被问责人所付代价很小，成本很低，对虚假新闻的治理效果也微乎其微。

（二）2009～2010 年：侧重"责任追究"的新闻问责

在此之前的新闻造假问责以媒体及报道者的公开致歉为主，对报道者及相关负责人的处理较少。而在 2009～2010 年，明确提到问责的就占 9 条，同时这 9 条在公开致歉的基础上都提到了对当事记者以及相关责任人的追究，包括对记者或编辑的解聘、停职处理等，只有 1 条是单一的发表公开致歉。另外 2010 年，《重庆时报》以头版头条刊发《致中国作家协会的致歉信》，开中国新闻史之先河，可见对假新闻的问责重视度有所提高。

2009 年 6 月 19 日，《人民政协报》等刊登假新闻《中国 0.4% 的最富裕的人掌握了 70% 的财富》。后经查证，该篇报道的部分数据系境外反华网站刻意编造。其后，新闻出版部门对《人民政协报》《上海证券报》《时代周报》《青年时报》四家报纸提出了严厉批评并下达警示通知书，要求报社对相关责任人做出处理。② 相比之前媒体自身的公开致歉，在问责上又跨出了一步，由新闻出版管理部门进行了责任追究，但具体处罚措施仍然模糊。

另外在之前的问责中，媒体负责人很少受到影响。而在 2010 年，微博新闻首次入围年度十大假新闻。2010 年 12 月 6 日，《中国新闻周刊》官方微博发布了"金庸去世"的消息。当天，《中国新闻周刊》副总编

---

① 陈斌、贾亦凡：《2001 年 10 大假新闻》，《新闻记者》2002 年第 1 期。
② 贾亦凡、陈斌、阿仁：《2009 年十大假新闻》，《新闻记者》2010 年第 1 期。

辑、新媒体总编辑刘新宇在新浪微博上对此事做出了说明，编辑在未进行任何核实的情况下草率转发是缺乏新闻素养的表现，同时表现出新浪在管理上存在的漏洞。2010年12月7日上午，《中国新闻周刊》副总编辑、新媒体总编辑刘新宇提出辞职并于当天下午获准。[①] 由假新闻报道者除名到负责人辞职，在假新闻问责机制上又进了一步。

（三）　互联网时代的新闻问责（2011~2022年）

在互联网时代，沿用新闻问责方式，比如公开致歉，对于重塑媒体信任也起到了一定的作用。借用互联网平台，公开致歉的传播范围更为广泛。只要有致歉的意识，互联网时代从不缺乏致歉的渠道和方式。

互联网时代的新闻问责有新的特征，也有新的困惑。一是互联网时代新闻发布主体的多样化构成了问责主体的多样化，问责主体多样且数量庞大，尤其是微博、微信等社交媒体，用户群体较庞大，追踪到个人难度较大、时间较长。这使得问责程序较为烦琐，问责追踪难以确定到具体的个人，对新闻问责的全面有效施行造成影响。二是发布平台的多样化对新闻问责工作的开展造成了一定程度的影响，当假新闻出现，新闻问责有时需要从传统纸媒追究到其官方网站，再到官方客户端、官方微信、微博等，发布平台的多样化使得信源追踪过程漫长且复杂。三是问责形式尚不具化、不明确。比如虚假新闻存在有意虚假和无意虚假，制造假新闻的主体有职业主体和非职业主体，具体的问责以及处罚方式到底该怎样，这是一个问题。诸如此类的有关互联网时代新闻问责机制面临的新问题，需要建构新的体系化的符合时代发展需求的新闻问责机制。比如对问责主体、问责依据、履责形式等各方面的重新建构。媒体也只有以身作则，回应社会的质疑与监督，才能赢得信任，从而发挥其功能。

在互联网时代，虚假新闻出现频率高，传播范围广。但与此同时，虚假新闻的澄清渠道增多，澄清速度加快。而且互联网时代的多渠道、多方式以及各种新媒体工具的应用提高了传播的效率，比如加深了对新闻生产后台的了解，增强了新闻的透明度，提升了媒体的传播力和信任度。同时互联网时代，谣言、虚假新闻的及时澄清有了更多的平台和渠

---

① 　贾亦凡、陈斌、阿仁：《2010年十大假新闻》，《新闻记者》2011年第1期。

道。谣言、虚假新闻传播者也在某种程度上多了一些敬畏感。

三 互联网时代社会诚信建构中舆论动员的节点引导功能

如前文所述，舆论动员是带有目的性的活动，往往是有意而为之。舆论动员从发起到式微经历了一个复杂的过程。所以在舆论动员的过程中，为了有效实现动员目标，动员主体可以采取相应的策略对舆论走向进行节点引导。在互联网时代，利用大数据、人工智能技术，人机合作，舆论动员的节点引导功能更能精准化实现。在社会诚信建构的过程中，节点引导是指通过寻找具有重要影响力和代表性的节点人物、机构或事件等，或者利用算法等技术的力量，引导更多的社会资源聚焦于该事件的某一维度或者诚信建构的积极面，从而推动舆论态势的转化和目标效果的实现。节点的引导有利于问题的转化甚至优化，进而促进社会诚信的建构。

节点引导功能体现为动员主体进行针对性的伦理规范的指导和引领。这是为了保障舆论动员节点引导的正确性，不能将一个事件或者舆情带偏，引向错误的方向，或者偏离事物的本质。特别是在机器参与生产和传播的互联网时代，更需要注意这个问题。在新闻传播领域，人工智能得到普遍应用，算法已渗入选题、审核、分发、互动的各个新闻生产环节，这在很大程度上提高了新闻生产效率。但与此同时，人工智能技术的介入将新闻全流程都纳入了人工无法识别的"黑箱"，带来算法偏见、算法主权、透明度低等诸多问题。[1] 智能算法推荐具备工具理性、科技理性的条件与特点，精准、快速、高效是人类技术进步的体现。但工具理性、技术理性也备受诟病。它目的至上，忽略了价值理性中那些思想意识、义务、尊严、美、规训等信念。[2] 算法新闻除了与传统新闻一样面临经济效益和社会效益的博弈、用户欲知与用户应知的矛盾，更存在工具理性与价值理性，点击率、访问量与内容品质等之间的张力。人们的个体行为数据化、隐私公开化后，个体行为被视为社会行为，对象化

---

① 仇筠茜、陈昌凤：《基于人工智能与算法新闻透明度的"黑箱"打开方式选择》，《郑州大学学报》（哲学社会科学版）2018 年第 5 期。

② 陈昌凤、石泽：《技术与价值的理性交往：人工智能时代信息传播——算法推荐中工具理性与价值理性的思考》，《新闻战线》2017 年第 17 期。

的算法推荐可能导致舆论引导偏差。这些潜在的风险无法一一从法律上加以规范。伦理学家克利福德·克里斯琴斯（Clifford Christians）说："法律有很多管不到的地方，需要伦理来规范。"① 社会上存在的冲突特别是文化上的矛盾与冲突，都可以从伦理冲突的角度来解释和探究，从而为达成某种程度的伦理共识而努力。

节点引导功能体现协同其他主体的力量，对动员对象的认知进行干预，建构信任。在关键的节点上，为了在网络良莠不齐的海量信息中把握主动权，选择公信力高的专家、媒体、社会组织、舆论领袖等作为关注点和发声点，邀请其就事件进行评价和引导，在事实层面，客观告知，在意义层面，正确引导。这样可以使相应的话题得到更好的优化和传播。比如企业出现伪劣商品等质量问题而陷入舆论风波时，可以联合相关政府部门、媒体机构和行业协会等，通过开展行业调查、披露相关信息、提供消费维权等方式，引导公众参与和行动，推动企业提高质量，重构公信力。这样可以实现社会动员与节点引导的相互协同，促进社会诚信建构的深入推进，为公众提供更加优质、透明和可信的服务。

如前文所述，节点引导不是回避问题，而是去积极地回应问题。除了对该事件本身的引导之外，在引导的过程中还需要处理好事件现状与未来发展的关系，具有发展的眼光。除此之外，还要关注同类事件间的影响以及该事件与其他社会要素的关系，这样才能更加深入地认识到舆论动员过程中诚信建构的本质和重要性。确保节点引导的方向正确，需要规避节点引导可能出现的问题，比如误导性带来的倾向性和偏见，主观意识或者利益驱动而导致的客观性、公正性缺乏等，防止节点引导产生反作用。

第四节　多元联动：舆论动员的路径拓展

社会诚信建构的舆论动员需要发挥互联网优势，拓展到互联网场域。这样更有利于激发舆论动员效应，提升舆论动员效能。社会诚信的建构

---

① Christians, C. G., Rao, S., Ward, S. J. A, Wasserman, H., "Toward a Global Media Ethics: Theoretical Perspectives", *African Journalism Studies*, 2, (2008): 135-172.

都是在一定的场域中进行的。互联网时代社会诚信建构的舆论动员，需要发挥互联网场域的优势，结合社会诚信的特征，打通线上与线下，从而在场域融合中实现舆论动员。"由于广泛信任的首先存在才促使社会网络的发展成为可能。"[①] 诚信是一种重要的社会资本。在互联网场域中，"场景应用"是将诚信这一社会资本与社会其他要素连接起来的有效方式。"场景应用"借助于相应的场域，场域体现为各种关系的网络空间。本书将从"互联网场景应用+相关利益+正向联动""互联网场景应用+相关利益+负向联动""互联网场景应用+话语修辞+情绪联动"探讨社会诚信建构中舆论动员的场景应用路径拓展，从"符号动员"的角度超越社会行为层面的动员，以知识生产激发舆论反应，进行理性引导。

一 互联网时代社会诚信建构中舆论动员的场景应用路径拓展

社会诚信的建构都是在一定的场域中进行的。"场域"是布迪厄社会学理论中的核心概念，它是指社会实践的空间。场域体现了社会各要素的连接与关系。不同的场域，社会诚信建构的路径存在差异。比如在熟人社会，因为地域接近、彼此熟悉，靠熟人关系建立起来的信任关系相对稳固。而在互联网时代，陌生人信任关系主要依赖社群或者第三方平台等来发挥宣传或者教育作用，从而实现诚信动员。线上和线下活动结合也是常用的动员手段。

互联网时代，社群建构起来的场域在资源整合、社会动员中发挥着重要的作用。社群的认同感会带来价值观的整合，从而形成统一的认识，并转化为实际行动中的价值理念或者行为准则。网络建构的虚拟的社会关系，很多时候是现实社会关系的延伸和补充，虚拟关系网络的建立，补充了现实的社会关系网络。在不同的网络社群交往中，"个体认识到他（或她）属于特定的社会群体，同时也认识到作为群体成员带给他的情感和价值意义"[②] 时，自我认同或者他者认同便产生了。认同产生力量。互动行为将有效提高群体内的社会认同。比如在信用互助的互动活动中，即"相互宝大病互助计划"，"99 种疾病+恶性肿瘤"均可获得互助，若

---

① 李惠斌、杨雪冬：《社会资本与社会发展》，社会科学文献出版社，2000，第 107 页。
② 张莹瑞、佐斌：《社会认同理论及其发展》，《心理科学进展》2006 年第 3 期。

自己生病可获众人帮助。信用值达到一定分值可以加入，在群体中实现自己的价值，守护自己的信用。这是物质利益和精神利益相结合的动员活动。

当然，互联网时代，线上与线下的平台、社群与现实社会的组织联合打通，发挥合力亦是一种常态。比如一系列线上与线下的宣传教育活动，在很多城市举办诚信宣传主题月实践活动，进行研讨、宣传。另外，还可以通过视频、影像资料进行宣传。比如电影《特别追踪》的宣传教育活动。大老板贾有道因为欠钱不还，被法院列入失信被执行人名单。他为了逃避法院的裁决和执行，将酒店的资金和名下的房产转移到了女友姚晶晶的名下，自己则玩起了失踪。但是在法院执行法官雷明和叶朵朵的层层追踪下，贾有道的生存空间因其失信行为被依法打压，最终落得众叛亲离、人财两空的下场，最后他在亲情的感召下认罪服法。《特别追踪》塑造了"老赖"形象贾有道，有偿还能力却抵赖，甚至将母亲拿来做"挡箭牌"，但最后被他特别相信的女朋友骗得几乎身无分文。此外，影片还增加了"朗诵会"这一叙事线，表现出贾有道在欠巨额债务不还的情况下，居然还赞助"朗诵会"，并且朗诵有关诚信的诗歌。这样的"反正对比"极富反讽意义，塑造了一个虚伪、可憎又有些可怜的老赖形象。

电影《特别追踪》在豆瓣、腾讯视频等平台播放，另外很多机构也组织了观影活动，扩大了宣传。《特别追踪》自2018年9月19日上映以来，受到多家媒体的广泛关注与持续报道，而且赢得了学界肯定和观众好评。加大了宣传力度，实现了舆论动员效果。第一，上映之前有蓄势。早在该片上映前，不少读者就从《法制日报》（现更名为《法治日报》）、《人民法院报》等传统媒体，以及人民网、光明网、中国法院网、最高人民法院官方微信公众号、人民法院报官方微信公众号等新媒体平台的报道中，第一时间获知了该片的上映信息并翘首以待。中央电视台电影频道（CCTV-6）的《中国电影报道》栏目还分别于2018年9月13日和15日对该片在京召开的专家研讨会和首映礼进行采访报道，宣传造势。第二，上映之后重扩散。除上述媒体对该片关注热度不减以外，《民主与法制》周刊2018年第39期特别选择该片海报做封面，并从制作背景、精彩看点、相关法规和专家意见等方面，推出了《特别追踪：抓"老赖"的第 N 种方式》四篇系列报道；《中国作家》（影视版）第 11 期也围绕该片的思想价值与艺术风格展开了深度专题报道。第三，社会组织性观影。很多社会机构和社会组织进行观影活动，有的还进行观后讨论、学习交流，让影片的现实价值得以巩固、渗透，得到更深入的认知。比如天津市武清区人民法院机关党委于 2018 年 12 月 7 日组织观看《特别追踪》；2019 年 4 月 19 日下午，福化集团机关工会组织集团本部职工集中观看法治教育电影《特别追踪》，观影干部职工纷纷表示，《特别追踪》是一堂深刻的普法教育课，今后将会以实际行动积极践行守法精神，自觉弘扬诚信意识，为社会诚信体系的建设贡献自己应有的力量。学校也是组织观影活动的阵地，比如海南外国语职业学院等组织了观影活动，观影结束后，现场师生纷纷表示今后将会以实际行动学习和宣传诚信守法精神，为执行攻坚战营造良好的社会舆论氛围，为弘扬社会诚信守法意识和构建社会诚信体系贡献力量。学校教育更为专业，目的更为明确，内容更为系统，教育流程更有计划性，能充分利用相关的资源进行更为深入的探讨和领悟。培养全面发展的人，本是学校的职责。学校应该聚集资源或者提供更优质的诚信教育资源，为打造"家校社三位一体"的协同育人模式，甚至为社会教育、家庭教育提供相应的指导。

互联网时代社会诚信建构的舆论动员，需要发挥互联网场域的优势功能，结合社会诚信的特征，打通线上与线下，从而在场域融合中实现舆论动员。而在互联网场域中，"场景应用"是将诚信这一社会资本与社会其他要素连接起来的有效方式。"场景应用"借助于相应的场域，场域体现为各种关系的网络空间。"场域是诸种客观力量被调整定型的一个体系（其方式很像磁场），是某种被赋予了特定引力的关系构型，这种引力被强加在所有进入该场域的客体和行动者身上。"[①] 场域中的行动者接收、处理、整合各种外界信息，通过"外在性内在化"形成独有的、稳定的性情倾向系统——惯习，这种"性情倾向"贯通了主观与客观、物质与精神、理论与实践，体现着场域中行动者的行为倾向、心理倾向，是场域重要的精神标识。在互联网场景应用中，行动者通过"外

---

① 〔法〕皮埃尔·布迪厄、〔美〕华康德：《实践与反思——反思社会学导引》，李猛、李康译，中央编译出版社，2004，第 17 页。

在性的内在化""内在性的外在化"相互建构与相互调适，在长期教育实践和守信行为实践中，经过时间的积淀，形成一种强有力的动员力量。

（一）"互联网场景应用+相关利益+正向联动"的舆论动员路径拓展

利益与道德责任是伦理学的基本问题之一。利益是当代道德责任实现的基础，公民为个人利益与社会利益的实现承担相应的责任。"思想一旦离开利益就会使自己出丑。"① 我们可以这样理解，在利益诉求下建立道德自觉存在挑战，但也有可行的路径。互联网时代，大数据联网，将人们生活的方方面面连接在一起。人们的行为数据为其打造信用银行，积累信用货币，让诚信成为习惯，诚信与生活的方方面面息息相关，如影相随，是自己身份的象征，自己的另一张名片、另一张脸、另一张身份证。数字化的信用价值可以通过有关人们衣食住行的多种场景将信用变现，让社会信用和社会诚信关联利益，从而实现动员目标，激发舆论动员效应。

舆论动员的目的在很大程度上是让诚信价值观得到认同，并进而在实际行动中诚实守信，并为社会诚信建构付诸行动。"传统的道德观念认为，道德从根本上维护他人和社会的利益，本质上是利他的，具有利他优先性，但从个体而言，人作为一种消耗性的生命存在，与生俱来便具有一种维护生命存在的需要，这种需要通过人的心理转化表达为人的欲望，并在社会中现实地表现为个体利益，为满足生命存在的需要，个体总是在心理和行为上表现出一种先天的利己优先性。"② 作为公民，在个体利益与共同体利益之间、物质利益与精神利益之间应做出理性判断，才能有利于个人和社会的发展。而作为社会诚信建构的舆论动员，除了强调诚信的理性价值、精神价值，也不应忽略其工具理性和个体利益。信用银行不是简单的利益积淀或者等值等价交换，而是让物质利益与精神利益两者之间很好地实现转换，从利益考量的角度进行舆论动员从而让诚信价值真正得到认同。当然，从利益的角度进行伦理道德的动员也存在争议，有部分人不是很认可。而实质上，伦理的精神建构离不开物质的支持，本身也会产生物质效应，这也更切合实际。

---

① 《马克思恩格斯全集》（第 2 卷），人民出版社，1965，第 103 页。
② 刘仁贵：《论道德二重性——一种人性论的视角》，《河南师范大学学报》（哲学社会科学版）2009 年第 3 期。

我们以支付宝的芝麻信用为例来进行观照，2023 年 8 月 2 日，我们打开芝麻信用发现，其场景应用涵盖了人们的衣食住行、吃喝玩乐多个方面，应用场景多元（见图 3-2）。比如信用免押，信用芝麻分取代"真金白银"的押金。芝麻分在 550 分以上有机会享受酒店民宿免押金、免查房、免排队；有机会享受租物押金减免、以租代购；有机会享受骑行押金减免，租借单车，避免押金不退的风险；有机会享受借雨伞押金减免服务。芝麻分在 650 分以上有机会享受共享汽车押金减免、避免反复交押……还有信用先享，当你的芝麻分在 650 分以上，有机会享受信用购，先免费体验 7 天，满意再付款；在医院也可以先体检后付费还可以在线查看体检报告。芝麻分在 600 分以上可以享受守信互助；芝麻分在 350 分以上可享受先乘车后付费。还有信用专惠，芝麻分在 650 分以上可以享受吃喝玩乐不充值先折扣，芝麻分在 700 分以上可以享受先充电后付款，芝麻分在 550 分以上可以享受通信免预存、可透支。除此之外，还有信用速办和信用金融。信用速办是指芝麻分达到一定数值后在回收旧手机、签证、国际退税等方面享有便利。信用金融中有备用金可以每月 2 次随借，0 利息；信用消费免息，本月花，下月还，免息；还有信用借款按天计息，随借随还的借呗业务。

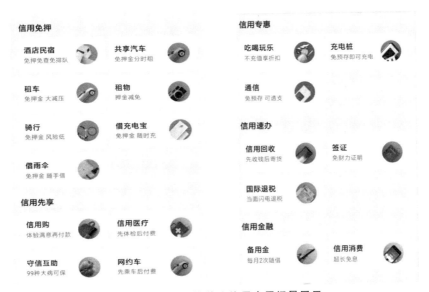

图 3-2　支付宝的芝麻信用应用场景展示

　　这一切体现了信用等于或者可能转化为财富的理念，支付宝通过芝麻分的积累，信用增值，与人们生活的方方面面关联起来。信用分不仅让我们真真切切感受到了生活的便利，而且在一定的条件下会让人产生精神的愉悦或者对没有守信的行为有一些担忧。比如我们看到自己的芝麻分在一定数值，被评为"信用极好"时，内心是愉悦的，这种愉悦在很多时候超越了分值带给我们的便利而形成的愉悦。这可以促使我们在现实生活中养成守信的习惯，并以此为乐、为荣。

　　我们不能因为道德伦理的精神性存在，强调其价值理性而忽略其工具理性。公众诚实守信的利他原则本身也没有问题，意图总是好的。而且在利益获得时，物质利益有时可转化为精神利益，比如买了一件新衣服或者享受免押服务，自然会有精神的愉悦感；精神利益有时也可转化为物质利益，比如化精神愉悦为前进的动力，从而在实际生活中产生效应。只是这两个转化过程依赖不同的条件和中介。刘仁贵指出，通过人的心理和精神机制实现物质利益向精神利益的转化，使人的内部传播目标完成；精神利益向物质利益的转化，则需要凭借人的物质生产生活实践，需要转换的外在存在，将人的精神状态输入物质生产生活过程，影响生产实践，通过提高积极性、转化灵感、艺术创造等方式而影响外部物质世界向更好的方向发生改变。[1]

（二）"互联网场景应用+相关利益+负向联动"的舆论动员路径拓展

　　除了信用变现，让某些利益得到满足，从反向来说，因为失信而带来物质利益受损的负向联动同样可以激发舆论动员效应。物质利益受损是指在社会生活中因为失信而带来的不便、惩戒等各种损失。在互联网时代，政府、社会组织或者商家利用互联网、大数据将人们的衣食住行关联起来，并将之与人们的诚信行为表现关联起来，若出现不当行为，"一处失信，处处受限"，给其带来的不便利或惩戒是一种很好的动员方式。除开道德惩戒，市场惩戒、社会惩戒、公权力机关的惩戒一般会造成物质利益受损。

　　信用缺失导致物质利益直接受损的动员。比如江苏省生态环境厅和省发展改革委联合出台政策——《省发展改革委　省生态环境厅关于完善根据环保信用评价结果实行差别化价格政策的通知》，该通知提出针对

①　刘仁贵：《利益考量：道德认同的现实基础》，《道德与文明》2017年第4期。

环保信用评价结果为较重失信的红色等级和严重失信的黑色等级企业，其用电价格将在现行电价标准基础上，每千瓦时分别加价 0.05 元和 0.10 元。该通知规定，用于执行差别化电价政策的企业环保信用评价结果，以每半年最后一日"江苏省企业环保信用评价系统"自动生成的评价结果为准。江苏省生态环境厅分别于 1 月和 7 月的前 5 个工作日内，汇总前半年评价结果，公布较重失信和严重失信企业名单，报送省发展改革委、省电力公司，用于执行差别电价政策。

信用缺失关联其他物质利益受损。在互联网时代，信用信息共享，广泛使用联合惩戒，在一定程度上解决了以往执行难的问题。一方面，某一方面的失信行为影响到衣食住行的其他方面。由国家发展改革委和最高人民法院牵头，中国人民银行、中央组织部、中央宣传部、中央编办、中央文明办、最高人民检察院等 44 家单位于 2016 年 1 月 20 日联合签署了《关于对失信被执行人实施联合惩戒的合作备忘录》，一共分为八类联合惩戒措施（见表 3-5），共提出 55 项惩戒措施，对失信被执行人设立金融类机构、从事民商事行为、担任重要职务、享受优惠政策等方面进行全面限制，更大范围惩戒失信被执行人。[①]

表 3-5　《关于对失信被执行人实施联合惩戒的合作备忘录》内容解析

类别	内容	案例
第一类	对失信被执行人设立金融类机构的限制措施	例如有地方限制失信被执行人设立融资性担保公司、保险公司
第二类	对失信被执行人从事民商事行为的限制措施	例如境外机构投资者、合格境内机构投资者额度审批和管理中，将失信状况作为审慎性参考依据
第三类	对失信被执行人行业准入的限制措施	例如限制招录（聘）其为公务员或事业单位工作人员等
第四类	对失信被执行人担任重要职务的限制措施	例如限制担任金融机构的董事、监事、高级管理人员等
第五类	对失信被执行人享受优惠政策或荣誉的限制措施	例如对失信被执行人为律师、律师事务所的，在一定期限内限制其参与评先、评优

[①]　潘毅：《44 部门联合签署惩戒失信人备忘录 明确 55 项惩戒措施》，央光网，2016 年 1 月 21 日，http://china.cnr.cn/xwwgf/20160121/t20160121_521195091.shtml，最后访问日期：2023 年 12 月 20 日。

类别	内容	案例
第六类	对失信被执行人高消费及其他消费行为的限制措施	例如限制乘坐飞机、列车软卧、高铁，限制子女就读高收费私立学校等
第七类	对失信被执行人限制出境、定罪处罚的限制措施	例如对规避、妨碍、抗拒执行的被执行人依法采取限制出境等措施
第八类	协助查询和公示失信被执行人信息的措施	例如协调相关互联网、新闻信息服务单位向社会公布失信被执行人信息

　　每个月国家公共信用信息中心都会发布新增失信联合惩戒对象公示及公告情况说明，比如 2019 年 5 月，铁路总公司提供 302 名失信执行人，主要涉及在动车组列车上吸烟或者在其他列车的禁烟区域吸烟、扰乱铁路站车运输秩序且危及铁路安全、造成严重的社会不良影响、无票乘车、越站（席）乘车且拒不补票等，将限制这些人乘坐所有火车席别。

　　除此之外，联合惩戒因为互联网强大的力量，确实能带来积极效应，但也要防止过度解读或者曲解政策。有媒体报道称，温州苍南县饶先生的儿子可能无法被北京大学录取，原因是饶先生欠银行 20 万元贷款，欠款时长两年多，之前一直不还款。听到这消息后，饶先生马上联系银行，分分钟还清欠款。看到这样的新闻，确实能产生彰显正义的快感。经年不还欠账，直到"老赖"的孩子要上大学，终于掐准了他的命门，一举讨回陈年老账。一些围观者或许会发出"不是不报，时候未到"的感慨。但"老赖"所涉及的主要是经济问题，子女不应该为父母的"黑历史"背锅。对项目的执行应该恪守法律边界。

　　除物质利益受损之外，精神利益的受损，特别是舆论带来的压力也是社会诚信建构中舆论动员的手段之一。中国人向来爱面子，一旦曝光自己的失信行为，公布黑名单都会有"面子困扰"。比如微信朋友圈精准曝光"老赖"，利用社交媒体进行曝光，这样在自己的熟人社交圈子曝光比在陌生人圈子曝光要有效，有威慑力。精准曝光的积极意义也是很明显的。利用微信朋友圈曝光"老赖"信息，实际上是开展"面子攻势"，此举有法可依。面子具有伦理道德蕴涵，我们同时也可以利用"面子"来建构伦理道德。戈夫曼首先提出"演剧理论"，他认为："'面子'是指在某一特定的交往环境中，个人按照他人与自己都会遵循的一个行为准绳，而有效地声称自己所得到的那个正面社会价值。"① 人类学者斯托佛给"面子"做出了如下定义："中国人的'面子'是一套精心设计的规范，这套规范是用来维系阶级差距和人际伦理的稳定性的，具体表现为一种社会意识，这种社会意识会使人们在社会化过程中不知不觉地接受它，并且以它来要求自己在社交中的行为表现。"② 再后来还有两位人类学家布朗和利文森从语言学角度对"面子"进行研究后提出了"面子"的礼貌理论，他们给"面子"的定义是："每个人要求他人认可自己公众的自我形象，它是一种情绪上的投入，可以丢失、维持和增加，并且是在交往中需要时刻被留意的东西。"③

（三）"互联网场景应用+话语修辞+情绪联动"的舆论动员路径拓展

在互联网时代，网民自主、平等、互动性交流有了可能，网民的意见有了表达的渠道。情绪传播是公共舆论和舆情的一种表现，是公众态度和意见的重要显现方式。网络信息传播中用户的情绪化表达愈演愈烈，并且造成了较多群体性事件，这成为当代社会风险的重要内容之一。公众的情绪影响甚至建构着舆论生态。情绪或者情感也是社会动员的可利用元素。网络时代的动员更具情感性，人们在传播信息时因为媒体终端与人身体的黏性，突破以往的时空限制，突破以往媒体与受众之间的物质性距离，从而在传播信息时更容易带有个人情绪。网络话语建构社会场景，人们置身其中，能产生共同的情感、情绪，这是实现动员的一个前提条件。情感动员是舆论动员一个不可缺少的内容。"互联网技术的革新与发展，互联网场域逐渐成为思想、文化、信息的汇集地，凸显了语言是沟通行动的杠杆作用。"④

情感动员与符号动员往往结合在一起使用。在网络动员过程中的动员口号、动员标语等都是具有象征意义的表现符号，主要是以悲情叙事、

---

① 翟学伟特约主编《中国社会心理学评论》（第二辑），社会科学文献出版社，2006，第188页。
② 翟学伟：《中国人的脸面观——形式主义的心理动因与社会表征》，北京大学出版社，2011，第190页。
③ 翟学伟：《中国人的脸面观——形式主义的心理动因与社会表征》，北京大学出版社，2011，第191页。
④ 何国平：《网络群体事件的动员模式及其舆论引导》，《思想政治工作研究》2009年第9期。

蒙冤叙事、苦难叙事、情感渲染和道德谴责等"社会剧场"手段作为话语策略。①媒体修辞是意义建构的文本表达，真实的新闻故事是媒体修辞的源泉和基础。只有基于真实报道和真情实感基础上的意义建构，才能获得公众的集体认同，并使得媒体的意义建构内化为公众的情感认同和精神认同，从而转化为具有持续性的、连贯的社会集体行动。作为一种公共修辞，媒介话语具有强烈的政治隐喻和象征意义。公共修辞是公共话语的一种建构和生产方式，是一种说服与认同的话语建构艺术。它以话语的方式进入公共领域，进而在公共话语框架内达到公共议题建构以及公共政策制定的政治目的。②

话语可能成为关键词推动事件发展，成为触动人们神经的按钮，从而引起人们共有的情绪。比如在某学术不端事件中，事件的缘起或者爆发点就在"不知知网"这四个关键字，一个曾在微博上晒自己写博士学位论文照片的人居然不知道知网，在这个事件后面的动员中，网民围绕其论文抄袭、教育公平等话题展开讨论，逐步推动事情往前发展。网民得到相关部门的回应，此类事件包括科研诚信，引起了全社会特别是政府部门的重视。

另外，通过语言奠定基调，达到舆论动员的作用。比如2019年6月15日，"湖北日报"微信公众号等媒体发布了这样一则新闻《欠下32万元住院费，湖北这家医院让患者出院了，2年后发生了这一幕……》，2019年6月17日，"人民日报"微信公众号转发。信息传播已经突破地域限制，在更大范围内宣传。一看到标题，便想知道背后的故事。原来是患者欠下巨额医疗费，恩施州中心医院不谈条件先救命。时隔两年，当事人补上欠款32万元。这样的叙事足以让我们感受到"不负信任"的力量。就如病人的丈夫所说："医院那么信任我们，我们要讲诚信，不能辜负他们。"医院重症医学科主任田仁富一行还专程到病人家回访。田仁富说："医生的职责就是治病救人，向家的还款举动让我们感觉到做医生的价值，也印证了守信用、重承诺的社会正能量正深入人心。"③

---

① 徐祖迎：《网络动员及其管理》，南开大学博士学位论文，2013。
② 刘涛：《网络造句：公共议题构造的社会动员与公共修辞艺术》，《江淮论坛》2012年第1期。
③ 刘畅：《欠下32万元住院费，湖北这家医院让患者出院了，2年后发生了这一幕……》，《湖北日报》2019年6月15日。

对此，很多网友深表感动，纷纷留言互动（见图3-3）："医患之间相互信任""这个世界上什么最值钱？信用！""诚信回报人心，社会需要正能量""人与人之间信任，赞赞赞"。可见，这一事件激发了网友的情绪。网友在一定程度上产生了共鸣。

图3-3　网友留言截图

在情绪传播或者情感动员中，明显化的情绪容易被传播和放大，隐匿性情绪的释放需要较长时间才能产生影响。互联网时代的各种媒体技术在情感动员方面发挥着显著作用，但情绪化和不理性的声音时常存在，这需要借助其他的力量来加以平衡。大众媒体和政务媒体提供权威信息，社交媒体同时提供政府与公众、媒体与公众双向沟通的平台，促使舆论场中产生理性话语和建设性话语，引导舆论走向理性和平和，网民的负面情绪由此得到不同程度的疏导，从而规避风险或者防止风险扩大。利用好网民的正面情绪，触发网民的情感，抓住网民的社会心理，采用合适的策略进行动员。

二 互联网时代社会诚信建构中舆论动员的符号动员路径拓展

要想让诚信的理念和意识深入人心，离不开积极正面的新闻宣传和舆论引导。在诚信动员的过程中，除了社会行为层面的动员，通过传播开展的"符号动员"也起着关键性的作用。"符号动员"是指通过各种信息符号的交互立体式传递过程来明确意义，激发情感和行动力。① 社会诚信建构之所以在各个领域取得诸多成绩，与全社会建立起了相互共享、相互理解的意义体系即符号体系不无关联。这是社会共识达成的前提。常见的"符号动员"主要有以下几种。一是从文本角度研究话语、修辞、符号以及文化资源等对行为的作用或者影响。二是信息符号的动员，比如动员主体借助横幅、标语、口号、流行语、宣传动画片等线上与线下的符号建构意义，发起动员，促进共识的达成，将更多的力量凝聚在目标意义框架下，进而达成"框架共鸣"。三是运用精神伦理符号带动情感认同从而形成社会动员机制。精神伦理符号学是一种人类社会的生活态度和世界观，它试图通过对人类的批判与反思，从符号角度和伦理角度来反观社会个体作为"符号活动的动物"和"伦理符号的动物"，对大自然及其生命个体的关怀与责任。②

公益广告是为公众利益服务的非商业性广告，旨在以倡导或警示等方式来传播某种公益观念，促进社会精神文明建设。③ 公益广告最早出现在 20 世纪 40 年代初的美国，随后在全球范围内迅速发展起来。而我国公益广告的发展始于 20 世纪 80 年代。作为社会公益事业的重要组成部分，几十年来我国公益广告发展迅速，积极传播社会主流价值，弘扬社会公德，倡导积极健康的生活方式，抵制不良的社会行为，在建设社会主义精神文明、建构社会主义核心价值体系的过程中发挥着重要作用。本书以公益广告为例，研究互联网时代社会诚信建构中"符号动员"的路径。④

---

① 〔美〕艾尔东·莫里斯、卡洛尔·麦克拉吉·缪勒主编《社会运动理论的前沿领域》，刘能译，北京大学出版社，2002，第 94 页。

② Wilson, J., "Volunteering", *Annual Review of Sociology*, 26, (2000): 215-240.

③ 潘泽宏：《公益广告导论》，中国广播电视出版社，2001，第 4 页。

④ 胡亚婷、方艳：《互联网时代诚信建构中公益广告的舆论动员》，《现代视听》2020 年第 2 期。

（一）互联网时代公益广告的诚信动员作用

社会诚信体系的建构需要社会各方同心协力，公益广告不仅能面向全社会宣传诚信的价值、弘扬诚信理念，在互联网时代也能演变成一支强大的诚信教育及舆论动员力量，帮助诚信行为有效落实。互联网时代，利用公益广告进行诚信教育及动员有如下优势。

1. 简洁高效

无论哪种形式的公益广告作品，一般来讲体量都比较小，虽然占用较少的版面、较小的空间或较短的时间，但意义深远，正能量满满。诚信公益广告"小身材，大容量"，能将深刻的道理蕴含于简单的话语、简洁的画面及短小的影像之中，高效率地将诚信观念传递给每一位受众。

2. 艺术渗透

公益广告是一种艺术化的传播方式，它通过各种艺术表现方式打开受众的情感入口，以倡导、规劝、警示、讽刺等方式引起共鸣，避免引起逆反心理，使大众在审美愉悦中慢慢接受诚信教育，认可诚信价值。

3. 互动参与

网络传播具有强互动的优势，促使公众可以便利地参与到社会诚信建设中来。他们可以通过视频网站或其他平台自主上传诚信公益广告视频作品，还可以通过评论、转发等方式促使网络空间内诚信公益广告信息的流动和诚信意识的传播。这些都有助于社会诚信观念的传播。

（二）公益广告中的诚信动员的表现手法

1. 以直接的道理阐释、口号宣传倡导诚信

诚信主题的公益广告中，最常见的一种表现手法是直接向公众宣传诚信的价值，倡导公众树立诚信观念，并号召大家信守承诺。比如"无信不立，无诚不行""诚信为本，诚信无价""诚乃立身之本，信为道德之基""诚实做人，诚信做事""内不欺己，外不欺人""诚实守信，一诺千金""诚信经营，信誉至上""诚信纳税、一路畅行""信赖源自诚信，诚信创造未来""公平诚信——诚实守信，托起幸福生活"等。这类公益广告观点鲜明、通俗易懂，制作起来相对简单，在平面广告中运用得更为普遍。但是运用不好，以教条化的口吻宣讲诚信的价值，以简单的口号呼吁大家信守承诺，常常给人以空洞乏力之感，无法带来情感

的触动和心灵的反思，很容易被遗忘。因此，在制作时要加强艺术性、思想性、启发性。比如第六届重庆市公益广告大赛平面类获奖作品"诚实守信做人之本系列"，包括《瓜子篇》《桂圆篇》《花生篇》，艺术性较强。该系列作品从生活中人们熟悉的三种带壳食物瓜子、桂圆和花生入手，从它们的果实中存在的外表饱满新鲜但内核干瘪的现象引出对诚信的思考："心不诚表何用，表里不一，怎能诚信于天下！"从视觉效果来看，三幅图都以浅灰色为背景，显得干净素雅。画面左边是剥开壳的食物，后边是大小不一的黑红两色文字，构图简单大方。作品选材贴近生活，文图配合紧密，不矫揉造作，不刻板说教，于简单现象中传递出诚信理念，给人留下较深的印象。

2. 以正面的诚信故事进行道德感召

公益广告通过再现信守承诺的真实生活故事，拉近和受众之间的心理距离，触发人们的情感共鸣，进而对观众产生潜移默化的劝导与暗示作用，感召力强。其实，诚信绝不仅仅是抽象的观念和价值，而是实实在在地融于现实生活的方方面面。我们的身边不乏诚信之人、诚信之事。制作者用敏锐的目光进行捕捉，然后进行提炼、概括，再通过艺术手法呈现在公益广告中，人们感受到的将不再是"假、大、空"的说教，而是有血有肉的生活经验的集结，能从"小人物""小事件"中领悟到"大道理"，加深对诚信价值的理解，并且也使自己的行动有了参考模板。例如，中央电视台诚信公益广告《早餐店篇》讲述了一家传统小早餐店经历的特殊一天。早上，儿子冲进店里告知正在忙碌的夫妻俩：奶奶晕倒了，而当天的生意做了一半，继续营业或者立即关门回家都不妥。思索片刻后，老板娘竖起了一块牌子"家中有急事，早餐请自取自付"后便和丈夫一起迅速离开。一天忙碌结束以后，老板娘数了数钱盒子，意外发现里面的金额竟比平时还要多。这多出的营业额体现了街坊邻里之间的深厚情谊，更体现了诚信的道德风尚已成为人们的基本素养。该片情节简单，场景真实，画面朴实，用平凡生活中的诚信之光带给人心灵的震撼。我们发现，普通人的生活故事更贴近受众心理，感染力及号召力更强。

3. 以反面的失信行为进行警示、讽刺

公益广告或将一些不诚信行为的丑态暴露出来，以讽刺批评的方法激起人们的羞耻之心；或将失信带来的严重后果和危害展示给受众，形成强烈的视觉冲击，以起到警示作用。相对于直接倡导和正面触动，这种从反面出发的广告，往往更具威慑力和督促性，以帮助不诚信现象得到改善。例如，中国人民银行金华市中心支行推出的公益宣传片《诚信危机》，以动画的方式，展现了主人翁"小王"贷款逾期、费用拖欠、恶意逃避债务等失信行为造成的严重后果，不仅去银行贷款被拒，而且出境受阻、升职泡汤、购物受限……最后提醒大家珍爱信用记录。该片人物形象生动，情节简单，失信原因和后果均以字幕呈现，让人轻松认识到信用记录的威力。再如中央电视台推出的诚信公益广告《窍门篇》，先展示男主角"王小聪"撒谎、逃缴停车费、逃票、把旧衣当新衣拿去退钱等日常生活中投机取巧的各种"小窍门"，然后其取巧反被欺骗后大喊"你们的诚信呢"，再以旁白"你的诚信呢"发出拷问，发人深省。该片内容贴近生活，表演诙谐幽默，避免了刻板说教，引发受众对当今社会经济发展与诚信缺失并存现象的关注与思考。

（三）互联网时代诚信公益广告发展策略

当前，诚信主题的公益广告不仅数量较少、质量不高，对微博、微信公众号等新媒体形式的运用不多，在网络上的影响力也相当有限。多数作品播放量不过万，评论区更是寂静无声。可以说，从整体来看，社会诚信构建的公益广告网络动员相当乏力，急需提高。

1. 以高质量的作品促进诚信广告的信息流通

无论通过什么渠道、什么方式，公益广告要想获得更多的传播机会和受众认同，都要依靠广告自身的质量。近年来，泰国广告不仅多次获得全球重量级广告大奖，其公益广告在我国的各大网络平台上也赢得了不错的关注度和良好的评价。其良好的网络传播效果依赖的就是其绝妙的创意、对情感的细腻把握和精良的制作水准。在四通八达的互联网中，信息是个体间沟通的桥梁，只有具有吸引力的诚信公益广告才能得到更多被点击、查看、点赞、评论及转发的机会，凭借网络口碑实现信息更大范围内的共享，推动诚信动员的层级递进。因此，制作者们首先要努力的方向便是提高作品质量，让公众感到诚信广告有趣、好看，能发自内心地接受、喜欢，并主动对广告内容进行"二次传播"。

在取材上，多从鲜活的现实生活着眼。善于发掘平凡生活中的各种诚信现象，运用普通人身边的故事去诠释诚信的价值和意义，以真实的场景、真诚的情感获得认同。

在表现手法上，增强创新意识。在新媒体时代，平淡无奇、缺乏创意的广告作品要想在信息海洋里脱颖而出较为困难。诚信公益广告的创作应尽量避免说教式、口号式的传统表达方式，用新颖独特、紧跟时尚潮流的创意手法带给受众以震撼。

在视听表现上，要善于运用各种视听元素。加强对画面构图、色彩影调的处理，对环境声音、背景音乐的运用，大胆引入高科技的数字影音技术，使诚信公益广告更具艺术魅力，更加引人入胜，让受众在美的享受中自觉地接受诚信教育。

在作品形式上，要不断丰富。新媒体发展日新月异，受众群体也日益庞大，诚信公益广告中体现新媒体特质的作品数量相当有限。在互联网时代，诚信公益广告除了考虑制作传统的平面广告、电视广告、户外广告等，还应该大力开发更符合时代潮流的其他广告形式，比如 H5 微信推广、LED 电子显示屏广告、在线互动游戏广告、AR 及 VR 广告等。在新媒体环境下的广告创作还应注重人们的交互习惯，在广告设计中注重情感、文化、想象等因素的融入，激励人们参与互动，达到触动情感、促成行动的目的。

2. 以大数据技术推动诚信广告的精准传播

随着时代的发展，广告信息传播的速度和效率大大提升，但是面对海量信息带来的复杂环境，广告主要想把广告信息准确传递给目标受众却更加困难。社会主义诚信体系的构建是一个系统而复杂的工程。从主体来看，诚信可以分为个人诚信、企业（组织）诚信和政府诚信。从内容来看，诚信体系包括政务诚信、商务诚信、社会诚信和司法公信等。诚信公益广告中所说的诚信，有的囊括各个类型，比如"诚信为本，诚信无价"，这种广告传播的对象是全体社会成员；有的则特指某种类型，比如"诚信经营，信誉至上"针对的是商务诚信，主要涉及从事经营活动的人和组织；"要诚实守信，廉洁奉公。不弄虚作假，贪污受贿"针对的是政务诚信，涉及的是政府工作人员。不同的诚信公益广告所针对的人群各不相同，如不能精准送达目标受众，再精彩的广告作品也无法产生好的传播效果。

在当前的新媒体时代背景下，大数据的作用越来越凸显，各种信息传播活动都离不开对大数据的分析和运用。因此，诚信公益广告的制作和传播，也要好好利用大数据技术。一方面，通过数据挖掘从海量庞杂、零散的数据中提炼出目标受众的生活习惯、态度观念、生活方式等方面的数据，准确把握目标受众的特性和喜好，有针对性地创作出符合其"口味"的诚信公益广告作品。另一方面，可以收集用户的年龄、职业、收入、地域、媒介接触习惯、媒介接触内容等方面的数据，进行归纳、分析，精准到人地推出不同内容的诚信公益广告。比如，对收入较高的群体推送诚信纳税的广告，对个体工商户推送诚信经营的广告，从而提高传播效果。

3. 以网络社群传播塑造诚信价值认同

诚信公益广告的网络传播主要有两条途径：一是依靠政府机关、官方媒体以及广告协会等创办的网站，这些网站多采用栏目化的方式对公益广告进行集中传播，而公益广告栏目点击率往往并不高；二是依靠各视频网站的用户自主上传，和各类娱乐性更强的视频内容相比，公益广告整体所占比重低，而其中关于诚信主题的广告数量极少，且播放量也很低。这种状况主要是因为公众的公益理念还比较薄弱，习惯性地认可政府和官媒主导的公益广告模式，认为公益广告事业是政府和官媒的责任。因此公众亲身参与诚信公益广告传播的积极性不高，传播效果有限。其实，网络世界遍布着大小不一的社群组织，网络社群传播具有覆盖面广、传播迅速、交互性强、成本低廉等特点，活跃的网络社群能高效地连接、组织成员，搭建交流互动平台，并于信息与情感交流中产生强大的共鸣效应。当前，微信、微博等网络社群在公益广告宣传中扮演越来越重要的角色。例如，为改善贫困地区学生的营养问题，搭建春苗营养厨房，安利公益基金与影星于 2015 年 5 月 14 日在微博携手发起"白饭行动"，号召网友在 5 月 20 日晒出只吃饭不吃菜的照片。截至 5 月 26 日，"#白饭行动#"话题在微博阅读量近五千万，而由此产生的公益效应，使得腾讯公益平台与新浪微公益平台的募捐总数超过 88 万元，取得了令人满意的效果。以网络社群传播塑造价值认同，是实现诚信公益广告深入传播的有效途径。集体认同感是网络动员的重要资源，网络动员的目标就是让参与者共享某种价值与意义，逐渐形成身份认同与集体认同，建立网络群体关系，进而发展为集体行动。[1] 无论是政府机构、企业还是公益组织，在利用公益广告进行诚信动员时，都应该加强议程设置，设法激发网络社群传播活力，同时对社群传播进行有效管理，防止不当言论和不良情绪的扩散。

4. 通过借势传播提升诚信公益广告关注度

虽然网络媒介传播范围广、速度快，但是在信息的海洋里，要让自己被广大网民关注并不是一件容易的事情。诚信公益广告本就数量有限，被动等待网民主动搜索，必然无助于作品传播效率的提升。在市场营销领域，借势营销是一种有效的营销手段。企业及时抓住广受关注的社会新闻、热点事件以及人物的明星效应等，结合企业或产品在传播上的目的开展一系列相关活动，能够以较小的成本推销商品及服务，帮助提高品牌及企业的知名度。诚信公益广告也要善于借势，使受众在关注其他事物的时候，能轻易地接触到诚信公益广告，提高广告传播效率和话题讨论度。具体来说，主要有以下两种借势方式。

一是借助名人。名人的影响力早就被各商家重视，在当前的商业广告领域，"名人代言"作为一种有效的广告手法被广泛使用，众多影视明星、体坛名将、社会名人频频亮相各类广告，帮助一些产品和品牌取得了不错的经济效益。在诚信主题的公益广告拍摄及宣传中使用名人，不仅更容易引起人们对诚信问题的关注和讨论，而且名人作为意见领袖，更容易劝服人们接受诚信理念。

二是借助热点事件。无论是自然界还是社会生活中，每天都会发生一些大大小小的事件，其中部分引起了广泛关注、讨论，激起了民众情绪，引发强烈反响的事件，我们称之为热点事件。面对热点事件，人们常会通过各种渠道了解与之相关的信息，因此它们也成为媒体报道的焦点。当影响力较大的诚信事件，比如奶粉造假事件、明星学位造假事件发生后，公益广告虽然很难直接参与热点事件本身的进程或者媒体报道中去，但是可以迅速推出相关广告，使人们在搜索或阅读相关新闻时接触广告信息，接受诚信教育，加深对诚信问题的认知与思考。

为了更好地推动中国青年信用体系建设，引领青年弘扬诚信精神，

---

① 黄薇：《基于社会化媒体的公益广告网络动员》，《传媒》2015 年第 19 期。

让诚实守信成为新时代的青春潮流，2019 年 1 月 10 日，由共青团中央青年发展部指导，中国青年报社、中国青年诚信行动办公室共同主办，中青在线、酷狗音乐联合承办的"点赞诚信"手指舞众筹活动正式启动。本次活动在中国青年报客户端和酷狗音乐平台分别开设专题，同时还在新浪微博开设"#诚信点亮中国#""#点赞诚信#"话题页，广大网友可通过活动专题或微博话题上传模仿或创意编排的"点赞诚信"手指舞。众筹来的系列小视频将被整合制作成"点赞诚信"手指舞宣传短片，面向全网推广传播。某公认手指好看的明星率先为大家做了示范，一段时长 24 秒的精彩手指舞视频《点赞诚信》首先和大家见面。随后，不少明星、高校师生、普通网友纷纷响应。截至 2019 年 6 月 28 日，"#点赞诚信#"话题阅读量突破 2.9 亿次、讨论量为 194.5 万次（见图 3-4）。"#诚信点亮中国#"话题阅读量突破 3.5 亿次、讨论量为 267.3 万次（见图 3-5）。

图 3-4　"#点赞诚信#"话题阅读量

图 3-5　"#诚信点亮中国#"话题阅读量

2019 年 4 月 22 日，由六位明星及青年学生、诚信青年代表共同出演的"中国青年诚信行动"主题 MV《说到做到》正式亮相。截至 2019 年 6 月 28 日，酷狗音乐 App 上，该视频点击量达到 25 万次。在"中国青年报"微博上，该视频点击量达到 849 万次，转发量为 118 万次，点赞为 1.6 万次。两个平台上四千多条评论几乎全是肯定态度。其中，酷狗音乐用户"早逝流年"留言："诚信考试，诚信做人。超喜欢这个 MV。"微博用户"留不住往愿的欣"留言："跟着正能量偶像一起宣誓！百年传承，今日到我；激荡未来，壮志在我；青春万岁，强国有我。""邮差先生阿"留言："唯有诚信，个人才能立足于社会；唯有诚信，一个民族才能永葆强大的万世根基，与他们一起以诚为本，用诚信构筑自己美丽的人生。"从各方反应来看，无论是"点赞诚信"手指舞视频还是《说到做到》MV，均取得了不错的传播效果，网友反响极其热烈。其原因主要得益于以下几点。

第一，明星演出吸眼球。手指舞视频和《说到做到》MV 集结了众多明星。明星的光环使得视频一亮相便吸引了诸多民众和媒体的关注。青年群体喜欢潮流时尚，更容易对明星产生关注和崇拜心理。庞大的明星阵容不仅能赢得各家粉丝的大力捧场，就是对不追星的普通青年来说，也会吸引他们去点击视频观看。所以，这些视频的点击率都大大超出其他非名人出演的诚信公益广告。

第二，歌舞上阵形式新。"点赞诚信"手指舞和《说到做到》MV 都是音乐视频形式的公益广告。而将公益信息融进歌曲演唱之中，以声画结合的方式传递公益主张，观赏性和娱乐性较强，比一般影视广告更能引起人们的兴趣，也更利于反复传播。"点赞诚信"手指舞的配乐，旋律朗朗上口，歌词清新质朴，辅以近年流行的手指舞这种简单易学的表演方式，号召新时代青年坚守诚信底线，"且把诚信放心间，陪伴我一路向前"。观众在观赏《说到做到》MV 的过程中，既获得了音乐带来的美好享受，又被满满的正能量所感染，同时接受了诚信教育。

第三，多平台合力聚青年。"点赞诚信"手指舞挑战活动和《说到做到》MV 主要依靠中国青年报客户端、酷狗音乐平台和新浪微博这三个传播渠道。微博是一个基于用户关系的信息分享、传播以及获取平台。自 2009 年 8 月正式进入中文上网主流人群视野以来，微博凭借快捷、创新的沟通方式逐渐发展壮大，成为国人最喜欢的三大社交平台之一。特别是对于年轻人来说，玩微博可谓生活中不可缺少的一部分。听音乐是年轻人喜爱的娱乐方式，酷狗音乐是国内领先的音乐搜索和下载平台。中国青年诚信行动通过新浪微博和酷狗音乐两个渠道对青年人群进行诚信动员，容易引起年轻人的关注和讨论。而《中国青年报》是中国共产主义青年团中央机关报，中国青年报客户端是国内非常具有权威性的媒体新闻软件，对我国青年和青年组织起到思想引领作用，与之相关的组织机构特别是各地团委积极响应活动，转发视频、拍摄手指舞视频等，扩大了舆论引导的范围，并将线上与线下相结合，将线上舆论动员转化为线下活动，这有利于建构行动的开展。

三　互联网时代社会诚信建构中舆论动员的知识生产路径拓展

在充满不确定性的社会，有效的知识生产、知识传播与知识赋能可以提高人们的认知能力，是帮助人们穿越信息迷雾、在黑暗中找到方向的"灯塔"，是构建社会共识进而形成社会凝聚力、战胜危机的底层逻辑。[①]

知识生产可以激发舆论反应，在互联网信息良莠不齐的舆论场发挥重要作用。知识生产更多的是一种公共理性的引导，与前文所述的情绪动员有着不同的侧重点。知识生产有利于动员对象积累常识，提升对社会相关领域或者相关对象的信任度。知识具有动员功能。知识动员由知识生产、使用、中介三个部分构成，这三个部分在一定的社会语境中交互作用，形成了知识动员活动。[②]

（一）社会诚信建构的舆论动员的知识生产路径

知识生产，应建立起动态监测机制、即时反馈系统以及风险预测和预警机制，实时把握话题传播情况、议题迁移趋势和情感演化态势；建立起预案库、知识库，及时提供可供选择的知识动员方案。[③] 这些机制

---

① 杜智涛：《知识动员：促进社会共识及社会协作的新路径》，《人民论坛》2022年第15期。

② Levin, B., "Mobilizing Research Knowledge in Education", *London Review of Education*, (2011): 9.

③ 杜智涛、谢新洲：《利用灰色预测与模式识别方法构建网络舆情预测与预警模型》，《图书情报工作》2013年第15期。

应超越社交媒体平台的边界，以任务目标为导向，营造一个泛在的知识动员空间，促进形成更广泛的社会共识，为大规模社会协作和社会治理提供基础。知识生产可以通过曝光不诚信行为，为公众提供更多的信息和选择，推进诚信文化的建构，即当媒体报道某些不诚信的行为或者现象时，大量的公众关注和讨论将进一步引起更广泛的舆论反响，在讨论中很多时候伴随着知识的生产、常识的补给，从而扩大不诚信行为的曝光范围，促使人们对这些行为进行更理性的思考，并对相关行为进行道德谴责，形成更大的舆论压力。曝光不诚信的行为本身就属于一种知识生产，它涉及对不诚信行为的认定、分析，甚至对解决方案的探讨。随着二手车交易市场的快速增长，不少消费者在购买二手车时遭遇不良商家的欺诈。比如，私自改装车辆、虚假宣传车况、隐瞒车辆事故信息等。为了打击这些不诚信的行为，"汽车点评""二手车之家"等平台通过积极收集消费者的投诉和举报信息，展示商家的不良行为，向公众普及有关汽车交易的相关知识，让消费者更好地保护自己的权益。通过这样的知识生产方式，公众可以更加理性地看待商家的宣传和承诺，提高辨别真伪的能力，降低被不诚信商家坑骗的风险。同时，对于商家来说，曝光行为也是一种监督和警示，可以提高其诚信经营的意识，避免不必要的法律风险和声誉损失，从而促进整个市场的健康发展。

知识生产，可以引导舆论的方向，帮助人们形成正确的认知和理念。通过事实和数据分析，让人们认识到相关的风险，提醒人们注意规避风险，从而促进良好舆论氛围的形成。同时，引导公众形成正确的认知和理解，针对某些误解和不准确的报道，及时做出澄清和解释，避免公众被偏颇的舆论影响。提倡公开透明的沟通和交流，加强双方对话，以理服人，以德服人。比如对于虚假新闻带来的舆论效应的防范，以知识生产来引导舆论，可以从以下几方面努力：一是通过多渠道的数据收集和分析，利用人工智能等技术对海量信息进行筛选和分类，及时发现虚假新闻，进行辟谣，从而阻止虚假新闻的进一步传播；二是打铁还需自身硬，提倡数据来源公开透明，以自身的公信力打动人，用自身过硬的知识生产帮助公众更好地理解数据和判断信息的真实性；三是加强媒体机构与相关社会组织的联合，共同打造信用评估和认证机制，形成良好的社会氛围，提高信息发布者的责任意识和信誉度；四是利用人工智能，进行个性化推荐，精准推送相关知识，构建个体的认知结构。

知识生产，可以推动立法和规范建设。当公众对某些不诚信的行为给予更多的甚至是持续的舆论关注时，就会对相关的部门形成舆论压力，政府和有关部门将会更加重视相关问题。舆论动员中的知识生产可以针对性地提供政策制定的依据，甚至可以提供平台，展示专家学者的决策建议，从而加大社会诚信建构的制度保障力度。比如在科学研究领域，可以对学术论文抄袭、作弊等不诚信行为进行分析，对学术不端行为建立追责机制，建立黑名单制度，提出相应的法规和制度建议，从而形成科研诚信建构的良好氛围。在食品安全的相关领域，可以通过深入地调查研究，评估各类食品安全问题的风险等级，提出相应的技术方案、管理制度和政策建议，同时给公众普及例如添加剂的相关知识，避免公众谈添加剂而色变。

（二）社会诚信建构舆论动员的知识生产实践

社会诚信建构中舆论动员的知识生产涉及多元化的社会主体，体现了各自不同的立场和态度。从实践利益主体的博弈中我们也能看到事情的问题所在。我们以"直播售假燕窝事件"即某快手主播及其团队成员在直播间售卖"糖水燕窝"为例进行分析。

2020年10月25日，某直播团队的主播在直播时向粉丝推了一款燕窝产品。此事件介入的第一主体即消费者。2020年11月4日，有消费者质疑该主播在直播间售卖的即食燕窝"是糖水而非燕窝"，并要求该直播团队负责人对此做出解释。此事件介入的第二主体即职业打假人。从2020年11月7日开始，某职业打假人发布多篇博文，继而出具相应的检测报告，他的加入让燕窝事件热度发酵，在他的论述里涉及该直播团队售卖的燕窝不是燕窝、不符合食品安全标准以及直播话语"贴钱卖"的欺诈行为。由此，燕窝事件被从几个层面进行了定性，这有别于消费者直接而感性的体验。2020年11月27日晚，该直播团队负责人在微博上发布了《写给广大网友的一封信》，承认该燕窝产品在直播推广销售时，确实存在夸大宣传，将召回全部售出产品，并退一赔三。

随着事情的发酵，开始有媒体传播相关内容，比如澎湃新闻报道相关部门已经介入调查，其中特别值得注意的就是燕窝生产商所在地的厦门市湖里区市场监督管理局已介入调查，随后相关部门对涉事直播公司进行了处理。由此，我们可以看到，燕窝售假事件已经由网络事件发酵，延伸到现实社会中。而且直播中的售假事件，问题不仅仅在于直播主体，与直播所带货物的品牌方或企业也相关。

之后，该直播团队负责人的快手账号被禁 60 天，2021 年 7 月，"直播售假燕窝事件"又有新进展。广州仲裁委员会就辛选旗下沭阳和翊信息科技有限公司（简称"和翊公司"）诉广州融昱贸易有限公司（简称"融昱公司"）一案近日做出终局裁决，确认融昱公司存在误导和翊公司做出虚假或引人误解宣传的商业行为。7 月 20 日，新京报记者就此采访辛选方面，对方回应称"属实"，并透露截至当前先行赔付金额超过4100 万元。天眼查显示，融昱公司企业状态显示"吊销"。2022 年 1 月14 日，河南省消费者协会针对"直播带货即食燕窝消费民事公益诉讼案件"举行诉讼情况新闻通报会。河南省消费者协会此次所提起的消费民事公益诉讼的诉求为：北京快手科技有限公司、直播团队负责人、广州融昱贸易有限公司、广州和翊电子商务有限公司共同承担退一赔三的责任。

对此次事件，人民网、新浪财经等都发表了相关评论，有更深入的探讨。比如带货主播的责任，对自己所推销的商品或者服务需要履行一定的审核义务；品牌方需要保证质量，不得造假。可以借鉴电商平台的保证金制度，"2020 年 12 月 6 日，中国药文化研究会发布的《鲜炖燕窝》团体标准开始实施，该标准要求燕窝原料需检验合格并符合国家食品卫生安全标准，原料应不变色、不霉变、无异味。但对于燕窝的具体用料和分级并没有确切的标准。有专家指出，由于没有国家统一标准，某些燕窝产品除了某些关键指标的差异，还可能有质量上的瑕疵"。①

针对燕窝售假事件，为提升和拓展其舆论效应，知识生产显得尤为重要，可以从以下几个方面着力。

一是燕窝知识的普及。如上文所述，燕窝产品暂时还没有国家统一标准，所以不同燕窝产品就会在一些关键指标上存在差异，由此成为某些主体间博弈的焦点。比如有不良商家利用公众对燕窝的认知不足，以

---

① 《辛巴事件背后："即食""鲜炖"燕窝蹿红 至今未有国家标准》，"新浪财经"百家号，2021 年 1 月 14 日，https://baijiahao.baidu.com/s?id=1688848421319675699&wfr=spider & for=pc，最后访问日期：2024 年 7 月 19 日。

次充好、以假乱真。所以，对燕窝的相关知识比如其来源、营养成分、加工工艺特点等进行普及，有利于消费者更好地辨别真伪。

二是强化消费者保护意识。通过宣传教育、媒体曝光等各种途径增强消费者对假冒伪劣产品的警惕性，提高其识别能力和维权意识，提供有效的维权路径作为参考，提高消费者的信任度和满意度。

三是推进商家信用评价、主播信用评价制度建设。通过第三方机构对商家进行评价、曝光，对那些长期缺乏诚信经营的商家进行严厉打击，引起公众广泛关注，同时也推动整个行业提升信用水平。2022 年 3 月 3 日，《网络主播信用评价体系》团体标准召开编制启动会暨第一次工作会议。2022 年 8 月，《网络直播主体信用评价指标体系》团体标准发布，为网络直播行业诚信建设和规范管理提供标准指引。其适用范围为网络直播平台对网络主播、直播间运营者的信用评价，相关行业组织及第三方机构对网络主播、直播间运营者的信用评价可参照使用，虚拟主播的信用评价也可参照使用。指标体系包含网络主播、直播间运营者等两类信用主体的信用评价指标。此指标体系是对网络直播领域不诚信事件相关舆论的回应。

总之，要推进社会诚信的建构，需要不断加强知识生产，普及相关知识，引导公众关注和参与到相关行动中来。同时需要政府、行业和社会各方联合起来，以正确而丰富的知识为支撑，利用引导、监管和制度建设等手段推动诚信的全面建构。我们还要注意到，作为动员工具的舆论，也可能在事件发展的过程中加入一些与事件无关的因素，比如主播的私生活等受到过度关注。这些非事件本质的内容往往会分散公众的注意力，让人忽视事件背后的根本问题，同时也消耗公众的信任。

第四章　互联网时代社会诚信建构的
心理重塑

　　社会诚信建构的心理重塑是对社会主体心理的重塑和重构，是顺应社会环境变化的必然。它包含的第一层含义是诚信心理是具有"建构性"的，是可建构的；第二层含义是诚信心理需要重塑以适应和推动社会诚信的建构。诚信是一种品格、观念、意志、心理。诚信的本质是知行合一，以真诚之心，行信义之事。人的诚信心理、理念等引导人的行动。诚信心理是社会建构的结果，是一种关系建构，通过互动和认同实现。社会建构论是现代西方心理学中一种新的思想潮流。

　　诚信心理建构在当今社会诚信建构中发挥着核心作用。社会诚信主体的心理建构何以可能，如何建构，建构得如何，这是本章要解决的主要问题。将社会过程引入心理学，强调社会各要素的相互作用，特别是社会文化对个人知识的建构作用，心理上的社会建构主义为诚信主体的心理建构包括诚信教育提供了理论基础。

　　社会诚信的建构包括公共关注、议题聚合、舆论动员、心理重塑、对策行动五个活动。其中，社会诚信主体的心理重塑是社会诚信建构至关重要的因素。比如社会主体对社会诚信以及社会诚信建构这一活动的认同感。认同感关乎社会主体行为的自觉程度，也是社会诚信建构的深层心理基础。而且，互联网时代需要人们具备与时俱进的认知结构和价值观念。心理重塑对于互联网时代社会诚信的建构来说，具有不可替代的重要性。具体而言，舆论动员后的心理重塑，有利于推动社会各主体更积极地支持和参与对策行动，为对策行动的实施和推广奠定更加坚实的基础，搭建有利于对策行动的桥梁。

　　社会诚信的心理建构是为了在社会中形成一种共同的价值观念和道德准则，促进各方面的合作和协调。只有多元主体在社会诚信建构中认可诚信的重要性，对彼此的行为产生必要的认同，社会各方面才能稳定和发展。认同（identity）是人们意义（meaning）与经验的来源。① "认同" 一词的首次使用者是心理学家弗洛伊德。弗洛伊德用它来表示个人与他人、群体或被模仿人物在感情与心理上趋同的一个过程，认同在先，情感联系在后，有了认同才可能有情感联系。社会认同意识是一种被社会公众接受或赞同的社会意识。对于认同的相关研究比较多，很多专家学者在不同的视角有不同的理解。社会学家吉登斯对社会认同如此理解："人在特定的社区中对该社区特定的价值、文化和信念的共同或者本质上接近的态度。" 置于社会环境中，人们的社会认同是集体性的行为和观念，这体现了认同的本质含义。社会认同更是体现了主体间的相互关系，是一个求同存异、此消彼长的动态过程。② 作为社会认同的主体，政府、企业、组织、社会公众在对特定客体（自身或者自身之外的对象）进行衡量与审视之后，形成集体性的人格化认知和支持性的价值判断结果，并做出积极的行为选择，这是社会认同的内在形成机理，同时也完成个人认同或群体认同。

诚信同样需要认同。作为道德品质的诚信，不仅需要自我认同和认知，而且需要他人的认同，从而赢得他人的信任。大到国家、政府，小到家庭、个人，自我标榜诚信从来不是真正意义上的诚信，只有获得群体认同、他者认同及普遍社会认同的诚信才是真正意义上的诚信。社会诚信是一种观念亦是一种重要的社会认同意识，其特征就是在对信任、信用、信誉等属性和价值的抽象概括中形成社会认同观念。③

社会诚信是一种意识、一种观念，它被用来规范人的思想，指导人的行为，这是哲学上的高度概括。需要特别指出的是，由于哲学是从总体上把握世界的最一般的规律，是高度理论化、系统化的世界观和方法论，因而从哲学视角和层次认知分析社会诚信观的内涵，与其他学科有一个显著区别。这个区别就是对社会诚信行为活动进行高度的、综合的理性抽象，即不仅包括人类思想文化史中有关社会诚信行为活动的认知成果的继承和发展，而且包括经济学、伦理学和社会学等学科对诚信行

---

① 〔美〕曼纽尔·卡斯特：《认同的力量》（第二版），曹荣湘译，社会科学文献出版社，2006，第 158 页。
② 鄢英：《浅议社会认同在预防群体性事件中的作用》，《中共乐山市委党校学报》2012年第 6 期。
③ 庞跃辉：《诚信观与社会认同意识》，《江海学刊》2003 年第 3 期。

为活动原则和价值的充分认可，是对人们诚信思维方式和行为方式的高度抽象概括。也就是说，这是把社会诚信观作为一种认知经济社会状态、引导经济社会实践的社会意识来加以理性阐释。① 社会诚信作为一种认知、引导经济社会活动的特定意识，具有与其他社会意识不同的内涵规定性，其本质就是对信用、信任、信誉等属性和价值的抽象概括所形成的社会认同观念。这种社会认同观念来源于个人、群体、社会等层面以及经济、政治、文化等领域中对信用行为、信任态度、信誉价值的理性认知、评价和取向。

在社会诚信建构的过程中，政府、企业、个人是基本的行为主体。它们对诚信的理性认知、评价和取向，对自身的，对社会的，还是对他者的，这都关乎社会诚信能否建构以及建构得如何。

第一节　互联网时代社会诚信主体的心理"建构性"

一　社会建构论心理学的启示

（一）诚信心理社会建构的理论意蕴

社会建构论者强调理论要先行，理论要为实践服务。理论是实践的前结构，具有实践力量，且可以产生积极或消极的结果，因此便需要进行理论反思、辨析和批判。评价一种理论，一方面看其与实践的融合性，即它是否促进了社会实践活动，从而使实践活动更有效、更有意义。另一方面理论作为心理学家的话语建构系统，像语言一样具有行动的特征，可以促进社会生活实践的变革。这种将理论置于观察、建构与社会实践活动之中的新视角，为解决心理学理论与实践应用的矛盾问题提供了新的方案。

社会建构论是现代西方心理学很重要的思想潮流。它反对经验实证主义在解释心理现象时所持有的反映论观点，认为心理活动现象是社会建构的产物，主张知识是建构的，是处于特定文化历史中的人们互动和协商的结果。

---

① 庞跃辉：《诚信观与社会认同意识》，《江海学刊》2003 年第 3 期。

社会诚信的建构是人类对社会诚信的认知过程，是个体自我建构活动中或者以组织为媒介的个体心理建构活动，但这些建构活动都离不开具体的社会环境。社会诚信的主体心理也具有建构性，有一个建构的过程。社会建构论是当代心理学中一股重要的学术思潮。社会建构论心理学倡导者、美国社会心理学家肯尼斯·J. 格根（Kenneth J. Gergen）认为，社会建构论理念中最具创新性的观点就是在社会关系中寻找关于世界和自我知识的根源，通常所谓的正确与错误、客观与主观、科学与神话、理性与非理性、道德与非道德等现代性理念都是根植于特定的历史和文化集体之中的，知识是社会协同建构的结果。① 格根的社会建构论思想从关注个体行为转向了关注协作关系。格根指出，在其社会建构论心理学思想中应该强调的核心理念就是关系建构。

社会主体基于不同的关系、不同的社会情境有着不同的心理，对诚信也有着不同的认知和选择。关系是诚信建构得以进行的场域，建构活动发生在社会场域里，是社会主体的建构。建构过程本身也不是静态的，而是一个开放的、变化的、互动的，充满着很多种可能性的动态过程。而且关系也是不断地被重构的。所以个人的心理、集体的心理也都会因为社会关系的重构而重构。比如诚信的建构，如果处在熟人关系里，信任容易达成，对话成本低。如果处在陌生人环境里，或者处在网络社会，不知道和自己聊天的人是谁时，此时诚信建构的过程就会相对复杂，信任的达成和诚信观念的建构需要依托契约或者第三方等因素作为保障。或者说，你生活在一个媒介建构的充满诈骗的生活世界里，你的社会意识和认知也会受到影响，要建构诚信的知识相对比较困难。

无论是个体心理的建构还是集体心理的建构，都离不开与社会其他元素或者与其他人之间的互动。比如个体对社会诚信的感知、心理体验，离不开自身所处的生活环境、生活阅历、认知水平等。我们的建构活动无法超越历史，无法脱离文化。集体心理的建构更是如此，是有互动、有博弈、有协商、有妥协、有达成共识的建构过程。社会诚信是社会各主体互动、对话的产物。诚信于心，外化于行。诚信建构的互动、对话

---

① Cheung, M., "Social Construction Theory and the Satir Model: Toward a Synthesis", *The American Journal of Family Therapy*, 25 (4), (1997): 331-343.

广泛存在于各个领域。社会诚信建构的基础是社会共同体的文化，以及网络共同体的文化。我们认知自己、理解世界的方式，使用的概念和语言，都是社会赋予我们的话语体系和语言范畴，这些活动都在我们各自所处的社会圈子场域里进行。

在社会诚信的建构中，维系关系的关键因素或者关系表征，很多时候是某种需要或者利益。经济学认为，谋求个人（或团体）利益的最大化是人的社会行为的基本动机之一。它是人们在反复博弈和协商的过程中，寻求长期的、稳定的物质利益的一种手段。需要指出的是，诚信是基于利益需要的一种选择，而不是基于心理需要的道德选择。所以我们不应该忽略而应该重视诚信的工具理性层面的意义，更不应该一味强调其价值理性。这对社会主体诚信心理的建构起着较为关键的作用。

（二）诚信心理建构的可能及可为

诚信心理机制是诚信行为产生的依据。在心理学界一般将产生心理或行为的生理-化学过程统称为机制。诚信心理机制就是诚实守信心理特别是诚实守信动机引起诚实守信行为的作用方式与心理过程的总称，它是诚信行为产生的动力源泉和心理模式。① 这是一个由激活、持续和平衡所组成的有机系统。诚信心理机制发生的逻辑，可以概括为以下四个方面。

1. 诚信心理认知和培育阶段

践行诚信之前，都有诚信认知和诚信心理基础在发挥作用，促使主体做出某种选择。同时，诚信心理培育影响着人的认知，早期教育和社会经历，有利于诚信认知的养成。对诚信的心理认知一般取决于两个方面：一是基于以往的知识储备和生活阅历，在主体的心理上形成的对于诚信的理解及其重要性的判断，即认为诚信重要则会促使自己产生诚实守信行为，否则会在行为上大打折扣；二是行为主体间的关系亲疏和契约保障会影响自己的信任度，比如关系越亲密，信任度越高，平台信任度越高，则更有诚信履约意愿。

2. 诚信心理需要与心理激活阶段

有了诚信的培育和认知，在有需要的时候，主体会根据具体情况做

---

①　姜晶花：《诚信心理的深层剖析》，《苏州大学学报》（哲学社会科学版）2003 年第 4 期。

出相应的判断。马斯洛需求层次理论即基本需求层次理论认为，个体成长发展的内在动力为动机。动机是由不同的需要构成的，不同的主体根据不同的利益关系会有不同的需要，即产生重要性不等的需要。主体的主导需要和情感判断会激活主体心理，产生守信或者失信的行为。

3. 诚信意志与心理持续阶段

诚信行为是一种意志行为。在诚信行为过程中需要有主体诚信意志来使动机付诸实践，这就是主体诚信的心理持续。[①] 主体在各种关系和情境中，会遇到多样化的干扰，这可能会对主体原本的诚信动机实施造成一定影响。特别是在互联网时代，可能因为互联网上的一个非常新的热点事件而让主体的诚信心理不能维持，或者出现短暂的犹豫。为了诚信意志与心理持续，除了主体自身的认知坚守，还需要借助外界的力量，有较为健全的保障措施以促使诚信心理持续。

4. 诚信信息反馈与心理平衡阶段

首先，诚实守信行为得到相应的反馈或者达到了预期目标，行为主体则会表现出积极的心态，有利于诚信心理的持续和下一次诚信行为的实行。否则，主体的心理就可能遭遇不平衡。其次，主体若实施了不诚信的行为，则可能招来他人的谴责或者自身的忏悔。这两种行为都是积极的诚信信息反馈，有利于后期主体行为的纠正。基于此，诚信主体对自身的行为效果会有一个评估，积极有效的评估可以坚定主体的诚信理念，持续诚信心理，促使其实施诚信行为。

二　诚信心理纠偏的必要性及实践

（一）诚信心理重构的必要性

随着互联网的普及与发展，人的生存方式发生了很大的变化。人们之间的交流、合作、交易呈现新的特征，需要建构互联网特色的诚信文化和信任机制。

互联网时代，不良信息和谣言传播速度快、范围广，互联网上充斥着虚假信息、广告欺诈等问题，给人们带来了财产损失和信任损耗；由于平台的规范不足，互联网上许多的交易和合作缺乏诚信保障，给消费

---

① 姜晶花：《诚信心理的深层剖析》，《苏州大学学报》（哲学社会科学版）2003年第4期。

者和企业带来诸多困扰。这容易引起社会恐慌和不稳定。通过诚信心理重塑，公众可能增强识别和辨认不良信息的能力，树立正确的消费观和价值观，有助于引导企业和消费者更好地遵守诚信规范和约束，增强消费者的信任感和满意度，推动互联网经济持续健康发展，维护社会的稳定和和谐。互联网时代充满了科技创新和技术进步的机遇，但在知识产权、个人信息等方面存在风险，需要诚信心理的重构和诚信行为的支撑。

互联网时代的社会诚信建构经历了公共关注、议题聚合、舆论动员等过程，它们是形成社会共识、推动社会主体采取对策行动的重要手段。但在实际社会诚信建构过程中，可能存在某些不足，需要借助其他的手段比如心理重塑来克服。心理重塑可以克服短期效应问题而获得更长期的支撑力量，对于短时间内引发的共识和参与热情进行弥补。心理重塑更能深入诚信主体的内心，突破形式和外在表现，改变其价值观念和思维方式。心理重塑可以规避其他建构活动中的传递误差风险，对事件进行理性分析和判断。心理重塑作为内在性、精神性的建构，与舆论动员等建构活动相比，更易免于外界的干扰，能够更加客观和真实地影响公众的诚信认知的养成。

总之，心理重塑具有较强的稳固性，这是因为心理重塑所侧重的是个体内心深处的意识形态和价值观念，而这些是更加稳定且不容易受外部因素干扰的，具有比较长久的影响力。心理重塑能促进行动的自我监督，在行动中识别和纠正违反诚信规范的行为，从而增强对策行动的自我约束力和自律能力，提高行动质量和效果。心理重塑能提升对其他主体行为的理性认知和判断，从而提高行动的合作效率和协同效应，形成良性的建构关系，推进行动目标的实现。

（二）"诚信吃亏论"的传播及纠偏①

主体的切身利益是激发主体诚信行为动机颇有效的因素。在社会环境中，个体的行为反馈和回报，影响其认知和行为。维果茨基（又译作"维果斯基"）认为个体的心理发展过程是在社会文化环境影响下通过社会交往、中介、内化和最近发展区的跨越等方式从低级心理机能向高级

①　方艳：《"诚信吃亏论"的传播心理过程》，《湖北第二师范学院学报》2018年第11期。

心理机能发展的过程。① 苏联心理学家维果茨基依据马克思主义的活动观（theory ofbehavior），通过对人的实践活动的深入分析指出"人的心理正是在社会活动中发展起来的"。② 社会活动会反作用于人的心理，社会心理促成一定的社会风气。比如"诚信吃亏论"心理不利于良好社会风气的形成，需要进行反思和纠偏。

"一处失信，处处受限"的失信惩戒机制对诚信建设有很大的促进作用，但诚信社会的建设除了制度，还要有诚信的环境、诚信的氛围、诚信的意识和诚信的自觉，特别是政策所不能触及之处。上海市社会科学院曾有一份调查显示：90.2%的人相信诚实守信吃亏。尽管早知我们正面临诚信危机，这个数字还是足以吓人一跳。③"诚信吃亏论"是在诚信普遍缺失、诚信问题较为严重的情况下产生的一种观念。因为人们害怕欺骗，无法付出信任，或者为了自己不吃亏而违背诚信……我们每一个人的心理和每一个人的选择都会影响社会的信任度和诚信度，对"诚信吃亏论"这一心理我们必须予以重视和纠偏。

系统论认为，人本身是社会中的一个系统，与外界进行交流和能量交换，存在于复杂的社会系统之中。人的各种心理活动也是人自身对世界的反映，是在自身经验积淀的基础上对外界客观环境的认知，是对信息进行接收、认知、甄别、评价的过程。人的心理就其性质与功能来说可以分为认知过程、情绪情感过程和意志过程三个方面。因此，"诚信吃亏论"的传播，实际上就是"诚信吃亏论"通过各种传播方式进行扩散、意义传播，借助人脑对信息的加工，影响人们对"诚信吃亏论"观念以及与之相关的现象的认知、情感和意志，使人们产生与传统道德或者社会伦理规范相左的心理变化，最终影响其观念和行动。

"诚信吃亏论"作为一种与社会正能量价值相违背的观念，是如何在主体的信息系统中得以处理和传播，使得主体产生了相应的道德情感，并在主体的实际行为当中存在一定影响的呢？这种观念得以传播，有其

---

① 梁爱民：《维果斯基心理发展视角下社会建构主义学习理论的构建与应用研究》，《山东外语教学》2011年第3期。

② 〔俄罗斯〕列夫·谢苗诺维奇·维果茨基：《教育心理学》，龚浩然等译，浙江教育出版社，2003，第104页。

③ 张伟：《如果诚信会吃亏 你会怎么选择》，《中国青年报》2011年12月17日，第1版。

复杂的心理过程。了解这一复杂的心理过程，有利于对其进行纠偏。

1. "诚信吃亏论"的认知过程

"诚信吃亏论"作为一种社会意识和观念，来源于主体对社会现实的认知。社会认知是一个信息处理的过程。这里的信息包括个体自身的主观和客观信息，还包括外界环境因素特别是媒介构建的世界的信息。认知过程包括自我信息处理，同时包括对外界信息的接收、处理，是主体认识世界的过程。主体接收到"诚信吃亏"相关的事实或观点言论，比如扶了老人被讹、老实人吃亏等，继而在当今的社会环境和信息传播环境下对信息进行由表及里、由浅入深的认知，除了对事件本身进行认知，还对"诚信吃亏论"形成自己的感知和体悟。经过一系列复杂的心理情绪或者从自利角度的考虑，人们自觉规避因为诚信带来的被讹等风险。在风险认知之后主体会对"诚信吃亏"形成自己的理解和判断，形成或积极或消极的观念。可以说，一个完整的认知过程，是主体自身系统与外界系统协商或者博弈的过程，也是与社会现象、其他社会主体对话的过程，这是一种观念形成的前提和基础。

"诚信吃亏论"在传播的过程中以两种形式存在，一种是观念的形式，另一种是客观现象的形式。前者是直接的不需要进行概括的，是一种已有的经由传播的观念，甚至已经较为深刻或者顽固地存在于某些人的头脑中；后者大多存在于事件等现象当中，客观现象让人们感知到"诚信吃亏"、"老实人吃亏"、"诚信没好报"甚或"失信的人反而获利"，人们需要对现象进行提炼和概括才能形成自己的认知。两种形式都是客观存在的。人的认知过程起于对客观现象的感觉，是由现象到本质的一种心理活动。当"诚信吃亏论"不断被传播的时候，受众就会加深印象。同时，通过对社会上存在的与"诚信吃亏"关联的一些现象的感知，人们便加深了这种认识，逐渐建构了"诚信吃亏"这样一种观念。

"诚信吃亏论"有一个认知和建构过程（见图4-1），基于直接感知和间接感知，启动思维，进行抽象概括，最后得以生成和建构。知觉、唤起、选择、内化四个方面是"诚信吃亏"观念主要的认知过程。知觉，是指把一些代表"诚信吃亏"内容的符号或者形象反映到大脑中的过程，使大脑获得形象、具体的表象。唤起，就是把自身与之相关的认知结构和经验积淀激活。选择，主要包括选择性接收和选择性理解，这与自身原有的立场和认知结构相关，与原有的经历、原有的观念基础、获得的客观事实等发生综合作用。内化，是指在理解的基础上，把感性的符号转化为主体的理性内容，这里借用皮亚杰关于同化和顺应的概念，即前者为刺激输入的过滤和改变，后者为内部图式的改变以适应现实。①

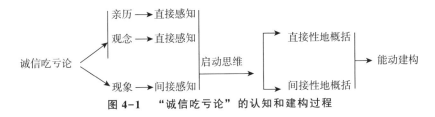

图 4-1　"诚信吃亏论"的认知和建构过程

　　无论是同化还是顺应，都是将现有的新产生的对事件的认知融入原认知结构之中，产生新的认知，对"诚信吃亏"的认可或者否定。这是一个循环反复的过程，过去的亲身经历或者所见所闻，在人们的头脑中形成了一定的经验认识，甚至有的是道听途说，在此基础上对事件或行为进行判断，对事物的本质进行把握。这种把握是不断概括和提炼的过程，在人们的头脑中形成相应的范畴体系，给事物定性。在对自身观念进行"建构"或者"重构"的过程中，主体原有的思维结构、思维定式甚至是刻板印象会影响主体的判断。因此，这样建立起来的观念印象可能正确地反映客体，也可能歪曲地反映客体。所以，从这一个角度上讲，"诚信吃亏论"的观念存在也不足为奇。

　　2."诚信吃亏论"的情感过程

　　情感是主观性的东西，是主体行动的动力或阻力。人的行为无不受到情感态度的影响。在现实生活中，有积极的情感，比如对诚信的笃定，对"好人有好报"的相信或坚守，这会让人产生积极的情绪，而对"诚信吃亏"的肆意放大或者扩大风险认知，定会产生消极效应，影响人的理性判断，甚至引发一些不良的行为，对社会诚信的建构无法起到推动作用。情感的产生是以需要的满足为前提的，这种需要的满足既包括物质的满足，也包括精神的满足。也就是说，客观事物与人的主观需要之间的关系反映为一定的情感，是在特定情境下的一种体验。

　　①　宋玲、吴继霞：《诚信的心理机制探析》，《牡丹江师范学院学报》（哲学社会科学版）2009 年第 1 期。

情感认知的产生，是受多方面因素影响的。其中起主要作用的是自我需要、个人道德体验、价值取向（即对这一观念正当性的认同与否），还有负面情感积淀（见图4-2）。

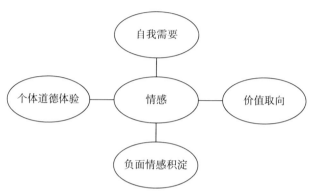

图4-2　影响情感认知过程的因素

人的需要是多种多样的，因为利益因素、自身价值观念的影响，会有各种各样的情感体验。当人的诚信需要得到满足，物质或精神需要也得到满足，或者两者同时得到满足，便产生积极的情感体验，作用于行动之后，产生积极作用；当人的诚信需要未得到满足，即期待诚信而又失望甚至因为自己的诚信而受到伤害，或者有过违背诚信而获利等现象的，便得到消极的情感体验，作用于行动之后，便产生消极作用。当诚信需要得以满足，积极的情感体验会对行动产生积极作用（见图4-3）。

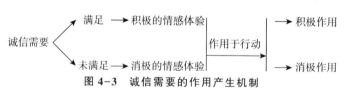

图4-3　诚信需要的作用产生机制

在社会诚信问题极其严重的情况下，"诚信吃亏论"的传播，唤起公众对诚信缺失感的认知，或者在一定程度上强化了人们的这种认知，推动其情绪和情感向消极方向发展甚至转化，比如不信任他人，为了自己的利益等质疑诚信，甚至实施失信行为。

诚信是一种品质，"诚信是生活的必需品"的观念要经过一定时日才能深入人心。诚实守信实现的前提是基本需要得到满足。当基本的需要特别是物质层次的需要都没有得到满足的情况下，"饥寒起盗心"可能恰恰成为违背诚信、违背法律的行为逻辑，这同时也道出了某些情况下一些人为了追求眼前的利益而不能诚实守信的部分原因。但这绝对不能成为失信的借口，不能让失信成为理所当然的行为。另外，需要也存在主次之分，在一定情境下，主体根据自身需要表现出诚信、欺骗或其他行为取决于哪种行为更符合主体当前的主导需要。[①] 而"诚信吃亏"很多时候恰恰正是因为高层次的需要"诚信"和自己的基本利益发生了冲突而产生的一种观念。

自我需要对情感过程的影响主要体现在利益和内在价值观方面。有某种需要就会产生相应动力，让主体对某种观念或者价值观持有稳定的认可，从而外化为行为，甚至是一种持续稳定的行为状态。自身的价值观取向，除了后天的培养，社会提供相关的环境也很重要，让"诚信吃香"与自我需要的激发是紧密相关的。另外，在诚信普遍缺失的社会现实中，"诚信吃亏"的感性体验会比较容易获得。这样人们就对诚信产生距离感，而"一朝被蛇咬，十年怕井绳"，如此的负面情感积淀必然会产生消极的情感，如果主体的价值观体系不稳定或者存在其他主客观方面的问题，这就可能为"诚信吃亏论"的传播和消极影响的产生提供温床。

3. "诚信吃亏论"的意志过程

意志力可以帮助人们克服认识或行动上的某些困难，这也是人和动物相区别的本质特点之一，体现了人在实际行动中的主观能动性。人们对客观世界的认识，不仅会产生情绪或情感，更会影响自己的行为选择，从而对客观世界产生相应的影响，即反作用于客观世界。人们的行动以需要为前提，以目的为导向，然后根据目的采取相应的行动，若在主体的思维活动中，目的与某种价值观产生冲突时，为实现相应的目的，需要克服重重困难，进行一系列思想斗争，这就是意志过程（见图4-4）。

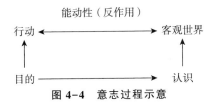

图 4-4　意志过程示意

① 宋玲、吴继霞：《诚信的心理机制探析》，《牡丹江师范学院学报》（哲学社会科学版）2009 年第 1 期。

　　如图 4-4 所示，目的的实现需要行动，而通过行动实现目的的过程就是一个意志过程。现实客观世界的诚信缺失、周围人的经验分享与规劝、利益的诱惑等，都有可能摧毁一个人坚守诚信的意志，从而采取失信的行动。

　　从图 4-5 我们可以看出，人产生诚信或失信经历了一个复杂的心理过程。"诚信吃亏论"的生成来自坚守诚信的意志被击垮，也就说明这个人的价值体系不稳定，价值取向因为内在或者外在的因素发生了改变。即使有时主体渴望诚信，内心有诚信的观念，但因为某种情境或受到其他因素的影响而产生不诚信的行为也是可能的，所以诚信并不是必然的行为选择。因为在行为实现过程中，仍需要克服许多的困难，克服困难的过程也就是意志努力的过程。①

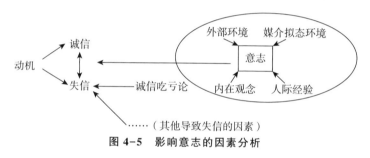

图 4-5　影响意志的因素分析

　　"诚信吃亏论"的传播方式无外乎内向传播、人际传播、组织传播和大众传播。内向传播所产生的价值观念决定自己的价值取向；人际传播主要是人际经验的分享和提醒，特别是关系很近的人分享自身体验，这样就会"感染""诚信吃亏"的观念；组织传播往往表现在组织内部人员认为坚守诚信原则会导致个人或组织在利益上受损进而进行信息隐瞒或虚假宣传等；大众传播主要是建构拟态环境，这对人的思想和认识会产生很大的影响。在数字传播时代，传播方式发生了很大改变，比如超链接让相关新闻事件得以呈现，唤起人们的记忆，进行关联性认知，强化对某类现象的认知，传播的影响更为深刻。比如小悦悦事件与"彭宇案"关联，在某种程度上也可能产生风险扩大效应，让公众产生负面

---

　　①　宋玲、吴继霞：《诚信的心理机制探析》，《牡丹江师范学院学报》（哲学社会科学版）2009 年第 1 期。

认知。公众在救人时不仅担心会被救者"讹"上，还要担心连法律和法官都无法支持自己。"这就颠覆了一个基本价值观——好人应该有好报。"① 这样，传媒建构出来的现象和遭遇与社会某些深层心理结构相契合，于是公众便对这件事情进行了符合自己心理结构的解读，特别是基于自我保护的解读。

影响意志的因素除了以上分析的内在观念、人际经验、媒介拟态环境外，还有很重要的一点便是外部环境。媒介化、社会网络化生存的现状，将人们联系起来，人们发布信息和获取信息也越发容易。人们处在各种各样的关系之中，需要相互依存，构建某种关联，但同时，又不敢轻易去相信他人。这是现代社会遇到的困境。在传统媒体时代，各部门相对封闭，各部门较为独立地发挥自己的功能，各种信息传播也相对不易，容易受到时空限制。而在当今的媒介环境下，新媒体打造了社会开放的平台，公众可借助新媒体获取各方面的信息，甚至参与到很多社会机构的活动中，社会系统不再封闭运转，这就使各个行业所处的环境更为复杂，很多价值观念出现了若干冲突。社会诚信新议题频出，问题不断凸显，失信事件被"围观"，若干价值观念和体系受到质疑……

这里需要特别强调的是，传媒是构筑人们交往空间的媒介。互联网时代的交往空间已经突破现实空间和网络空间的界限，即网络空间和现实空间并存，且只有网络空间与现实空间达到真正意义上的互补的时候，被扩散的信息和观点才能产生效应，即只有网上信息或者信息行为影响到线下活动时，才真正实现了信息或观点扩散的目标。在扩散的过程当中，参与信息传播和扩散的主体间相互影响，进而受到情绪感染甚至行为感染。他们会推己及人或者效仿他人，进而产生共鸣与共情。比如政府通过网络传播诚信建设政策或者发布红名单、黑名单，只有网络用户真正地采纳，对其产生敬畏感，形成舆论氛围甚至是稳定的价值观，对其意志产生影响，并指导网络用户现实生活中的行为或者网络使用行为，让人们相信失信是要受到惩罚的，而且后果很严重，媒介中信息传播的影响才得以真正实现并产生积极效力。

另外，与诚信和失信有关的体验更多来自个体自身，不像对环境污

---

① 陈东霞：《从传播心理角度探讨如何做好道德宣传》，《青年记者》2012年第2期。

染的体验，除了一部分可感知的，更多来自科学的话语和权威的说法，这就为"诚信吃亏论"的传播提供了便利。在这样的条件下，人的意志较为容易被摧毁。

4. "诚信吃亏论"的心理纠偏

面对"诚信吃亏论"的传播，我们并非束手无策。如果我们能正确认识"诚信吃亏论"带来的负面影响，通过有效的方式实现心理纠偏，由"诚信吃亏"转为"诚信吃香"，也是极为可能的。比如可以通过教育加强价值观引导达到认知重建。这种认知重建不仅仅是扭转"诚信吃亏论"这样一种观念，更重要的是为"诚信吃香"打下心理基础，培育诚信观念。

Seligman 和 Csikszentmihalyi 于 2000 年正式提出"积极心理学"（Positive Psychology），与传统心理学把重心放在消极、障碍、病态心理方面的探讨不同，积极心理学强调对心理生活中积极因素的研究。对于"诚信吃亏论"的心理纠偏，需要借助积极心理学的理论力量，利用各种有效的方法，采取相应的措施，并建立相应的制度保障，让人产生积极情感体验，比如因诚信而受益的体验、因信用分值高而免收押金等。除此之外，通过诚信教育等手段，培养人积极的人格特征和品质。作为传统心理学的补充，积极心理学在"诚信吃亏论"的心理纠偏过程中理应发挥作用。

对于"诚信吃亏论"这样一种观念的纠偏，重塑人们的认知是至关重要的。同一环境下，人们有相似的消极经历，有的个体会主动采取一些积极的应对措施，不会动摇自己的价值取向；而有的个体则会选择比如"事不关己高高挂起"或者自我利益至上的精致利己主义等消极的自我防御机制。由此可知，个体的认知水平、心理选择以及人格因素会对观念的建构起重要的作用。积极心理学中有一种"认知疗法"，它是指通过一定的手段引导、启发个体，用全面和发展的眼光，对现实及某些观念进行客观理智的再认知、再评价，使个体从消极中看到积极，主动采取一些积极的应对措施，坚持正确的价值取向。这对"诚信吃亏论"这样一种观念的纠偏和防范不无启发。

从宏观角度讲，"诚信吃亏论"心理纠偏需要形成一种文化、一种氛围，需要营造一种有利的环境，需要社会层面的环境系统的重建。心理行为体现为一种建构过程，"它并非某种心理规律或本质的认识，而是一种文化建构，反映了特定文化的价值观"①。我们需要注意到，中国主要的价值观是集体主义，人们会以外在的、他人的、社会的标准来衡量自己。而且，诚信问题也是一个生存问题，它存在于我们的交往空间、生活空间和制度空间，只有从大的环境提供保障，诚实守信的心理才能得到保护；只有诚信得到奖励和提倡，人们才开始注重对诚信观念的培育和教育。在传播学领域，艾伯特·班拉图和理查德·沃尔特斯等提出社会学习理论，指出当某种行为因为得到奖励而被强化的时候，学习的过程就产生了。② 一旦有了自身观念培养的自觉和社会学习的过程，那么心理纠偏便有了可能。

经济基础是社会存在的基础，任何观念、思想等，都是经济基础与物质世界的反映。诚信亦是如此。经济学认为人的社会行为的基本动机是谋求个人（或团体）利益的最大化。诚信是人们在重复博弈、反复"切磋"过程中谋求长期的、稳定的物质利益的一种手段；诚信是基于利益需要的一种策略选择，而不是基于心理需要的道德选择。③

传播的过程并非信息的简单搬运，它是一个意义生成，不断进行编码和解码的过程。它反映了个体对外在环境的理解和认知，然后进行意义的建构，个体通过留言、转发、评论、投票、二次传播等行为反映自己的态度和立场。在这个过程中形成的态度和立场会作用于个体，对个体的行动产生影响，促使传播的信息外化。也就是说从传播一开始，到传播的信息作用于个体，实现传播效果的外化而作用于人的行为，是一个完整的心理过程，也是一个人不断社会化的过程。"诚信吃亏论"之所以得以传播是因为认知不和谐。这样通过传播，发生理解，进而形成自己的认知，也是生活在社会中的人对自己与他人、与社会的一种关系定位，也就产生了一种不信任的关系或者不守信的行动。

有关诚信观念的传播和正确观念的传播既关乎个人切身利益和自身正确价值观的培养，又关乎整个社会秩序与道德规范的构建和维系。因此，我们需要对诸如"诚信吃亏论"这样的消极观念加以关注，分析其

---

① 叶浩生主编《西方心理学研究新进展》，人民教育出版社，2003，第 134 页。
② 董璐编著《传播学核心理论与概念》，北京大学出版社，2008，第 160 页。
③ 胡文明：《通过博弈说诚信》，《思想政治工作研究》2002 年第 10 期。

传播的心理机制和心理过程，不仅认识"诚信吃亏论"的认知、情感、意志过程，还要了解其最终目的，要发挥积极心理学等学科理论的作用，构建诚信心理的长效机制。认知理论认为个体通过对来自外界的信息进行编码、贮存、提取和输出等加工在头脑中形成了各种不同的观念。这些观念在刺激和行为中间起中介作用，它既能激发行为又能改变行为。

第二节　他者认同：政府诚信主体的心理重塑

经济学家关于诚信的论述多将诚信与物质利益的得失联系。其实不然，除了物质利益，精神利益也是个体考虑的范围。除了物质需要之外人还有情感需要、交往需要以及其他高级的需要。不同的主体诉求和需要也不同。政府诚信主体的心理建构，一是政府诚信主体本身的心理建构；二是公众对政府的评价、认同和信任维度相关的心理建构。

政府信任、政府信用、政府公信力等方面的研究是国内学者关于地方政府诚信研究的主要内容，已有了较多的成果。张成福和边晓慧①认为政府信任是一个动态、发展的过程，不是一成不变的，并认为政府诚信是一种互动和合作的关系，它建立在公民对政府的合理期待以及政府对公民期待回应的基础上。其观点注重以下几个方面：政府与公民之间的互动建构；公民对政府行为的期待；政府回应与满足公民期待的程度；公民认同信赖政府，并促进公民与政府之间的互动合作。政府诚信不是自封的，不是自说自话自我标榜的，而是建立在互构、互建、互动的关系中的。对政府诚信而言，只有有了社会公众的广泛认同它才存在。这种基础性存在的意义在于，社会认同对于打破政府诚信评价中政府自我认同局面具有意义。同时，这种认同对政府诚信的真实性回应具有意义，有助于增进政府和公众的了解和理解；还有助于加快政府诚信建设步伐，获得公众信任和认可的可能性和有效性提升。

互联网时代是信息社会、网络社会，人们获取资讯的方式多元，信息传播渠道多样，传统意义上的时空被打破，为社会认同的多元化存在和发展提供了更多的可能性。政府诚信的评价结果，会成为公众对政府

---

①　张成福、边晓慧：《重建政府信任》，《中国行政管理》2013 年第 9 期。

诚信认同程度高低的一个影响因素。其中公众是其实质性的很重要的评价主体。本书将政府诚信与社会认同结合起来进行考察，从社会和政府工作人员自身双重主体视角出发，对政府诚信展开认识，衡量和评价政府形象和政府诚信行为，"以社会看政府""以自身认知政府"，这是加强政务诚信重要而必要的路径探索。

一 政府诚信主体突破其自我认同

在互联网时代信息系统开放的当下，政府机关一方面利用网站、微博、微信等进行信息公开、政务公开，寻求开放。2016 年颁发的《国务院关于加强政务诚信建设的指导意见》指出，政府官员失信不再是私事，其失信行为将通过"信用中国"网站等渠道依法依规进行公开。政府诚信的建构还要克服"新官不理旧账"的情况，旧账生成主体与新官作为政府诚信的建构主体，从某种程度上来说是共同体。新官要有责任和担当，要理旧账，以重建和赢得政府信任。同时，其他社会群体和公众利用新媒体等多种渠道关注政务、政府，甚至进行监督，引入第三方评价。当然，多元共治、有效监督需要较长的一段路去走，全面落实相关政策需要相关配套措施的健全。

（一）政府诚信认同突破系统内认同

信息系统的开放，使得政府评价不再是自我认同的单一局面，突破了系统内部的评价和认同，其认同和评价具备互动和回应性。以往的政府诚信评价局限于内部或当地，现在可以实现跨区域、多途径评价，实名评价与匿名评价，线下评价与网络评价相结合。公众也可以利用网络进行评论、讨论，进行意见反馈式评价。突破系统内认同，有助于打破政府诚信评价中政府自我认同的单一局面。社会认同这一重要指标得到重视，融合多维因素来进行综合评价，评价更加理性客观。另外，广大的社会公众是政府服务的对象，公众的评价往往具有针对性和真实性，政府工作人员诚信与否，社会公众最有切身体会和发言权。这样，公众的评价不是建立在其他指标之上，也不是媒体的评价性报道。媒体的建构很可能带来负面效应，让公众对政府甚或媒体产生逆反心理，不利于政府诚信认同的达成。在评价的过程中，不是大肆渲染成绩，而是不回避根本性问题，根据科学的标准来进行理性的评价，全面把握政府的诚信状况，公正理性地进行评判。这样一种社会氛围的形成，本身也是政府诚信的反映，是政府取信于民的途径。

（二）政府诚信公众认同的心理基础

在信息共享、信息共建的互联网时代，公众参与政治诚信的建构是非常重要的，作为认同主体，社会公众是影响政府诚信社会认同的决定性因素，主要表现在社会认知、心理预期、利益诉求与行为选择等方面。[①] 一是社会认知，它是社会心理形态的一种表现形式。公众对政府诚信的认知，是公众的主观印象，是公众对政府形象进行评价后最早形成的心理过程，它是连接政府和公众的载体。认知环节决定了此后评价、认同活动的客观性。公众对政府诚信的认知受到历史文化环境、信息比较、个体环境因素等各方面的影响。二是心理预期，这里涉及"实然"与"应然"的差距问题，期望值在很大程度上影响着认同度。"应然"状态是公众心中对政府诚信进行评价的标准。三是利益诉求。从现象上来看，社会认同即一种认知、态度、情感，以及由此产生的一系列行为。认同的基础和缘由是多种多样的。但从本质上看，社会认同是一种利益共享。[②] 利益是评价标准最现实的体现，利益诉求得到或高或低的满足，会产生相应的评价。四是行为选择。从社会心理学的角度看，社会认同本身是一个认知与行为兼具的过程。[③] 在互联网时代，互联网凭借其即时性、匿名性、成本低等特征，提高了公众的参与性。公众参与公共事务、参与政府诚信评价的手段更是多样便捷，积极性也越来越高。公民的积极主动参与，决定了公民参与的路径选择、力度、广度和效度。

（三）政府诚信公众认同的网络赋权

在互联网时代，网络赋权使公众具有一定的话语权，他们借助互联网对政府的政策和行为进行评价和回应。公众是政府诚信认同不可或缺的主体，通过新媒体平台，突破个人的活动范围和行动力，利用网络聚集力量，提升自我认同感和群体认同感，很容易演变成群体行为或者集

[①] 韩平：《地方政府诚信的社会认同提升对策研究》，湘潭大学硕士学位论文，2016。

[②] 陈劲松：《转型时期我国社会福利体系的重构与社会认同的转型》，《中国人民大学学报》2009年第2期。

[③] 贾林祥：《社会认同：和谐社会构建的社会心理保障》，《徐州师范大学学报》（哲学社会科学版）2011年第4期。

体行动，这对政府诚信的建构会造成不同程度的影响。以互联网为代表的新媒体拓宽了集体行动者传播信息的渠道和影响范围。Kelly Garrett 认为，"新的信息技术和传播技术，比如手机、电子邮件以及万维网，这些都在改变集体行动者传播沟通、合作和集会的形式"①。兰斯·班尼特首次提出连接性行动这一概念，并将集体行动分为集体性行动和连接性行动。他将连接性行动定义为"在社交网络上以个人化的内容分享为基础"②。"连接性行动的关键是对于信息的分享。"③ 普通人的发声也可能引起广泛的关注。普通用户发送的信息成为信息传播和扩散的主要源头以及催化剂。

二　政府诚信主体心理建构的问题放大效应

互联网时代信息系统开放下的问题放大，一方面源于政府自身，比如回应滞后、透明度不够、辟谣不当等；另一方面源于公众缺乏主体性思考能力，缺乏应有的自我判断能力或者因个人偏见而使得问题放大等。

（一）互联网时代信息系统开放而回应滞后

互联网信息传播的即时性、开放性、超时空性的特点给社会生活的方方面面带来影响，也重构着人们认知世界的方式。对于政府来说，媒体传播的速度、广度、即时性等使它们在行使管理权的过程中暴露出来的问题得到更为广泛的传播，甚至被放大。这给政府诚信带来挑战。需要政府做出回应的信息特别是负面信息，一旦进入广大公众的视野范围，公众期待的是及时的回应和权威的声音。如果政府迟迟不发声，而且还遮遮掩掩，这会对政府的公信力造成影响，从而降低公众对政府诚信的认同度。特别是微博反腐之后，新媒体曝光了官员贪污腐败、德不配位、玩忽职守等现象，形成了强大的舆论影响力，这都在一定程度上影响了

---

① Garrett, K., "Protest in An Information Society: A Review of Literature on Social Movements and New ICTs", *Information*, *Communication & Society*, 9 (2), (2006): 202-224.

② Bennett, W. L., Segerberg, A., "The Logic of Connective Action: Digital Media and the Personalization of Contentious Politics", *Information*, *Communication & Society*, 15 (5), (2012): 739-768.

③ Bennett, W. L., Segerberg, A., "The Logic of Connective Action: Digital Media and the Personalization of Contentious Politics", *Information*, *Communication & Society*, 15 (5), (2012): 739-768.

政府诚信体系建设，使政府的诚信形象受损。①

（二）互联网时代信息系统开放实则欠透明

互联网时代是一个开放的信息时代，信息的流通和交换相对顺畅。特别是公众关心的重大突发事件以及社会热点问题，不能置若罔闻，更不能隐而不报。当政府不能及时地以准确的信息引导公众的舆论时，很可能造成恶劣的影响。在互联网时代，人们获取信息的方式和途径多样，如果政府不及时公开相关信息，那么就会欲盖弥彰。这对互联网时代的政府和政府治理提出了挑战，政府应该用互联网思维来思考问题、应对问题、处理问题，这样方能不失信于民。新媒体技术的普及和应用，为政府失信行为的传播提供了更为便捷的渠道，其失信行为更易引起公众的关注，进而造成更大范围的、更为恶劣的影响。因此政府应创新管理机制、政务公开方式和网络管理方式，加强新媒体管理，构建和谐网络环境。②

（三）互联网时代信息系统开放下的公众偏向

在开放的信息系统下，社交网络给社会公众提供了信息发布的渠道。多元主体传播多元化信息，很容易导致客观信息的缺位，模糊核心议题，传播内容的碎片化，众声喧哗，容易滋生谣言。凡此种种，都可能导致公众偏向的产生。首先，他们可能由于各种各样的原因或者心态"讲出各种版本的故事"，使很多线下发生的事件被戏剧化。海量的信息，多样化的传播渠道，这更加让人莫衷一是。其次，公众对开放的信息系统下信息多元复合的呈现带有偏好，比如视频、图片，更能满足人们急需求证的心理。但很可能这些都是局部真实，只是片段，没有展示事件的前因后果。最后，在公众对信息进行接收和解码的过程中，受到已有认知和某些惯习的影响，很可能偏离事物的本质而成为政府诚信问题的放大站，形成某些情感偏见，得出与真实状况相悖的认知和判断。人们难免在纷繁芜杂的信息中迷失方向。

三　互联网时代的无差异化评价

信息系统开放，政务公开，公众不仅能关注到当地政府的政务信息，

---

① 于洪波：《新媒体对政府诚信建设的影响及对策研究》，哈尔滨理工大学硕士学位论文，2015。

② 戴伟：《新媒体环境下我国政府诚信建设创新研究》，《征信》2014 年第 4 期。

还能获取其他地方政府的相关情况，甚至还能与国外某些类似状况进行对比。在比较当中，产生负面情绪的根源往往是对自我状况的不满意，没有去理性地分析客观原因，比较现实差异，而只对比较对象进行简单比对，进行无差异化的比较和评价，不能很好地理性区别对待。这种状况的产生，与公众的相对剥夺感（relative deprivation）不无关系。Walter Runciman 在 1966 年指出相对剥夺感的存在有四个前提条件：一是某人没有某样东西；二是某人知道自己周围其他人拥有这样东西；三是某人想要这种东西；四是某人相信拥有这样东西对自己来说是可实现的。

这四个前提条件归结为一句话就是"觉得被剥夺了自己应该享有的东西"。对于社会公众来说，其对政府是有所期待的，自身也有利益追求，但往往忽略某些客观性因素，所以在面对某些现实的情况下，他人优越感呈现，比照他者状况或者境遇，相对剥夺感就出现了。于是就表现出了无差异化评价，对外归因，宣泄不满。无地区差异化比较和无国界差异化比较都是较为普遍的存在。

（一）无地区差异化比较

在新媒体环境下，跨地区的信息传播也异常便捷，包括政府诚信相关的信息。在此环境下公众对政府的无差别比较，是指公众对政府特别是地方政府诚信的评价缺乏差异化思维，受网络同类事件的影响，以网络事件中的标准和要求比较不同地域、不同情况下的地方政府诚信表现和水平。公众进行非理性化的比较，忽略了实际情况。比如 A 地方的政府带领当地人民发展旅游业，文旅得到迅速发展，地方受益，老百姓生活水平提高。于是政府公信力得到增强。当 B 地区网民看到此信息时，通过比较发现自己所处地区并没有得到发展，政府也没有采取发展旅游等同样的措施，由此做出忽略客观现实的判断。也就是说，当用户接触到网络平台的相关信息，便与自身所处的环境进行比较，判断当地政府的行为，做得好不好或者取得了哪些成绩，甚至发现某些不足，从而表现出对政府或者政府诚信的认同或不认同的态度和评价。公众简单地根据信息事实判断、认知、比较，从而给出评价。事实上，这种无差别比较很可能是脱离客观实际的，科学性也值得质疑。

（二）无国界差异化比较

从较大范围来说，以国外标准来衡量国内标准或者无标准化评价国内状况，也是不科学的。这种无差异化的非理性评价是欠缺科学性的，也会使政府诚信受损。在互联网时代，社交媒体建构的交往关系圈很可能限制了网络用户接收信息的丰富性，接收信息不全面则会影响网络用户的判断，导致用户认知与实际状况之间形成偏差。而且网络社会中网络用户的从众心理，很容易出现舆论一边倒的情况，出现群体极化现象。再加上当今大数据下的算法推荐，如果网络用户关注了、搜索了有关政府诚信的负面信息，人工智能可能勾勒出用户喜欢这方面信息的用户画像，并进一步推送这方面的信息。如此一来，就将同类信息聚合，网络用户原有的认知甚至是本来模糊的认知变得明确，并逐步强化。所以算法推荐的价值观引领值得关注，对算法推荐的价值观进行引导也是必须的。而且社会公众在评价地方政府诚信时，需要有自己独立的思考力和判断力，培养自我独立性，不能因为网络意见而人云亦云，或者因为"信息茧房"等效应而以偏概全。

四　互联网时代的公众逆反心理

逆反心理是负面心理部分，朱智贤主编的《心理学大词典》对它的定义是"逆反心理是指客观环境与主体需要不相符合时产生的一种心理活动，具有强烈的情绪色彩，即带有较强烈的抵触情绪。逆反心理有积极和消极之分"[1]。认知公众的逆反心理，把握现状，探究其本质，并进行疏导，对政府诚信的提升大有帮助。

在政府诚信的认同中，公众难免出现逆反心理。主体地位、立场不同，看待各种社会现象的出发点也不同，信息的传播广泛而迅速，公众的逆反心理一旦产生，容易滋生网络舆论，公众的不信任情绪会得到蔓延。在国外，"逆反心理"一词最早由心理学家莎伦·布雷姆（Sharon S. Brehm）提出。一般认为，逆反心理是指当个体的自由受到限制或被威胁的时候，个体所产生的一种心理动机状态。根据奥斯汀（Austin）的理论，逆反心理包含两个基本要素，即自由和威胁。[2] 我们不难发现，在网络等新媒体上，时常出现这样的情况：一方面是将自己遭遇的失信

①　朱智贤主编《心理学大词典》，北京师范大学出版社，1989，第457页。
②　曹钧：《青少年逆反心理的相关因素分析》，南京医科大学硕士学位论文，2008。

放大，导致公权力污名化；另一方面人们基于某种情绪和利益诉求而无原则地盲目信任。这在某种程度上催生了公众逆反心理。

公众的逆反心理具有一定的层次性，一般将逆反心理划分为认知逆反、情感逆反和行为逆反。这体现了公众逆反心理的层次性，而这三个层次在开放的信息系统中受到不同程度的影响。认知逆反和情感逆反一般源于共鸣，因为信息的公开和共享，推己及人或者产生同情心，哪怕不同主体素不相识或者相隔万里；行为逆反在认知逆反和情感逆反的基础上更进一步，在网络社群当中表现为网络集群行为，也可能由此引发线下的行为逆反，比如群体行动、示威游行等。勒庞（Gustave Le Bon）曾说："思想和情感因暗示和相互传染作用而转向一个共同的方向，以及把暗示的观念转化为行动的倾向，是组成群体的个人所表现出来的主要特点。"[①]

根据公众逆反心理层次，我们可以对公众的逆反心理做出如下分类和分析（见表4-1）。

表4-1　公众的逆反心理分类分析

逆反层次	逆反根源	表现及可能后果
认知逆反	1. 对政府信任感的丧失 2. 利益得不到满足或者感知性不满足 3. 政府自身行为不当：腐败、造假、推卸责任、隐瞒事实、朝令夕改等	刻板印象根深蒂固，对于政府的行为不相信，比如对政府给事件的定性不相信、对辟谣不相信，政府不能很好引导舆情特别是网络舆情
情感逆反	4. 媒体建构的影响 5. 公众仇官心理 6. 公众以偏概全，将个别公务员行为理解为政府群体形象 7. 公众认知局限，比如对政务公开和网络安全等的理解和认知存在局限和偏差，甚至误读	消极对待，柔性表现，不外显的或者外显的情绪，在主观的评价逆反中常见，比如对正面宣传的逆反、质疑
行为逆反		反证，寻找支撑材料，发帖等信息传播行为寻求支持，甚至演化为线下行动等

我们可以看出，公众逆反心理的根源有自身的因素，也有他者（政府、媒介等）的因素；有主观因素，也有客观因素。其表现和影响既有显性的，也有隐性的；既有观念的，也有行动的。我们需要正视而不是回避。有学者认为，逆反心理是比较普遍的社会心理现象。该心理相对来说

---

① 〔法〕古斯塔夫·勒庞：《乌合之众：大众心理研究》，冯克利译，中央编译出版社，2014，第18页。

比较稳定，对客观事物表现出与要求人对立或相反的情绪体验或行为倾向，是客观环境与主体需要不相符时产生的一种心理活动，具有强烈的抵触情绪。[①] 可以看出，逆反心理产生的根源是外界与主体自我需要的不相符，主体自我需要包括心理需要，也包括利益需要等各个层次的需要。逆反心理是相对稳定性与可变性的统一，是可以改变和引导的，通过建立心理逆反预警机制，是可以避免或减少线上的逆反演化为线下的行为逆反的。

对于互联网时代公众对政府诚信的评价我们需要给予足够的重视，但是也不能忽视其他主体的评价，比如第三方评价、专家学者的评价。多元化的评价结果对政府诚信意愿、诚信能力、诚信表现将有更客观的呈现。

第三节　信任级差：企业诚信主体的心理重塑

信息系统的开放一方面给企业带来了机遇，将自己的形象呈现在公众面前，消解信息不对称带来的弊端；另一方面因为信息的开放共享，信息传播突破时空的界限，给企业带来挑战甚至危机。企业诚信是企业的品牌，是企业的通行证。企业诚信的认同是保证其良性运行的力量。认同（identity）是人们意义（meaning）与经验的来源。[②] 企业诚信的认同是一个非常复杂的过程，它存在于政府、客户、公众以及自身等多主体关系之中，直接面对社会公众复杂的心理行为。

一　互联网时代企业诚信主体的自我认同

（一）互联网时代企业拓展诚信的认同路径

1. 构建信任关系，突破内部认同

在关系场域中的诚信认同或者信任建立，是需要相关信息作为支撑的。主体要获得相关信息并进行相应的信息处理，才可能产生认同。信息是以各种传递方式反映事物的相关特征、属性以及其发展变化规律的知识的总称，是一个能接收并消除不确定性，改变人们原有知识结构的那部分系统知识。诚信是为了获得信任。信任是建立在对他人或他事的确定认知或了

---

① 张鸿梅：《地铁媒体受众逆反心理研究》，暨南大学硕士学位论文，2009。
② 〔美〕曼纽尔·卡斯特：《认同的力量》（第二版），曹荣湘译，社会科学文献出版社，2006，第5页。

解之上的行为决策。信任的形成源于对信用信息的收集、整理、辨识和分析，而信用信息的产生、传输、接收等流程是信任生成和信任决策的基础。[①]

数字经济时代的信息产业尤为繁荣。企业可以利用互联网平台为自己服务，比如企业可以进行网络营销，可以建设网站、运营微信公众号、开通微博，利用信息流广告等进行营销和形象宣传活动、产品发布、招聘等。若能很好地发挥网络平台的作用，则会产生积极影响，双管齐下，既辅助企业销售又建构企业形象。随着信息时代的到来，网站等新媒体方式以其方便、快捷和低成本的优势正迅速被几乎所有有远见的企业所接受，从而完成信用信息的生产、传输、共享。互联网时代的公众已经习惯了通过检索、浏览网站的方式去获取信息。

信息开放系统下，企业主动展示自我，让客户乃至社会更好地了解企业，能增进它们对企业的信任和对企业诚信建构的认同感，同时这也体现了企业重视自己的形象宣传。迈耶、戴维斯和斯库尔曼指出，在市场经济中，增进信任的主要方式有：信誉、德行和实力。事实上，企业可以通过树立一个良好的市场形象，形成良好的市场信誉，即利用信誉机制，或通过建立和扩展个人"关系"网，利用"关系"资源，即利用"关系"机制，来增强交易方对企业的信任，以降低交易费用。[②]在互联网时代，除了利用网站建立这种"关系"，企业还可以通过微信公众号、互动广告等新技术手段，进入公众视野，建构企业诚信和品牌形象，进行推广。

2. 借力于第三方，获得信用认证

除了上述路径，企业还需寻求自身之外的力量建构诚信，比如利用第三方评价机构获得信用认证，得到权威性的认可。信用评级是企业形象的一个重要参考指标，它代表着企业的信用形象，这对企业在交易合作中降低交易成本、提升竞争能力、适应良好的竞争环境等都具有重要意义，同时这也是企业赢取市场的通行证，是融资担保、银行贷款等的通行证。2019年6月19日，《好信用堪比真金 泉州16家海关高级认证企业享"特殊待遇"》称："在泉州口岸肖厝港区，一批进口自巴西的6.2万吨重的大豆完成通关放行。因为进口企业泉州福海粮油工业有限公司'信用身

① 冯俊萍：《基于中小企业信任网络的信用信息机制建设》，《征信》2016年第7期。
② 陈祥槐、宝贡敏：《基于信誉和"关系"的企业信任机制比较研究》，《河北经贸大学学报》2002年第6期。

份'的转变，该批大豆较去年此时的通关效率提高了33%。这个'信用身份'，正是海关高级认证企业。""根据2018年5月1日起正式施行的新修订的《中华人民共和国海关企业信用管理办法》（简称《管理办法》），海关根据企业信用状况将企业分为认证企业、一般信用企业和失信企业。""海关高级认证（AEO），是各国海关共同认可的国际贸易企业最高信用等级。""信用等级越高，享受激励性和便利性措施越多。以认证企业为例，高级认证企业能够比一般认证企业享受更大程度的'特殊待遇'。"①

企业并不总是乐意公布自己的所有信息，存在诚信意识淡薄的问题。信用状况已经成为公司上市、招投标、融资、政府土地出让，以及非公经济人士当选"两代表一委员"、工商联执委等资格审查的重要参考。有效的信用约束手段让许多企业负责人开始认识到企业年报和企业信用的重要性。"一处违法失信，处处受限"的理念为企业和社会公众所感知。

（二）互联网时代企业危机公关的双面效应

在信息系统开放时代，网络媒体成了企业危机事件和信息爆发的场域，尤其在人人都能参与信息生产和传播的移动互联网时代，"好事不出门，坏事传千里"，信息的传播和评价更加便捷。企业危机公关的效果与其诚信形象也是大有关联的，危机公关存在双面效应：若能处理好，危机公关将重塑企业形象和品牌；若处理失败，危机公关将进一步损害企业形象。

企业危机公关大多数情况下是由于负面信息的存在而触发的。以前人们习惯采用删、沉、降、疏、安全效能成本指标（SEC）优化等方式，一"删"了之的行为可能会激活本身沉寂或者不太容易传播的信息，激起发帖者和公众特别是利益相关者的敌对情绪、逆反心理。这不仅不能抑制负面信息的传播，反而给了负面信息传播能量和诱因。在信息系统开放下采用删帖来解围实在不是明智之举。即使在正式的危机公关活动中，当整个危机公关信息和过程暴露无遗时，人们也有自我的评判，对企业认同或者不认同。

在企业危机公关中，网络水军也是不可忽略的力量，他们很多受雇于

---

① 刘倩：《好信用堪比真金 泉州16家海关高级认证企业享"特殊待遇"》，东南网泉州频道，2019年6月19日，http://qz.fjsen.com/2019-06/19/content_22412551.htm，最后访问日期：2020年12月28日。

网络公关公司，他们通过对信息的传播、运营，影响公众对舆论的判断。近年来，随着互联网的普及和深入，越来越多的网络水军活跃在各大社交媒体和商业平台上，包括论坛、微博、博客、淘宝、京东等。从事话题炒作、事件营销等危害性行为，干扰舆情的正常传播，误导舆论方向，危害舆情安全。比如在"腾讯与360"事件爆发后很短时间内，网络中就出现了一批"网络水军"。"网络水军"受雇于网络公关公司，人为操作内容，因此，在缺失权威认证期间，"网络水军"传播着大量主观的、未经认可的非事实信息，引起了公众的关注。不明事实的公众便将"网络水军"当作了权威，当成了事实的知晓者，顺理成章使"网络水军"成了事件的舆论领袖。公众急于想知道事件的始末、事件的本质，无意之间就对"网络水军"发布的信息产生依赖，并产生一种强烈的信任感，[①] 但可能离真实越来越远。

（三）　互联网时代企业诚信建构的利益博弈

在互联网时代背景下，企业作为社会的重要组成部分，在构建诚信体系的过程中，面临着自身利益实现与社会责任履行之间的复杂交织，这具体表现为深刻且多元化的利益较量。

首先，尽管互联网时代的信息系统具有高度的开放性，但并非所有企业都能被充分展示和关注。信息的公开、流动和曝光往往存在局限性和选择性。在这种情况下，诚实守信所带来的正面效益可能并不显著，而失信行为所付出的代价也可能相对较低，甚至有时根本未被察觉。因此，在那些信息开放的"聚光灯"未能照亮的角落，部分企业可能因消极应对、心存侥幸等心态，对诚信建构的认同度大打折扣，从而在利益博弈中偏离了诚信的轨道。

其次，企业利用大数据和用户关系，实质上是在深度挖掘客户的消费习惯，以此作为筹码进行利益博弈。这种博弈不仅体现在对消费者个体的精准营销上，更在某些情况下演化为对消费者利益的侵犯，如备受争议的"大数据杀熟"现象。"大数据杀熟"是指同样的商品或服务，老客户看到的价格反而比新客户看到的要贵许多的现象。[②] "大数据杀

---

① 詹玉姝、肖建春：《论"腾讯与360"事件中"网络水军"的传播效果及影响》，《东南传播》2011 年第 8 期。

② 朱昌俊：《大数据杀熟，无关技术关乎伦理》，来源：百家号，https://baijiahao.baidu.com/s?id=1596141271181244641&wfr=spider&for=pc，最后访问日期：2019-12-20.

熟"行为不仅损害了消费者的权益，也严重破坏了市场的公平性和企业的诚信形象。例如，携程因被曝出大数据"杀熟"而陷入信任危机，这一事件在社交媒体上引发了广泛讨论和关注。然而，将"大数据杀熟"归咎于技术、数据或信息本身是不公平的。技术本身是中性的，关键在于使用技术的人和企业是否秉持诚信和公平的原则。会员身份和优惠券特权被滥用，价格被抬高，这些问题并非技术本身所能解释或解决的。它们暴露出的是企业在利益博弈中对于诚信和社会责任的忽视。

最后，在信息系统日益开放的背景下，企业在诚信建构的过程中，有时会利用监管漏洞与技术进行更为复杂的利益博弈。央视《经济半小时》栏目曾揭露今日头条在广西南宁的广告投放中存在的违规"二次跳转"行为，这一行为得到了证实，成为企业利用技术博弈监管的一个典型案例。为何今日头条的广告中会出现"二次跳转"这一违规现象？这背后隐藏着深刻的技术与利益博弈。一位从事信息流广告业务时间较长的人士向新京报记者解释了其中玄机："这是一个技术拦截问题，但为什么二次跳转屡禁不止？是因为只有让更多的商家进入广告页面，他们才能赚更多钱。"一位第三方网络安全专家就"二次跳转"问题回复新京报记者称，这种广告跳转，主要是逃避平台的监管规则。第一跳的广告可能是通过审查的，第二跳则可能指向违规广告，成功逃避了监管系统。这种行为不仅损害了消费者的权益，也破坏了市场的公平竞争环境。企业在利用技术漏洞进行利益博弈的同时，往往忽视了诚信和社会责任的重要性。长此以往，将严重损害企业的品牌形象和长远发展。

二　互联网时代企业诚信的公众信任级差

在互联网时代，人们获取信息相对便捷，获取的信息也相对全面，在搜索、比较、参照、筛选等一系列信息行为中对企业有了更为全面的认识，也更容易形成信任级差。当然，信任级差的形成除了这些信息行为，还可能受到如下因素的影响，比如固有的消费习惯、消费对象的种类、企业自身的品牌效应等。

（一）公众信任级差的信任指数比较

公众的信任级差，一般来说，主要有以下体现：对不同的平台存在信任级差，即对不同平台上的企业的信任度不一样，比如对天猫的信任高于对一般网店企业的信任；对不同的品牌存在信任级差，这来自企业的品牌效应，比如对老字号、名牌产品等，消费者的信任度更高；对不同的商品种类存在信任级差，这与企业本身可能不存在太大关系，对于某些商品，公众的信任度并不会显著影响购买行为，或者即使企业不诚信，公众购买商品的风险也不大。

我们以食品安全为例，食品安全和食品消费信任关乎食品工业企业的诚信建构。[①] 消费信任的建立成为政府、学者、企业等共同关注的课题。本书参考相关行业信任指数，以我国公众对食品行业的信任指数为切入点进行分析，比如对食品信任与不信任的主要因素及其指标、对不同类型的食品的信任状况、对食品信任指数"高""中""低"的分档研究等。我们将信任指数划分为高度信任、中度信任、低度信任三度信任级差，并进行了信任指数初步调查（见表4-2）。

表4-2　食品安全消费信任指数初步调查

信任指数	信任客体	影响因素
高度信任指数	比如蔬菜、水果	品牌效应好；信任销售者；必需品，忽略潜在危险；亲友口碑传播；政策严格；传媒的广告宣传；等等
中度信任指数	比如肉类、油品	出现了些问题，但危险不大；个别出现问题，非普遍存在；可进行选择性消费；传媒监督、曝光、解释性报道；品牌厂商可以信任；等等
低度信任指数	比如奶制品	问题较多；政府监管不力，政策滞后；公众不相信标准；传媒报道甚多；等等

我们通过研究发现，对食品安全的不同种类，不同领域消费者有不同的认知，信任指数也有差异，对于产生级差的信任指数，归因有异，但都可以归于制度、经营者和消费者自身认识三个方面。这三个方面恰是消费信任建立的影响因素，也是传媒推动消费信任建立的着力点所在。

（二）公众信任建立的因素互动模式

根据以上对消费信任指数的分析，我们将消费信任建立的影响因素分为三个方面：消费主体、消费客体、消费环境（见图4-6）。我们需要探讨的是各个影响因素分别包括哪些具体内容，比如消费主体指消费者，其认知、情感、习惯等影响消费信任；消费客体指经营者（包括产品以

---

① 方艳、钟丽芳：《传媒推动食品消费信任建立的策略》，《青年记者》2017年第35期。

及相关的厂家、企业或者企业品牌）；消费环境指制度环境。消费者的信任是在这些因素的互动中形成和演变的。

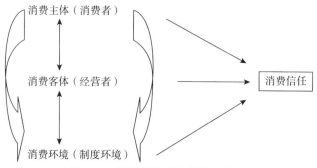

图 4-6 消费信任建立的影响因素

在具体的消费过程中，消费者首先接触到的是一个个具体的商品，通过消费接触或了解商家、厂家，在遇到问题时也观察市场监管、了解相关制度，又从媒介的报道中认识消费环境。可以说没有问题的时候信任指向是具体商品，而一旦有了问题，就不仅指向具体商品和经营者，更多的是指向制度和监管。因此从一定程度上来说，消费者通过对当前食品安全方面的制度、监管的认识，以及消费者对制度和监管对经营者的影响、制约的认识，形成理性的认知信任；消费者通过情感关联，比如认同感、归属感以及刻板印象形成感性的情感信任。这两种信任的形成都有一个过程（见图 4-7）。

图 4-7 信任产生的过程

认知信任可以促进情感信任的产生，情感信任反过来稳固认知信任。制度和监管是消费信任形成的前提和基础，也是消费信任形成过程中有力的杠杆和支撑。[1]

---

① 方艳、钟丽芳：《传媒推动食品消费信任建立的策略》，《青年记者》2017 年第 35 期。

(三) 公众信任建立的信息供给指向

1. 制度信息供给

通过上述研究，我们可以看到信任产生的过程主要包括消费者对制度、监管的直接体验和消费者观察、审视制度、监管对经营者的影响、制约。在消费信任建立的过程中，信息供给指向相应的政策和制度。这是消费信任建立的根本所在。[①]

鉴于以上分析，我们将传媒对食品安全制度的推动进行了差异性分析。根据信任指数的高低，消费信任建立的类型不一样，高度信任指向"保持型"，中度信任指向"修复型"，低度信任指向"重塑型"。在三度信任指数差异下，信息供给指向不同。[②]

三种信任类型建设的共同点是信息的传播和开放可以推动政策的制定和完善，提供专家和公众参与的平台，能显示政策过程的透明性，能对政策进行宣传、解读和进行政策执行的动员等。三种信任类型建设的不同点体现了食品安全事件发生的阶段性：高度信任指数下，基本处于某食品没有出安全问题的阶段——信息供给的工作指向"保持信任"；中度信任指数下，基本处于一类食品安全事件初发阶段——信息供给的工作指向"修复信任"；低度信任指数下，基本处于一些食品安全问题突出阶段——信息供给的工作指向"重塑信任"。[③] 具体分析如表4-3所示。

表4-3 信息供给推动食品安全制度的路径差异性初步分析

信任指数	建立信任类型	信息供给指向的共同点	信息供给指向的不同点
高度信任指数	保持	推动政策的制定和完善；政策过程的透明性监督；对政策进行解读，进行政策执行的动员；等等	主动发掘潜在性问题，提供议题并进行议题关联等推动政策制定；品牌保护性政策的制定与完善；等等
中度信任指数	修复		监督政策的执行和监管力度的加大；促进政策的评估和完善、修改；展示修改的措施、做法；展示公众的监督；等等
低度信任指数	重塑		促进政策的评估和修改；监督政策的执行和监管的力度；促进召回制度和追溯体系的完善，监督其执行；等等

---

① 方艳、钟丽芳：《传媒推动食品消费信任建立的策略》，《青年记者》2017年第35期。
② 方艳、钟丽芳：《传媒推动食品消费信任建立的策略》，《青年记者》2017年第35期。
③ 方艳、钟丽芳：《传媒推动食品消费信任建立的策略》，《青年记者》2017年第35期。

2. 沟通平台供给

消费信任的建立需要有效的制度保障，新媒体和信息的传播推动了其政策过程，推动了食品安全制度的制定。除此之外，消费信任的建立依赖于消费者与经营者、政府部门的沟通，这是不可缺少的环节。① 新媒体以及开放的信息平台因为本身的优势在食品安全消费信任建立中大有可为。

新媒体推动经营者与消费者间的沟通，推动政府与消费者间的沟通，把政府的政策、管理文件精神传达给消费者；把政府制定政策的过程介绍给消费者；把消费者对食品安全方面的意见传达给政府部门，让政府部门充分听取公众的意见；引导消费者参与政府政策制定的过程；开展经常性的政府与消费者的对话活动；等等。这种沟通方式容易使消费者产生对政策与监管的理解与信任。②

3. 引导教育指向

消费者科学、理性的消费观念以及经营者诚信意识和对食品安全的正确认识也是影响消费信任的因素，所以新媒体通过自身平台，宣传、熏陶、引导和教育，能促进诚信文化氛围的养成和消费信任的建立。

一是向消费者传播科学、理性消费观念。我国消费者对食品安全的不信任，有些确实是食品有问题引起的，也有一些是消费者知识和消费观念上的不足引起的。比如对转基因食品的认识问题曾引起过争议；对添加剂的类型、数量、种类问题也有不同的争议而在消费者中产生了"添加剂"恐慌等；即使是某些食品安全出了问题，也有无意的事故与有意的事件之分，一个是偶然的过失，一个是有意的损害；等等。在这方面新媒体有必要传播科学的消费知识，请专家讲解相关问题涉及的知识，让消费者掌握科学知识，建立理性的消费观念，这也是建立消费信任的重要的基础性工作。③

二是向经营者传播负责的、诚信的经营理念。要树立起真正的消费信任，其中关键的一环是经营者诚信自觉的养成。企业可以通过自己的平台树立一些典型，对失信行为进行曝光，不仅要加强相关职能部门的管理，还要增加思想教育活动，提升诚信认识。比如可以学习某些媒体

---

① 方艳、钟丽芳：《传媒推动食品消费信任建立的策略》，《青年记者》2017 年第 35 期。
② 方艳、钟丽芳：《传媒推动食品消费信任建立的策略》，《青年记者》2017 年第 35 期。
③ 方艳、钟丽芳：《传媒推动食品消费信任建立的策略》，《青年记者》2017 年第 35 期。

组织的活动，组织经营者进行很多流行观念如"诚信是否吃亏"的讨论，引导经营者树立负责任的、诚信的经营理念。这样不仅能促进相关制度发挥效力，更能弥补制度缺位和不科学之处。经营者思想认识的改变，能提高自身的可信度，从而建立和提升消费信任。[①]

三 互联网时代企业诚信与公众消费心理

在信息网络技术不断发展的趋势下，数字化生存时代的数字经济、全球经济贸易已成为现实，消费者面临的消费选择越来越多元化，人们的生活习惯、消费习惯都受到数字化革命的影响。在数字化的影响下，消费者的心理也在发生着改变。公众的消费行为和消费心理反映了公众对企业诚信的评价、认知和认同程度。同时，公众的消费心理本身也会对企业诚信的建构产生影响。所以在讨论企业诚信建构这一问题时，避不开公众消费心理这一议题。

（一）公众消费心理的积极建构效应

公众消费心理对企业诚信的积极建构首先体现为公众的监督维权心理，这能以破为立，促进企业诚信建构。比如 2018 年 3 月 13 日，名为"六六"的网络用户在微博发表《无赖京东》一文，其好友程女士在京东全球购购买了美国 Comfort U 护腰枕，而商家实际发货的是一个标识为 Contour U 的护腰枕，商品介绍与实物不符。消费者质疑后，商家进行了解释，称发错货可以退货退款处理，但拒绝接受"假一罚十"。博文中写道，随后程女士向京东客服投诉，京东客服也认为卖家发错了货；之后程女士又向多地消协投诉，都没有获得相应的受理。在此情况下，程女士找到"六六"，希望借由微博的力量将此事件公开。文章一经发出，引发社会的广泛关注。而对此，京东也做出了相应的回应。

公众消费心理对企业诚信的积极建构还体现为规范心理，这是以消费者本身的规范要求来促进企业的诚信建设，比如买环保绿色产品，要选择低碳的、低损耗的、低耗能的。但也有企业利用消费者的这一心理，把不环保的产品当环保的产品销售。这就形成了"漂绿广告"。但人们对"漂绿广告"的认知还很少，"漂绿广告"从问题发现、问题命名、

---

① 方艳、钟丽芳：《传媒推动食品消费信任建立的策略》，《青年记者》2017 年第 35 期。

问题动员到问题合法化这一建构过程还需要较长的时间。"漂绿广告"具有伪善性、隐秘性特点。消费者因为专业知识有限、检测不便，再加上信息不对称等，较难发现和维权。"漂绿广告"采用公然欺骗、双重标准、模糊视线、故意隐瞒、声东击西等方式欺骗消费者。这种虚伪的积极倡导绿色消费外衣下的欺骗，对消费者积极的心理建构会产生负面影响。消费者对绿色产品的期待可能受到伤害。另外，公众的习惯心理，比如对某一品牌的忠诚、对品牌价值的认可，能增进公众对企业的信任。

（二）公众消费心理的消极建构效应

公众某些消费心理同样也会对企业诚信建构造成负面影响。比如知假买假，其实是不认同企业诚信的，还有盲目的从众心理和利益心理，通过集赞或发圈分享来获得一定的利益，以及好评返利、刷单返利等。这对于企业诚信的建构而言，无积极意义。这些心理更多的是基于消费者自身的偏好或利益诉求，未能与企业诚信形成互动互构。

网络评论反映消费者对商品、企业或平台等的认可度，对商家的信誉和形象建构有着重要的作用和影响，同时这样形成的口碑传播也是消费者选购商品的重要参考标准之一。消费者购买商品前一般会以评论为参考，商家特别重视用户评论的数量和质量，会给予消费者一定的优惠待遇，并且对消费者获得优惠待遇提出要求以此来吸引消费者，提高消费者的购买欲望，增加消费者的忠诚度。而这些都是消费者以好评为代价的。有些网络零售商采用"好评返利"的方式，一方面促销，一方面获取好评。而且在用户差评后，还可能以利益为条件与用户协商，删掉差评。更有甚者，有的好评行为发生在售前，完全脱离商品和交易行为本身而进行评价。

除了好评返利，还有刷单行为的存在，即实际的交易并没有发生，只是为了追求销量而采取的行为，因为销量是一个激发他人购买欲望的因素。刷单行为直接给电商平台的销售、评价数据"注水"，破坏市场竞争秩序，误导消费者。这些都是为了短期利益牺牲企业的信誉和品牌公信力的行为。

以上两种情形都是为追求某些利益而进行的行为，这对企业诚信的建构都是极为不利的。除此之外，还有消费者被商家利用，失去理性，有时甚至随意起哄。

第四节　认知悖论：个人诚信主体的心理重塑

与传统媒体不同的是，移动互联网用户个体可依照自己的喜好，各自建立异构化的信息数据。用户个体在主动与被动、偶然与必然、表演与真实并存的情境中生产数据，并且通过各种媒体平台和传播渠道实现信息内容的传播与共享。互联网时代的公众具有了多重角色。他们可能是信息生产者，主动搜索信息者，主动使用信息者，还可能是信息的原创者、事件的制造者和推动者。公众个人发布的信息或者信息行为是其诚信与否的体现，包括个体在网络上的所有行为痕迹，比如网购行为、使用共享单车行为、发朋友圈……更为关键的是，所有的网络行为也是用户个体心理的体现，反映着个体的心理活动。

网络用户在网络世界中有着多重身份和角色，个体的身份认同特别是虚拟身份以及数字身份的认同，包括数字身份与现实身份之间的价值转换和相互建构，影响着个体诚信行为的认知和践行。鉴于网络社会与现实社会的差异，个体生存方式存在某些层面的不同，网络社会的个体心理与现实社会中的个体心理相比较，存在更多的悖论。

这些心理悖论对诚信信念的养成和坚定会有某些不良影响，把握个体的心理结构或者心理活动，对于社会诚信的建构有着根本性的作用。当然，在信息系统开放下，个人的线下行为也很容易传播，是个人信息重要的组成部分，我们可以综合线上与线下行为作为个人诚信意愿和能力的评价要素。

一　互联网时代个人诚信主体的身份认同

一般来说，在传统社会，个人诚信体系的组织系统由两个子系统组成：银行系统内的诚信评价系统和银行系统外的诚信评价系统。银行系统内的诚信评价系统由银行的信用风险分析、授信、监控系统组成；银行系统外的诚信评价系统由个人诚信评价公司组成。[①] 在互联网时代信

---

① 欧志伟、郭继丰：《个人诚信体系及其框架研究》，《郑州航空工业管理学院学报》2003 年第 1 期。

息系统开放格局下，个人诚信的认同增加了虚拟认同的内涵。关于虚拟认同，学界有多种看法。但无论哪个层面的虚拟认同，作为一种认同取向都有着共同含义：人在自己的虚拟实践活动中能够以某种共同的观念作为标准规范自己的行动，或以某种共同的理想、信念、尺度、原则为目标，并自觉将其内化为自己的认同取向。①

网络购物行为中的会员，淘宝中淘气值越高，会员级别越高，享受的待遇就越好，比如可以极速退款，就是在购买商品后若需要退货，系统会在用户申请退款后立刻退款到用户的账户，实现"即点即退、瞬间到账"。权益对象就是信用评级为"极好"或"优秀"且无催缴未还款记录的会员。淘宝的信誉评级是根据账户信息、购物历史、购物信用、购物合规、评价历史等 5 个维度综合评估而来的。有助于提升个人信誉评级的条件大多是以信息提供为代价的，比如实名制、绑定手机、绑定邮箱等以及提供购物记录和购物后的客观评价，甚至对评价信息还有字数要求或者需要上传照片及视频。综上所述，虚拟认同的完成，需要以虚拟空间对应的信息规则、使用原则、尺度为目标，将这些规则、原则和尺度内化为自己的行为与价值取向，从中获益。

信息系统的开放，是线上与线下兼有的开放，是虚拟与现实并存的开放。数字化生存、媒介化社会，是信息社会最重要的特征。② 由于人际交往媒介化，交往方式具有间接性。在人际交往中，最初的也是最主要的人际关系模式便是"人-人"关系模式。随着媒介的发展，实现了人际交往的超时空互动，"人-媒介-人"关系模式出现并逐渐占据了主导地位。③ 在以媒介为中介的交往中，交往主体的身份可以在一定程度上被掩盖，身份虚拟化已经成为较为普遍的现象，每个网民在网络系统中都拥有自己的虚拟 ID，交往主体总是通过一个或者多个虚拟身份与他人交往或进行其他网络活动。虚拟本身没有问题，但当今的实名制也存在局限或漏洞，恶意虚构自己的身份信息，从而欺骗他人就可以纳入个人不诚信的范畴了，有的甚至会产生违法行为。

---

① 贾英健：《论虚拟认同》，《湖北大学学报》（哲学社会科学版）2014 年第 2 期。
② 童兵：《让每个社会成员分享媒介化社会成果》，《新闻与写作》2006 年第 1 期。
③ 方艳：《论人际关系媒介化》，《国际新闻界》2012 年第 7 期。

二　互联网时代个人诚信主体的技术敬畏

心存敬畏才能行事谨慎。敬畏伦理是人类最古老并长期行之有效的不可触碰的底线。互联网时代对技术心存敬畏，对虚拟社会的运行规则心存敬畏，网络用户才能感于心、化于行，才能在网络世界里同样严格要求自己。信息系统开放不可避免地存在一些弊端，比如有人利用这些信息传播网络谣言、进行个人诽谤、盗用信息或进行网络欺诈等。这些行为体现了互联网时代信息系统开放下个人诚信的消极认同，个人对网络世界的规则和技术缺乏敬畏之心，是对诚信的亵渎。它产生的影响不仅在线上，还会蔓延到线下，延伸到现实生活当中。

身份欺骗是当前信息系统开放下社会中最为普遍的一种诚信缺失现象，比如有个人冒充公检法进行诈骗、冒充媒体工作者进行各种活动。之所以有人能得逞，在很大程度上也是源于他们对信息的了解和把握，同时，他们的行径能被揭露，与发达的网络系统也有关系。互联网为信息的查询提供了物质基础。这都是技术带来的功效。针对有人冒充"山西日报经济时讯部"部门主任，公开出售"山西日报报业集团工作证"等非法证件的情况，山西日报报业集团于2018年4月11日在《山西日报》发表声明，称集团所属各报刊采编人员的唯一有效证件是国家统一颁发的"新闻记者证"，并表示该证件的相关信息可以在中国记者等官方网站查询，而对于冒用山西日报报业集团名义进行诈骗的人，将保留追究其法律责任的权利。

从治理的角度，技术的威力得以体现。信息系统的开放促成了信息的联网与共享。在信息系统开放、共享的时代，"一处失信，处处受限"使得很多个人对诚信有一种惩戒式认同。因为有惩戒，所以有认同，这是对诚信的认可，对失信惩戒的敬畏。比如国家发展改革委、铁路总公司等八部门印发意见，要求进一步加大对其他领域的严重违法失信行为的惩戒力度，以防范部分旅客违法失信行为带来的不利影响，建议一定期限内可以适当限制特定严重失信人乘坐火车。与此同时，国家发展改革委、民航局等八部门印发相关文件表示，限制特定的严重失信人乘坐民用航空飞机。由此加大对其他领域严重违法失信行为的惩戒力度，将失信惩戒与日常生活联系起来是具有约束力的。除此之外，还有个人较重失信将禁止报考公务员等规定。

因为信息系统开放，数据联网，联合惩戒也可能涉及代与代之间的连带，个人由于担心连带影响从而对诚信产生认同心理进而守信。在某种程度上，个人的敬畏和信念可能比法律更有效。比如有一则报道为《父亲上了"失信"黑名单，儿子报考公务员受阻》，报道中项某是浙江省湖州市南浔区的一名"老赖"，为了逃避一万多元的债务，他曾失踪了8年。2016年，项某的儿子参加湖州公务员招考，并通过了笔试考试。项某的儿子担心他的父亲因纳入失信被执行人名单而影响自己的政审。在多方压力下，项某主动将欠款连同利息交到法院，表示立即履行生效文书确定的义务，并承认错误。后来，法院依法将项某从失信被执行人名单中除名。这起拖了8年的案件终于结案。①

三　互联网时代个人诚信主体的心理悖论

如前文所述，淘宝的信誉评级是根据账户信息、购物历史、购物信用、购物合规、评价历史等5个维度综合评估而来的，而有助于提升个人信誉评级的条件大多是以信息提供为代价的。再比如芝麻信用，在个人信息里面，明确提示"补全信息，以便更全面地评估你的信用状况"，页面底端也有"承诺"："芝麻信用已通过ISO27001信息安全管理体系认证，你的个人信息以严格的认证标准进行保护，未经你授权不会对任何第三方提供。"尽管如此"承诺"，但面对要补齐"学历学籍""职业信息""驾驶证""房产信息""公积金"等，我们还是心存顾虑，而不会为了芝麻信用的分数"奋不顾身"了。另外，也有手机软件在未取得用户同意的情况下，获取监听电话、读取手机联系人、定位等权限。

被Web2.0激活的个人信息资源，在基于用户社会关系的内容生产和传播的社会化媒体中得到最大程度的展示。个体在开放的平台中给予算法窥视的机会，一是主动分享，多见于用户在社交媒体平台中主动分享的内容，如短视频等内容的拍摄和分享，隐藏于画面内容中的数据信息与个体真实情况等的展示；二是权限同意，如注册账号时征求用户同

---

① 王刚：《父亲上了"失信"黑名单，儿子报考公务员受阻》，手机央广网，2016年7月6日，http://m.cnr.cn/news/20160706/t20160706_522603565.html，最后访问日期：2020年12月20日。

意的须知和相关权限的获取等。现在小程序种类异常丰富，我们在使用的时候一般需要注册才能登录，或者需要通过 QQ、手机号码、微信等其他方式登录。这些均可被认为是用户主动分享的、有意愿付出的内容。在用户开启有关权限的情境下，算法将进行数据采集并完成对用户轨迹的"描述"。App 超范围收集用户信息现象并不少见。根据爱加密大数据中心提供的数据，截至 2019 年 3 月底，该中心已收录安卓应用 270 多万个，iOS 应用 190 多万个，30%以上的 App 存在不同程度的越权、超范围收集等行为。2019 年 5 月 5 日，中央网信办、工信部、公安部、市场监管总局指导成立的 App 专项治理工作组起草了《App 违法违规收集使用个人信息行为认定方法（征求意见稿）》，该征求意见稿将 App 违法违规收集使用个人信息分为 7 种情形。

由上述分析可见，在信息系统开放的时代，公众在提供个人信息的同时也担心自己的隐私泄露，脸书泄露数据给了我们一个有力的论证，它凸显了公众在提供个人信息时既想自我暴露又有所保留的矛盾心理。比如当下朋友圈很火，它越来越多地介入我们的生活。我们用它来记录、分享、宣示一种存在。社交媒体时代，我们毫不夸张地说，朋友圈塑造着我们新的沟通方式、交流方式乃至认知方式，满足或者反映了我们"看"与"被看"的多样化的心理需求。但为什么有人会给朋友圈加锁而设置部分开放呢？比如朋友圈和状态设置为"不让他看"或者"不看他"。朋友圈权限中"允许朋友查看朋友圈的范围"设置为"最近三天"或者"最近一个月"或者"最近半年"，有的设置为"全部"；设置分组可见、分组不可见、只给部分人看等。技术让人们在人际交往中避开了一些人际尴尬，我们也可以根据自己的需要较为方便地调适与对方的距离，或者进行交往方式的选择。在心理因素之外，很多人不愿意在朋友圈过多地展示自己，甚至现在也有很多人关闭朋友圈。很多社交媒体平台，看似具有圈子特征，有一定的私密性，实则是一个公共领域，没有任何隐私可言。或许在朋友圈里面，不能说"没有真实的生活"，但肯定是有很多"不真实的生活"。展示的未必是真实的，真实的未必愿意展示。

信用得以变现，建立相应的信任关系，建构个体诚信，与社会、文化等相关变量密切联系。如前文所述，在互联网时代，人们的网络行为中存在隐私悖论现象。隐私的认知状况影响个体诚信等其他形象的建构。

互联网拓展了人们生活的空间，使现实生活场景延展到虚拟空间，给网络用户提供了更多的自由，但也增加了人们泄露隐私的风险。隐私作为一种个人私密性的信息，对它的认知在一定程度上决定着人们的内容发布以及与他人的互动诉求，从中可体现个人信息安全意识。在使用网络的过程中，人们依据自我对隐私的认知，在社交平台利用发现、模仿、想象[1]等方式有意识地分圈层发布信息，从而产生隐私悖论的问题。值得注意的是，在网络世界中，传统的隐私界定面临着挑战，隐私边界走向模糊。社交平台中的"部分可见""好友权限设置"等功能给用户提供了隐私管理的选择权，用户可基于对隐私的不同认知，划分隐私范围，有选择性地对不同对象使用网络权限设置，实现自己的使用意图。除了法律政策、安全技术等外界的被动地保护个体隐私的方式，用户的主动行为是防止隐私泄露的关键防线。[2] 人们对隐私泄露有一种本能的回避，但如果信息安全没有威胁到个体切身利益时，用户就没有那么在意，甚至可能忽略这个问题。

中国互联网络信息中心（CNNIC）2024 年发布的第 53 次《中国互联网络发展状况统计报告》显示，截至 2023 年 12 月，我国网民规模达 10.92 亿人，较 2022 年 12 月新增网民 2480 万人，互联网普及率达 77.5%。互联网时代社会诚信的建构离不开对网络用户的观照。网络用户在网络使用行为中的复杂心理，对社会诚信的认知，对复杂的网络环境与现实环境的差异体会，以及由此而产生的各种认知差异、认知悖论，将影响整个社会诚信的建构。

因此，本书综合运用问卷调查和深度访谈的方法，探究网络用户的隐私态度、隐私界定、隐私悖论等认知及影响因素，这将有助于分析网络用户隐私认知现状，拓展诚信建构研究，为社交平台功能的进一步开发提供建议，并能进一步把握其隐私认知对诚信建构的影响。

---

[1]   郑小芳：《自我生产下的自我认同：社交应用话语表达方式研究》，《新闻研究导刊》2016 年第 15 期。

[2]   Tufekci, Z., "Can You See Me Now? Audience and Disclosure Regulation in Online Social Network Sites", *Bulletin of Science*, *Technology & Society*, 28 (1), (2008): 20-36.

（一）隐私认知何以影响个人诚信建构

大数据征信挑战个人隐私边界，个人的互联网行为数据被记录下来，可以通过算法模型转换成对个人的信用评价。个人信息与隐私的边界进一步模糊。进而，互联网时代的诚信观念受到挑战。个人隐私认知也会影响到征信数据的有效性，或许，网络上抓取的很多数据不是个人真实的面目，很大程度上也不是个人全面客观的反映。

互联网时代的个人隐私认知悖论影响诚信的建构。在互联网世界中，人们总有这样的疑问，该以怎样的状态呈现自己，该如何保护自己，该如何消除某些隐私担忧，该如何避免个人信息或个人隐私被利用而带来的危害，互联网上的信息内容、交往对象有多少是可信的……这是互联网时代带给人们的困扰。当前，个人信息和隐私保护相关的法律体系还不完善，个人信息采集标准完全就是"黑箱"，数据交易的规范化欠缺，个人也可能对隐私泄露的途径和危害缺乏认知，而让不法分子或者图谋不轨者有机可乘。

大规模数据窃取、"流量劫持"、App 超范围信息收集、"大数据杀熟"……大数据行业发展中带来的数据安全问题和隐私问题等逐渐暴露出来。2019 年 5 月 22 日，新华社报道：最大简历库窃取简历 2 亿条，大数据行业发展频频"迷航"。当个人信息安全受到威胁，如何能保证诚信，如何能信任他人，互联网诚信何以能建构。

针对此种情况，为了更好地处理隐私认知和诚信的关系，我们接下来对隐私认知与个体诚信建构的关系进行研究，找到某些规律性的存在，以优化互联网时代的社会诚信建构，消除个体某些不必要的顾虑。

（二）文献回顾与研究假设

1. 隐私认知

隐私是指与公共利益、群体利益无关，不可告人或不愿公开的信息。然而，在互联网时代，隐私信息与公开信息之间的界限越来越模糊。尤其在后疫情时代，国家防疫的需要使大众不得不披露部分个人隐私，隐私的定义也就越来越模糊。信息是隐私还是公开，不是一个一成不变的属性，而是可以相互转化的。在互联网时代，人们根据不同需求不同程度地主动公开自己的隐私。在后疫情时代，人们出于社会责任感和公共利益的需要，也会主动披露自己的部分隐私。因此，隐私公开与否，取决于人们的主观判断。但很多时候人们也在被动公开一些信息甚至隐私。

国内学者对隐私认知已有相关研究，王强芬以儒家伦理为视角，对大数据时代隐私保护的困境进行了分析①；罗威通过"某网民直播自杀，后被网民人肉搜索并遭人身攻击"这一案例，分析了新媒体背景下侵犯隐私权的特征，探究了新媒体背景下保护隐私权的措施②。众多学者通过观察互联网时代网民的隐私披露及保护行为，发现互联网时代隐私保护的困境加剧。

基于上述研究结果，本书基于自身研究目的和前期初步调研结果，提出以下研究问题及相关假设。

问题一：网民在社交平台主动披露隐私的主要原因有哪些？后疫情时代，公共利益是否成为造成隐私让渡的主要因素？

假设一：社交平台隐私披露的原因呈现性别差异。

假设二：涉及公共利益时，网民愿意让渡个人隐私。

假设三：网民对自己的网络数据安全感较低，伴有隐私焦虑现象。

2. 互联网时代的诚信建构

20 世纪上半叶，皮亚杰（J. Piaget）从儿童认知发展的角度提出了"认知结构说"，这成为建构主义的理论来源。随后，科恩伯格（O. Kernberg）、斯滕伯格（R. J. Sternberg）、卡茨（D. Katz）、维果斯基（Vogotsgy）等在其基础上，对建构主义的内在运行机制做了进一步的探究。建构主义论认为，主动建构性、社会互动性、情境性是建构过程的三个基本特点。由此可见，建构本身是一种主观与客观相结合的过程。

网络诚信建构以建构主义为基础，是指在遵循网络发展的普遍规律和保护网民合法权益的基础上，构建有利于互联网发展的诚实守信的网络环境。经梳理，与本书相关的研究主要有以下两个方面。

一是造成互联网诚信问题的原因及解决方法。韩波基于中国社会现实，探究大数据背景下网络诚信建构的可能进路③；余静则从涉及互联

---

① 王强芬：《儒家伦理对大数据隐私伦理构建的现代价值》，《医学与哲学》2019 年第 1 期。
② 罗威：《新媒体：如何在交互行为中坚守诚信底线及其隐私权保护》，《东南传播》2016 年第 11 期。
③ 韩波：《熟人社会：大数据背景下网络诚信建构的一种可能进路》，《新疆社会科学》2019 年第 1 期。

网的诚信问题出发，分析造成互联网诚信问题的原因①；李响通过分析互联网时代网络社会诚信体系建设的重要性，阐述网络社会信用体系建设的必要性和可行性②；张萌基于对网络诚信问题的审视，分析网络失信的原因，探究其解决之道③。

二是互联网时代网民的隐私保护行为研究。卢家银立足于疫情防控的应急非常法环境，以保护动机理论为基础构建理论模型，对该时期互联网用户的隐私保护行为及其影响因素进行了实证分析④；施思在传播学视域下分析了进行数据隐私自我保护的原因、内涵和方法，对自我保护的重要性、必要性、保护思路、国外经验和具体措施进行了论述⑤。

基于上述研究成果，本书根据研究选题提出以下研究问题及相关假设。

问题二：网民是否信任平台会保护自己的隐私？隐私的自我保护是怎样影响互联网诚信建构的？

假设四：网民会以隐私自我保护为理由将自己的不诚信行为合理化。

假设五：网民更多通过自我保护来防止个人的隐私被侵犯利用。

假设六：网络平台在涉及网民隐私的问题中处于强势地位。

（三）研究方法

1. 问卷调查

在研究的第一阶段，本书根据以往经验及以往相关研究制定问卷，随后将其发放给20名网络用户进行预调查，根据反馈结果将问卷中存在的问题进行整理与修改，于2022年3月26日至4月10日通过在线问卷调查平台"问卷星"发放"互联网时代网络行为中隐私认知与网络诚信建构调研问卷"，发放对象为国内各地区高校大学生、多行业网络用户，共收回有效问卷1553份。

①　余静：《网络时代诚信研究》，《现代经济信息》2015年第17期。
②　李响：《浅析网络社会诚信体系建设的现状、问题和对策》，《品牌与标准化》2016年第1期。
③　张萌：《网络诚信问题的伦理审视》，北京邮电大学硕士学位论文，2018。
④　卢家银：《非常法时期互联网用户的隐私保护行为研究》，《国际新闻界》2021年第5期。
⑤　施思：《传播学视域下数据隐私的自我保护》，华中师范大学硕士学位论文，2019。

问卷包括个人基本信息、网络使用时长、对诚信行为和失信行为的判定、网络使用行为情况、隐私与诚信关系的处理等内容。对诚信行为和失信行为的判定设置了情境即使用非真实信息进行网络注册，并进一步对其认知结果——认为是诚信/失信行为——进行进一步原因调查。在对隐私的认知上，根据前期调研，设置了几个常见问题：您认为 App 会泄露您的个人隐私吗？在安装使用 App 时，您是否会浏览"用户协议和隐私设置"？在社交软件比如 SOUL、微博上会比在现实生活中主动披露更多隐私吗？您对自己的网络数据有安全感吗？同时，对其各自行为背后的原因进行了解。除此之外，本问卷结合疫情期间的数据使用和隐私问题，根据隐私场景，了解隐私的认知边界和认知场景，这有利于深层次地探讨隐私之于公共利益和个人利益之间的界定、选择、正确认知。最后是对隐私和诚信的协调问题的调研，开放式问题方便获取更多的数据，在对网络用户的认知进行了解的基础上，也有利于提出针对性建议。

2. 深度访谈

在研究的第二阶段，为了进一步探索互联网时代网络行为中隐私认知与网络诚信建构的关系，笔者依据问卷调查收集的数据，针对形象建构内容的差异及其影响因素做了进一步探究。在充分考虑职业差异、性别差异、年龄差异、地域差异的基础上，笔者选取了全国各地的网络用户 20 人进行了深度访谈。

（四）研究发现

1. 社交平台隐私披露的原因呈现性别差异

问卷针对网民的社交软件隐私披露意愿进行了调查，询问"在社交软件比如 SOUL、微博上会比在现实生活中主动披露更多隐私吗？"这一问题时，男性选择"会"及"会披露一部分，涉及自己利益的不会披露"的所占比例为 51.43%，与女性基本持平。

然而，男性和女性在社交媒体上主动披露隐私的原因有所不同（见表 4-4）。男性披露隐私更多是因为"平台引导，按照平台要求进行实名制、绑定其他平台账户等"，其次是"自我记录的需要，将自己的生活点滴记录在社交媒体上，以此获得满足感"。女性与之相反，自我记录的需要是她们披露隐私的首要原因。对于社交软件实际使用中的隐私披露，男性更显被动，女性更显主动，女性在网络中的自我展现需求更高，表达欲也更强。因此，社交平台隐私披露的原因呈现性别差异。假设一成立。

表 4-4　性别与隐私披露原因交叉分析

单位：人，%

性别	A. 社交需求，想在网上交友	B. 流量需求，想拥有更多粉丝	C. 平台引导，按照平台要求进行实名制、绑定其他平台账户等	D. 自我记录的需要，将自己的生活点滴记录在社交媒体上，以此获得满足感	E. 发布内容时无意间暴露了自己的隐私	F. 其他（说明理由）	小计
男	116（40.28）	46（15.97）	143（49.65）	130（45.14）	75（26.04）	4（1.39）	288
女	117（23.12）	65（12.85）	237（46.84）	322（63.64）	178（35.18）	5（0.99）	506

注：括号内为占比。

在问卷调查的同时进行了深度访谈，访谈对象中男女各占一半，访谈结果和以上调查结果基本一致。为了弥补单纯从性别上去考量隐私披露差异的局限性，在访谈的时候对职业差异和地区差异进行了一定程度的关注。在此基础上对职业差异、地区差异等因素进行考量，不同的职业的隐私披露态度和披露原因略有不同。山东一高校的教师说："选择性地披露隐私是常态，不会认为是不诚信，也不是对网络社会不信任。关键是网民的力量太巨大，担心有人恶意炒作。这对自己的职业会有不利影响。"但也有受访者持无所谓的态度，如湖北一个体工商户说："对隐私没有太大的感觉，反正作为一个普通人，我们的生活与别人也没有什么关系，我说的是真是假，只要不害人，那也无所谓。发发信息，好玩而已。"

2. 公共利益重于个人隐私的认知

在"对疫情期间提供行程大数据怎么看？"这一问题上，有 81.84% 的人选择了"涉及公共利益，我应该主动配合"，16.68% 的人选择了"国家强制要求，可能会泄露隐私，但会被动配合"（见表 4-5）。与该问题相仿，人们在回答"对疫情期间流调数据披露，您会主动提供吗？"

这一问题时，选择"会，这是国家防疫需要，会积极配合"的所占比例最大。

表 4-5　疫情期间提供行程大数据的认知与是否会主动提供流调数据的交叉分析

单位：人，%

	A. 会，这是国家防疫需要，会积极配合	B. 会，但是希望政府公布时能把握好分寸	C. 不会，害怕自己的隐私变为谈资	D. 视情况而定	小计
A. 涉及公共利益，我应该主动配合	974（76.63）	264（20.77）	8（0.63）	25（1.97）	1271
B. 国家强制要求，可能会泄露隐私，但会被动配合	87（33.59）	146（56.37）	14（5.41）	12（4.63）	259
C. 不合理，有抵制情绪	4（17.39）	2（8.70）	13（56.52）	4（17.39）	23

注：括号内为占比。

当今互联网时代，数据治理已经成为一种大趋势。后疫情时代，科学研判、精准评估的抗疫举措需要公民配合流调，有关部门需统计公民所在位置、行程等个人信息。这不仅牵涉公民个人的健康状况，也是对疫情所产生的潜在风险进行评估的重要一环，涉及全社会的共同利益。而从这两个问题的回答来看，人们在面对涉及公共利益的问题时，绝大多数人认为公共利益高于个人隐私，应以大局为重。深度访谈所得结果与此调研结果高度一致，无论是什么职业、哪个地区的网络用户，均认为在公共利益面前，特别是在疫情期间，公共利益高于个人隐私，非常愿意提供相关的数据给政府部门。假设二成立。

3. 网民对自己的网络数据安全感较低

24.34%的网民认为对自己的网络数据"完全没有"安全感，55.63%的网民称"偶尔有"安全感（见表 4-6）。询问"您认为 App 会泄露您的个人隐私吗？"这一问题时，56.47%的网民认为会泄露，41.6%的网民认为有的会而有的不会。与此同时，有 26.55%的人表示，尽管自己会主动提供疫情期间的流调数据，但仍希望政府在公布时能把握好分寸。

表 4-6　您对自己的网络数据有安全感吗？［单选题］答案统计

单位：人，%

选项	人数	占比
A. 有	311	20.03
B. 偶尔有	864	55.63
C. 完全没有	378	24.34
合计	1553	100.00

目前，国家虽然出台了系列政策以保障网民的个人信息安全，不少平台也有相关的保证和承诺，但网民隐私泄露焦虑始终存在。有网民提出："说是一套，做是一套，我也没有办法证实企业所说的真假，只有自己保护好自己。"尽管近年来净化网络环境取得了显著成效，但网络失信行为仍然不同程度地存在，这也让网民对于 App 承诺的"用户协议和隐私设置"半信半疑。总体来看，网民的网络数据安全感较低，即便有官方信誉保证，也未能减轻网民的隐私焦虑。所以在社交媒体上，与现实生活相比，更多时候是人与机器在交流，但用户还是有更多的隐私顾虑。从数据来看，48.87%的网络用户在社交软件比如 SOUL、微博上不会比现实生活中主动披露更多隐私；42.63%的网络用户"会披露一部分，涉及自己利益的不会披露"；只有 8.5%选择会披露更多隐私。这说明，网民对自己的网络数据安全感较低。假设三成立。

4. 网民以隐私自我保护为理由将自己的不诚信行为合理化

调查发现，77.24%的网民认为使用非真实信息进行网络注册不属于失信行为，这主要是因为网民无法保证平台会保护个人隐私，不能将出于自我保护动机而提供非真实信息归于失信行为。有网民认为，在对自身并不能造成影响的情况下，以非真实信息在网络中与他人交流是处于可接受范围内的，同时也需要对真实信息具体分析，比如是需要注册昵称还是提供身份证号，两者所带来的后果不同，应该分开讨论。

在网络社会中，人们对于传统的隐私及诚信的认知出现了变化，个人信息的范围边界有所模糊，人们不再以传统意义上的失信行为为标准评判互联网中的个人言行。言行产生的原因和后果才是确定失信行为的重要依据。假设四成立。

5. 网民更多通过自我保护来防止个人隐私被侵犯利用

问卷针对网民在互联网中对待隐私和诚信的态度设置了开放式问题，"首先保护自己的隐私"是更多网民在处理隐私和诚信关系时的做法，从中也可看出网民的隐私保护意识较强。至于如何防止隐私被侵犯利用，77.24%的人基于"不相信平台会保护自己隐私的行为，属于自我保护"，因此才在进行网络注册时使用非真实的信息。这是自我保护的手段，同时也是网民使用非真实信息的"正当理由"。有不少网民认为当前的网络信息保护机制还不够完善，在此情况下，自我保护是确保隐私不被侵犯利用的首要手段。

值得注意的是，尽管许多网民在实际生活中更多以自我保护的方式避免隐私泄露，但其依旧希望外部力量可以介入，相关部门应帮助营造良好的网络社会环境，协调诚信与隐私的关系。更多的网民认为完善法律法规、出台相关政策、加强道德体系建设才是未来解决侵犯隐私等问题的主要手段。假设五成立。

6. 网络平台在涉及网民隐私的问题中处于强势地位

尽管许多网民在社交媒体上主动披露隐私是基于个人自身的社交需求、记录需求，但是无论是愿意主动披露隐私的网民，还是有选择性地呈现个人隐私的网民，都认为"平台引导，按照平台要求进行实名制、绑定其他平台账户等"是促使网民披露隐私的重要原因之一。而在回答"造成您对自己的网络数据缺乏安全感的原因是什么？"这一问题上，更多的网民选择了"感觉自己在网络或现实中的聊天内容被各种 App '监听'了"和"上网时经常收到垃圾信息、广告等，逐渐丧失了安全感"。深度访谈的对象对这也是深有同感，感觉现在毫无隐私可言，某些时候已经处于"隐私麻木"状态了。

有网民表示，对身份泄露、身份编造等信息滥用的现象"无可奈何"。尽管知晓会有隐私泄露的可能，但用户为了使用某一平台仍不得不填写身份信息。由此可见，社交媒体平台在网民上网过程中拥有很大权力，甚至控制、改变着网民的内容使用倾向，而被网民所感知的"监听"与"广告"也从另一方面印证着平台的确存在对用户数据进行使用与分析，甚至不合理或者违法使用行为。如何监管平台将网民的数据使用控制在合理合法的范围内，这也正是网民希望解决的问题。假设六成立。

（五）结论与讨论

1. 对诚信与隐私的认知受网络生存空间影响较大

网络生存空间是网民心理产生的土壤和物质基础。受网络空间的虚拟性、不确定性以及很多不可见和不可预见因素的影响，网民对网络的信任度普遍偏低，网络安全感缺乏。另外，社会诚信问题特别是网络诚信失范事件的频发，给网民的心理也造成了影响。媒介环境影响网络用户的认知。在此情境下，网民更多的是出于自我保护的角度而选择必要的措施，哪怕存在是否诚信的争议。所以网络环境本身的净化包括对平台的管理非常重要。

2022 年 3 月 17 日，国务院新闻办举行 2022 年"清朗"系列专项行动新闻发布会，"清朗"系列专项行动具体包括 10 个方面的重点任务：一是"清朗·打击网络直播、短视频领域乱象"专项行动；二是"清朗·MCN 机构信息内容乱象整治"专项行动；三是"清朗·打击网络谣言"专项行动；四是"清朗·2022 年暑期未成年人网络环境整治"专项行动；五是"清朗·整治应用程序信息服务乱象"专项行动；六是"清朗·规范网络传播秩序"专项行动；七是"清朗·2022 年算法综合治理"专项行动；八是"清朗·2022 年春节网络环境整治"专项行动；九是"清朗·打击流量造假、黑公关、网络水军"专项行动；十是"清朗·互联网用户账号运营专项整治行动"。这都将为规范网络传播秩序发挥作用。

2. 个人利益与公共利益兼顾的隐私让渡缘由

在互联网时代，网民有主动的隐私披露，也有被动的隐私让渡行为，这既有传播科技的持续渗透，又有个体在实现隐私自主过程中个性化选择的因素，还有公私组织对个人信息的合理使用以及网络平台责任缺失的影响。[1] 在疫情期间，为了共克时艰，基于公共利益，网民自觉地提供相应的信息，并且表示支持。对隐私的合理使用，是国家对个人利益和公共利益进行的利益平衡，最终目的是维护公共利益。[2] 可见，无论

---

[1]　卢家银：《无奈的选择：数字时代隐私让渡的表现、原因与权衡》，《新闻与写作》2022 年第 1 期。

[2]　卢家银：《无奈的选择：数字时代隐私让渡的表现、原因与权衡》，《新闻与写作》2022 年第 1 期。

是网民心理，还是法律规定，公共利益都占有绝对优先位置，并得到重视。这也是人类命运共同体建构的应有之义。

3. 隐私场景影响网民的认知和守信行为

隐私具有相对性，对谁而言是隐私、在怎样的场景下为隐私、是正当性隐私还是过度解读的隐私……这些认知来源于不同的场景，不同的认知产生不同的行为，守信的或者不守信的。

在受访者中，一般认为不会对他人造成伤害的、源于玩笑、虚拟存在，或者是善意的谎言，这些隐私的暴露与否、真实与否，都没有什么关系。在这些场景中，人们对隐私的认知和守信与否没有更多的思考。行为相对随意，也不会造成什么危害。但是在问卷调查中，有 22.76% 的人认为使用非真实信息进行网络注册属于不诚信行为。有人补充说："不管是出于保护自我还是其他原因，毕竟提供了不真实信息，就是不诚信行为。"尽管这代表极少人的观点，但也给了我们启示，作为个体提供的数据，在数字化治理时代，极有可能成为依据或者参考，比如算法推荐的依据。如果源头的数据不真实，或者在网络用户的个体认知中对虚假与否无感，则是不利的。这对社会治理、网络规范以及用户个体素养提升都有一定影响。要求网民提供真实信息，就要建立信任关系，这需要政府、平台以及网民自身等多方的努力。

第五章　互联网时代社会诚信建构的对策行动

对策行动是指人们为了改变或者维持特定社会现实而采取的行动，包括语言交流、符号表达、规范制定、权力斗争等。对策行动不仅能够反映出社会现实的存在和影响，也能够塑造和改变社会现实。在社会诚信的建构中，对策行动是指对所建构的、日益在社会各群体心中达成共识的问题采取针对性的行动，以期问题得到解决，诚信观念得到巩固，社会诚信得以建构。采取对策行动实际上就是对已有诚信氛围的维持以及对失信问题的治理等。对策行动的主体主要是政府，通过制定政策采取针对性行动。在开放的互联网空间里，公众有了更多的话语权，这是与以往所不同的。在互联网时代，媒体、公众的建构很多时候对政府的建构产生促进和推动作用，媒体和公众倒逼政府采取相关行动。社会诚信以及不断涌现的诸多新的议题从最初的引起社会关注，成为全社会普遍关注的议题，到现在社会诚信建构取得很好的效果，这与政府积极主动地解决社会诚信问题和建构诚信文化是密切相关的。政府采取了积极的行动，做了很多开拓性的工作。这也是社会诚信建构的根本力量。

政府借力技术特别是互联网，采取对策行动，政策与技术结合，提升了诚信建构的效力。互联网等新媒体技术平台是社会多元主体交流的平台，是社会普通公众权利得到保障的契机。多元主体包括政府、企业、各种社会组织，还有公众。主体构成呈现多层次、多元化特征。互联网时代的对策行动，最大的变化是网民的参与，其积极性得到有效调动。尽管在很多方面还需要进一步规范和引导，但广大网民已经发挥了很大的作用，是不容忽视的建构力量。

其中，将各主体联结起来的，是联网共享。联网共享是互联网的一大特征，在社会诚信的建构中充分发挥其优势和特点，使各主体打破"信息孤岛"，从而提高社会诚信建构的效度和力度。社会诚信建构呈现体系化特征，国务院于 2014 年 6 月 14 日印发的《社会信用体系建设规划纲要

（2014—2020年）》得到落实。社会信用体系建设的基本路径是实现诚信价值观的制度化。① 中国的社会信用体系建设首先起步于经济治理，力图对经济活动中的各种乱象加以整治，为此我们与国际接轨，引入了征信等专门信用制度。但此后，社会信用体系又延伸至社会治理领域，将违法行为视为失信行为，尝试将信用制度运用于遵守法律这个领域，开创了公共信用体制，为社会治理提供了一种新型手段。② 2022年3月，《关于推进社会信用体系建设高质量发展促进形成新发展格局的意见》由中共中央办公厅、国务院办公厅印发，并发出通知，要求认真贯彻落实。这是继国务院发布《社会信用体系建设规划纲要（2014—2020）》之后，我国又一次发出的信用体系建设最强音，是对社会信用体系建设进行全面系统安排的一部重要政策性文件。截至2022年，"社会信用体系"已有九年被写入《政府工作报告》。这表明了中国政府对社会信用体系建设的重视和决心。

在互联网时代的社会诚信建构中，大数据成为新能源，是诚信建构和失信治理的积极资源。数字治理将大数据和社会治理连接起来。大数据的"全样本"与公共治理的"多主体"、大数据的"方法性"与公共治理的"科学性"、大数据的"可去中心"与公共治理的"整体性"等特点彼此契合、交相匹配，成为二者互动融合的内在动力。③ 基于社会信用体系建设的总体规划，互联网时代的社会诚信建构发挥大数据的优势，积极转向数字治理，这实际上是一种技术策略。利用大数据技术进行社会诚信的全方位、深层次建构，社会信用体系建设实践践行系统化理念，比如在数据联网的基础上构建联合奖惩机制。在数据治理的过程中，特别是在跨领域、跨主体、跨区域合作方面，数据联网和共享起了关键作用。大数据是人们获得新的认知、创造新的价值的源泉，是改变市场、政府机构、社会组织以及政府与公民关系的新方法和新途径。④

---

① 王伟、欧阳捷：《"十四五"时期我国社会信用建设高质量发展展望》，《社会治理》2022年第1期。
② 王伟、欧阳捷：《"十四五"时期我国社会信用建设高质量发展展望》，《社会治理》2022年第1期。
③ 马海韵、杨晶鸿：《大数据驱动下的公共治理变革：基本逻辑和行动框架》，《中国行政管理》2018年第12期。
④ 〔英〕维克托·迈尔-舍恩伯格、肯尼思·库克耶：《大数据时代——生活、工作与思维的大变革》，盛杨燕、周涛译，浙江人民出版社，2013，第9页。

比如 2022 年国家发展改革委印发的《关于推动长江三角洲区域公共资源交易一体化发展的意见》提出，完善信用信息归集共享和使用机制。依托统一的社会信用代码和有关行业信用信息系统，建立公共资源交易市场主体信用信息库。大力推进信用分级分类监管，加快构建跨地区、跨交易领域的失信联合惩戒机制，建立健全信用修复机制。健全交易数据部门共享机制，完善数据共享目录和标准，提升数据共享统筹协调力度和共享效率，健全数据安全风险防范机制，加强数据使用全过程管理，保障数据可信、可控、可管。积极运用大数据、区块链、人工智能等技术手段，加强对交易活动的监测分析，提升监管能力和水平。①

此外，诚信是一种道德观念。道德既是国家治理的对象，也是国家治理的手段。本书中，"道德治理不是'治理道德'，而是运用道德的'应当''不应当'这一特殊命令方式发挥其'扬善'和'抑恶'的社会作用"②。社会道德治理就是以社会主义核心价值为指引，将其渗透到社会治理实践中去，以保证社会治理过程中的价值取向正确，并正确引导社会各种不同价值观，从而塑造积极、健康、正确的社会价值观念形态，构建秩序良好、诚信友爱、风清气正的和谐社会。③ 习近平总书记做了很多关于道德治理的论述。法治和德治，都是治理国家的必要手段，有着各自的特点和优势。同时也存在各自的局限性，需要德法共治，推进二者相互促进，道德教育和法制教育并举，增强全民诚信法治意识和道德自觉。

互联网时代的社会诚信建构，理所当然地包括基于技术策略的社会诚信建构和失信的治理，这主要体现为制度的规范，需要制定相应的政策法规。这也可以被称为法治。社会诚信建构，不仅需要法治，还需要道德的力量，即道德治理。这主要是一种文化策略，文化是道德治理的载体，有助于社会诚信教育、营造诚信氛围、建设诚信文化、加强诚信自律等。虽然在互联网时代，人们的很多行为数据联网，纳入大数据的

---

① 《国家发展改革委：加快实现长三角区域市场主体信用信息交换共享》，信用中国（山东泰安），2022 年 3 月 25 日，http://credit.taian.gov.cn/detail.do?contentId=dc7f6df4eb2d4b9e9e9c8bde7af53159，最后访问日期：2022 年 3 月 25 日。

② 王艳：《道德治理：道德发展进步的历史逻辑》，《道德与文明》2016 年第 1 期。

③ 凡景强：《社会道德治理的价值取向及其实施路径研究》，《重庆邮电大学学报》（社会科学版）2017 年第 1 期。

范围，为社会治理提供了便捷，但还是有很多"漏网"的主体或者客体内容，而且也有很多法律规范管不到的内容，需要道德的约束。

面对互联网时代社会诚信议题遭遇的复杂性和多变性环境，要克服制度设计和制度安排的不足。前文已经介绍了社会诚信建构的制度层面的反映，失信问题的治理依赖于制度。在互联网时代，对技术的依赖是一种常态。而行动导向是以道德思维来展开行动，比如营造诚信文化氛围，培育个人诚信观念。

第一节　互联网时代的"协同性"治理

"协同治理是个人、各种公共或私人机构管理其共同事务的诸多方式的总和。它是使相互冲突的不同利益主体得以调和并且采取联合行动的持续的过程。其中既包括具有法律约束力的正式制度和规则，也包括各种促成协商与和解的非正式的制度安排。"① 也就是说，众多利益相关主体，面对共同问题，基于一定的共识、信任与合作，采取集体行动，致力于实现既定目标的行为与过程。② 在互联网时代，将利益相关者连接起来，发挥互联网等技术优势，建构多主体信息沟通平台，完善多元主体协调治理模式，对社会诚信建构来说尤为必要。多元主体相互协同，有利于弥补单方面力量的不足，激发各自的积极性和主体优势，也有利于减轻政府负担并提高治理效率。

一　互联网时代"协同性"治理的必要性及可能性

（一）协同治理是我国社会治理增效的必然选择

从 2013 年"推进国家治理体系和治理能力现代化""创新社会治理体制"的提出，到 2017 年党的十九大报告提出"打造共建共治共享的社会治理格局"，要完善党领导、政府负责、社会协同、公众参与、法治保障的社会治理体制，联动多中心治理主体，构建协同共治格局已是大势所趋。多中心协同治理理论自提出以来，就广泛应用于各种公共问题的

---

① 刘伟忠：《我国协同治理理论研究的现状与趋向》，《城市问题》2012 年第 5 期。
② 黄开兴、王金霞、白军飞、仇焕广：《农村生活固体垃圾排放及其治理对策分析》，《中国软科学》2012 年第 9 期。

解决。作为一种治理理念，其本身具有开放、平等、对话和协商等观念，而网络社会中也同样有着深厚的开放、共享、平等与协作等特点，两者在价值观念上具有高度的契合性。① 所以，协同治理用于解决互联网时代的诚信问题具有可行性。

协同治理是一种强调多元主体共同参与、协作共赢的治理模式。在互联网背景下，社会问题的复杂性和综合性要求各治理主体之间必须进行高效的协同合作。通过协同治理，促进政府与社会组织、公众之间的良性互动，进而整合各方资源，形成共建共治共享的社会治理格局，弥补单一主体治理的缺陷，提高治理效能，从而更好地满足社会发展的需要。

政府是协同治理的主导力量和决定性力量。其他治理主体与政府之间是一种平等的关系，多方协商，协作共治，"通过合作、协商、伙伴关系、确立认同和共同的目标等方式实施公共事务的管理"②。发挥各主体的特有优势，共同推进社会公共事务的发展。这是我国社会治理走出治理困境、保证治理效果的必然和现实的选择。党的二十届三中全会的统筹协调理念为协同治理提供了重要的指导思想。全会强调要进一步深化改革开放，推进国家治理体系和治理能力现代化。这要求我们在社会治理中注重顶层设计，加强总体规划和战略布局，实现各项治理措施的协调配合。通过统筹协调，我们可以更好地整合资源，优化流程，提高治理效能。

（二）互联网时代的新议题新特征呼唤新的治理方式

网络社会的虚拟化特征，将现实社会拓展到新的领域，互联网诚信成为一个重大议题。网络技术给人类社会带来便利的同时也带来了风险。互联网诚信存在的诸多问题给当今社会的治理带来新的挑战。网络社会主体多元，社会诚信主体多元。治理网络时代的诚信问题，建构互联网时代的社会诚信依靠政府的力量相对单一，这必然要求社会治理主体的相应增加、赋能、协同。

---

① 白龙：《网络语言暴力问题的现实困境与治理转型——基于多中心协同治理的理论视角》，《江西警察学院学报》2024 年第 2 期。
② 俞可平主编《治理与善治》，社会科学文献出版社，2000，第 6 页。

网络技术环境下用户主体虚拟化生存、离散性存在，网络诚信问题变着花样存在，诚信议题与其他议题共存，边界模糊，甚至叫人真假难辨，扑朔迷离。互联网时代诚信出现了更多的新议题，这些议题关乎社会生活的多个领域，甚至是方方面面。政府只有与其他主体合作，才能高效解决问题，实现社会诚信的有效建构。法律法规的执行本身也涉及多个部门的合作。比如经营者对商品作虚假或者引人误解的宣传可能会同时违反以下两部或三部法律规定：《中华人民共和国消费者权益保护法》《中华人民共和国反不正当竞争法》《中华人民共和国广告法》。因为广告活动涉及领域较为广泛，与其他违法行为交织的情况很容易发生。因此，违法广告活动有些会同时触犯几个相关的法律，这就需要不同的执法部门共同实施监管和查处。

（三）互联网的"开放、平等、共享"为协同治理奠定了基础

2024 年，中国互联网络信息中心（CNNIC）发布的第 53 次《中国互联网络发展状况统计报告》显示，互联网普及率达 77.5%。互联网已深度融入人们日常生活。互联网终端设备的使用更加多样化。互联网技术建构了一个网络社会和网络空间。网络空间是网民发表言论、表达情绪、表明态度和偏好的重要场域。虚拟化的网络开放系统，为各种热点议题的充分讨论创造了条件。网络是成本最低、相对有效的传播平台，可以用来呈现社会议题包括曝光社会敏感话题，甚至利用网络平台监督政府。另外，网络空间的虚拟性和性价比，方便公众参与，大大提高了公民参与社会治理的积极性。

网络平台的平等性使来自社会普通公众甚至是底层草根群体的声音，能够传递出来，让其在更广的范围内得到关注成为可能。这种来自网络的声音也正是普通民众要求参与社会治理的表现。而网络的发展显然给予了他们满足参与社会治理需求的平台。他们的话语表达至少为社会治理提供了参考，不同程度地影响着社会治理。另外，个人议题成为公共议题，得到全社会广泛关注进而得到重视，或问题得到解决的可能性获得提高。这就从另一个维度推进了网络协同治理。

互联网连接一切，网络的开放共享性意味着任何人都能较为自由、自主地从网上获取、分享信息，发表意见，进行个性化选择。这内在地推动了社会治理开放性的发展趋势。网络空间的开放性促进了社会治理开放性的实现，这源于社会个体之间的联系和互动得到了加强，社会治理的协同性就有可能增强。社会治理的效率相应提高。互联网使我们对世界的情况了解更多、更深刻，我们有了更多的弱连接，我们意识到了更多的新信息和新观点。动员大众参加政治或其他活动更加容易。多元主体得以整合的社会协同治理格局的形成，在互联网时代成为可能。

二 "协同性"治理对策行动的要素和目标

社会诚信的建构最终要落实在行动上。社会诚信建构的对策行动，即各主体采取针对性的行动，建构诚信社会，强化诚信观念，解决失信问题，规范和完善诚信制度，同时防患于未然。在对策行动中，制度是必需的，但不是全部。在互联网时代，社会复杂性增加，不确定性因素和不确定性风险增多，以往在不同于现有的社会背景下提出的政策未必是有效的。互联网时代的全球化、工业化背景，要求我们重新审视制度层面的规范，寻找更为合适的途径去实现社会各利益主体间的对话，去协调各种利益关系。一方面是制定适应当前互联网社会的制度，规范社会，维护社会的秩序；另一方面是转到行动导向上来，让社会治理呈现依据道德去展开行动的状态。本书在此部分将社会诚信建构的活动定为"对策行动"，是基于制度规范的、对行动的重视。这也是对社会治理的制度性反思，对行动模式的思考和探索。制度的创新不是万能的钥匙。制度不能脱离实践，而行动直接源于实践，作用于实践。而且互联网时代的行动，各主体之间是一种合作的状态。"在高度复杂性和高度不确定性条件下，行动体系无论巨微，都将是合作的。在形式上和性质上，都必须用合作这个概念加以标识。"①

基于"协同性"治理的对策行动，我们可以对其内涵、指标、作用、目标等相关要素进行分析，结果如表5-1所示。

表5-1 对策行动的内涵、指标、作用、目标等相关要素分析

对策行动	内涵	对所建构的、日益在社会各群体心中达成共识的议题或问题采取针对性的行动，以期议题得到持续性重视，问题得到解决，诚信观念得到巩固，社会诚信得以建构

① 张康之：《论社会治理模式的转变：从制度到行动》，《探索》2019年第3期。

	指标	一方面政策逐步体系化，问题制度化，推进法治化进程；另一方面社会各主体合作协商，共同行动，有意识地推动和介入问题的解决，并逐步树立主体自觉行动的意识，比如学者的、媒体的、公众的多方行动
对策行动	作用	力求问题解决，采取共同行动从而实现社会诚信建构
	目标	寻求制度化和社会化协作力量、有针对性的政策解决现实问题，保障社会诚信建构的顺利进行，调动全社会的积极性

"协同治理"需要制度性的保障力量，公共政策是依靠人类自身的主体活动解决社会公共问题，建构社会公共议题的过程；也是政策主体借助公共权力和公共资源，通过一定的方式作用于政策客体的过程。对策行动是指对所建构的、日益在社会各群体心中达成共识的议题或问题采取针对性的行动，以期议题得到持续性重视，问题得到解决，诚信观念得到巩固，社会诚信得以建构。政策行动的考核指标，一方面是解决问题的针对性政策大量出现并呈现体系化特征，配套政策完善，有专门的机构负责，问题制度化，推进法治化进程；另一方面是其他主体，比如学术场域的专家学者、传媒场域的媒体记者等有意识地推动和介入问题的解决。对策行动旨在寻求制度化的力量，制定有针对性的政策，从而发挥解决现实问题的作用。所以，力求问题解决，采取共同行动从而实现社会诚信建构是对策行动的功能和作用。对策行动的目标是寻求制度化和社会化协作力量、有针对性的政策解决现实问题，保障社会诚信建构的顺利进行，调动全社会的积极性，让诚信建构行为最终成为自然而然的自觉行为。

三　互联网时代社会诚信"协同性"建构的机制

在对策行动中，传统媒体时代集中于传媒场域、政策场域和学术场域。三个场域的活动指向有所区别，体现出不同于其他建构活动的场域关系（见表5-2）。互联网时代，传媒生态系统重构，传统媒体和新媒体各自发挥着不同的作用。针对不同领域、不同群体、不同热点事件暴露出来的问题，政府需制定体系化的政策，或者制定政策跟进新的问题。复杂的网络系统，主体构成多层次、多元化，网民作为一股强大的力量存在于互联网场域，其作用和影响不可低估。

表5-2　传统媒体时代与互联网时代主体活动、主体关系的比较

类别	主体		传统媒体时代	互联网时代
主体活动	媒体	推动对策行动	推进政策制定，监督政策执行	互联网时代的传媒生态系统重构，传统和新媒体各自发挥着不同的作用
	政府	制定并实施政策	制定并实施体系化的政策，进行政策评估	互联网时代的体系化建设政策
	学者	参与政策执行	研究指向实践，参与政策评估	新的议题的研究，对热点事件的跟踪研究
	网民	参与治理	力量相对微弱	互动协商，监督推进
主体关系	主体活动指向一致		推进现实问题解决和社会诚信建构	复杂的网络系统，主体构成多层次、多元化，网民作为一股强大的力量存在于互联网场域，其作用和影响不可低估。网民的自主性参与的有效性需要引导
	交叉关系		政策场域的行动是问题体制化的本质表现，是问题得到解决的根本性力量；学术场域是理论与实践的接合部，也通过一些方式参与政策的制定与评估；传媒场域推进，监督政策，实施评估。三者指向一致，活动形式与侧重点不同，明显有交叉关系	

注：本书中的主体关系是从传媒主体视角透视各主体而进行的关系确定。

　　互联网时代的对策行动，最大的变化是网民的参与，其积极性得到有效调动，是不容忽视的建构力量。在互联网时代，互联网等新媒体技术平台是社会多个主体交流的平台，有助于保障社会普通公众权利。对策行动的主体包括政府、企业、各种社会组织，还有公众等，其构成多层次、多元化。根据互联网的特征，结合对策行动中社会诚信建构的目标和任务，我们将社会诚信"协同性"建构的机制归纳如表5-3所示。

表5-3　社会诚信"协同性"建构的机制

机制种类	基本内容	目标
诉求回应机制	利用网络平台即时互动。公民诉求回应的主体主要是政府，也可以是社会组织，它们共同为公民提供某些方面的援助	实现良性互动、平等对话、发现问题、及时治理，建构社会诚信
心理干预机制	针对互联网信息的庞杂和良莠不齐，利用大数据分析社会心理，实现有效引导，发挥主流媒体平台的作用。针对不同的群体、不同的问题实现协同治理	预防心理危机

机制种类	基本内容	目标
矛盾调解机制	利用互联网等捕捉数据，为矛盾调解提供科学依据；掌握社会舆情和民意，推动问题的解决	化解危机，防止矛盾聚集扩散
权益保障机制	政府做好立法工作，完善公民合法利益协调机制，各平台、各社会组织、企事业单位，包括每一位社会公民，形成合力	制度保障，共识形成

　　由表 5-3 可以看到，社会诚信"协同性"建构的机制包含丰富的内容。一是提升互动效应的诉求回应机制，以实现良性互动、平等对话、发现问题、及时治理，建构社会诚信为目标，利用网络平台即时互动。公民诉求回应的主体主要是政府，也可以是社会组织，它们共同为公民提供某些方面的援助。二是引导协调的心理干预机制，以预防心理危机为目标，针对互联网信息的庞杂和良莠不齐，利用大数据分析社会心理，实现有效引导，发挥主流媒体平台的作用。针对不同的群体、不同的问题实现协同治理。三是化解危机、防止矛盾聚集扩散的矛盾调解机制，利用互联网等捕捉数据，为矛盾调解提供科学依据；掌握社会舆情和民意，推动问题的解决。四是提供制度保障，促进共识形成的权益保障机制，主要是政府做好立法工作，完善公民合法利益协调机制，各平台、各社会组织、企事业单位，包括每一位社会公民，形成合力。诸如此类的对策行动协同机制共同发力，推进社会诚信建构。它们充分发挥互联网的优势特征，实现社会各主体的协同性治理和建构。

第二节　共建共治：对策行动的主体联动

　　互联网为社会的治理提供了更多的便利。互联网时代开放的信息系统和超强的连接功能使得共建共治成为可能。互联网时代的共建共治指在互联网环境下，政府部门、媒体平台、公众、企业等相互协作、共同参与、共同管理和共同建设，以维护网络空间秩序，促进社会诚信建构的一种行动方式。这种行动方式强调了全社会共同推动互联网诚信建设的重要性，需要多方合作，形成协同治理的格局。

　　在共建共治共享的社会治理格局中，政府的对策行动占主导地位，也是诚信得以建构，特别是其中的诚信问题得到解决的关键性力量。在社会诚信建构中，要以体系化的政策和规划性的布局为指导，以联网化的平台为基础开展对策行动，多元主体联结、联合、联动。更为重要的是，自 2021 年以来，在《中华人民共和国国民经济和社会发展第十四个五年规划和 2035 年远景目标纲要》的整体布局下，各项工作全面展开，对策行动服务于社会宏观发展大局的全局意识、整体意识，形成一种相互促进的政策网络共振格局。由此，相应的政策出台并产生效力，但也同时存在弊端，需要与时俱进，在法治化的道路上加强社会信用立法，保障各主体的利益。

在对策行动中，政府之外的其他力量如媒体平台、公众、企业等也直接或者间接地发挥着自己的作用。传统媒体借用互联网平台，发挥其优质内容生产的优势和品牌力，进行舆论引导和公共监督。各种自媒体平台利用多渠道平台多维度发力。互联网时代"以事件为中心"，积极应对新的格局和新的问题，媒体报道和引导在很大程度上发现、揭示新的议题，推动事件的发展。除此之外，互联网平台也产生共治效应，作为行政力量的补充，发挥合力。但网络平台的政策也存在某些弊端，表现为某种程度的政策疲软，所以更需要互联网空间的信任体系作为保障，以有效实施。

一　互联网时代多元主体的联动互构

（一）以体系化政策为指导

在传统媒体时代，涉及主体已由单一领域、单一部门到整个领域，中央和地方联动，当前因为互联网的助力，诚信建构领域的扩展度、诚信问题治理的便捷度都有明显提高。体系化的政策成为多元主体联动的指导性力量，也推进了"协同治理"格局的形成。根据国家发展和改革委员会不完全统计，截至 2021 年 11 月，有 41 部法律、49 部行政法规专门规定了信用条款。在地方层面，16 个省（区、市）出台了省级社会信用法规，12 个省（区、市）已经提请审议或纳入计划。2022 年 4 月 10 日发布的《中共中央　国务院关于加快建设全国统一大市场的意见》指出，健全统一的社会信用制度，加快推进社会信用立法。目前，覆盖政治、商业、社会、司法（即政务诚信、商业诚信、社会诚信、司法公信）等重点领域的广义信用格局基本形成。社会信用建设呈现官民一体遵循的全社会全面建设格局。就社会信用建设的基本逻辑而言，要通过信用建设增进社会信任，提高社会理性，转变政府职能，推动社会共治，进而实现国家治理体系和治理能力的现代化。

我们对写入《政府工作报告》的"社会信用体系建设"的分析加以说明。"社会信用体系建设"的相关政策（见表 5-4），从散见于其他文件中，到《社会信用体系建设规划纲要（2014—2020 年)》的印发，历时不长，却有着实质性的突破性进展。2022 年 3 月，中共中央办公厅、国务院办公厅印发了《关于推进社会信用体系建设高质量发展促进形成新发展格局的意见》。目前，社会信用体系建设已经是一个由政策或立法文件所确立的正式的表达方式，强调的是一套制度化的治理体系。在理念层面，强调要以社会主义诚信价值观为引领。在实践层面，强调要通过制度和法律建设去引导人们建立诚信的行为模式。①

表 5-4　"社会信用体系建设"的相关政策梳理

时间	政策	政策内容
2011 年 3 月	《国民经济和社会发展第十二个五年规划纲要》	"加快社会信用体系建设"的总体要求
2011 年 7 月	《关于加强和创新社会管理的意见》	建立健全社会诚信制度
2012 年	《坚定不移沿着中国特色社会主义道路前进 为全面建成小康社会而奋斗——在中国共产党第十八次全国代表大会上的报告》	加强政务诚信、商务诚信、社会诚信和司法公信建设
2013 年	《中共中央关于全面深化改革若干重大问题的决定》	建立健全社会征信体系，褒扬诚信，惩戒失信
2014 年 6 月	《社会信用体系建设规划纲要（2014—2020 年)》	推进各信用信息系统的互联互通和信用信息的交换共享，逐步形成覆盖全部信用主体、所有信用信息类别、全国所有区域的信用信息网络
2016 年	《关于建立完善守信联合激励和失信联合惩戒制度加快推进社会诚信建设的指导意见》	依托国家电子政务外网，建立全国信用信息共享平台，发挥信用信息归集共享枢纽作用

---

①　王伟、欧阳捷：《"十四五"时期我国社会信用建设高质量发展展望》，《社会治理》2022 年第 1 期。

时间	政策	政策内容
2016 年 9 月	《关于加快推进失信被执行人信用监督、警示和惩戒机制建设的意见》	通过"全国信用信息共享平台"，失信被执行人信息与公安、民政、人社、财政、金融、税务、工商与证券等多个部门信用信息资源共享
2018 年 3 月	《关于在一定期限内适当限制特定严重失信人乘坐火车 推动社会信用体系建设的意见》	从 2018 年 5 月 1 日起，逃税、骗保，虚报冒领、骗取套取财政性资金，上市公司相关责任主体逾期不履行公开承诺等严重失信人，就不能坐软卧、G 字头高铁及普通动车一等座
2018 年 7 月	《国家发展改革委办公厅人民银行办公厅关于对失信主体加强信用监管的通知》	有 20 条相关措施，比如充分认识对失信主体加强信用监管的重要意义；督促失信主体限期整改；规范开展失信提示和警示约谈；有序推动失信信息社会公示；加强失信信息广泛共享；加强失信信息定向推送；全面落实失信联合惩戒措施；追究失信单位负责人责任；引导失信主体开展公开信用承诺；广泛开展信用修复专题培训；建立失信主体提交信用报告制度；鼓励失信主体开展信用管理咨询；积极稳妥开展信用修复；切实加强行业信用监管；发挥行业协会商会自律性监管作用；引入信用服务机构协同监管；鼓励创新对失信主体的信用监管；加强信用监管工作的组织领导；加强考核评估确保任务落实；加强宣传引导营造良好社会氛围
2018 年 9 月	《国家发展改革委办公厅关于抓紧推进社会信用体系建设有关重点工作的通知》	重点任务包括以下几方面：推动各级政务服务大厅全面接入信用信息共享平台和信用网站，组织实施对失信主体加强信用监管，大力拓展信用惠民便企应用场景，广泛收集梳理信用联合奖惩案例，着力加强地方红黑名单认定，不断扩大失信主体治理成效
2019 年 7 月	《国务院办公厅关于加快推进社会信用体系建设构建以信用为基础的新型监管机制的指导意见》	提出了四个方面政策措施。一是创新事前环节信用监管，二是加强事中环节信用监管，三是完善事后环节信用监管，四是强化信用监管的支撑保障
2022 年 3 月	《关于推进社会信用体系建设高质量发展促进形成新发展格局的意见》	强化科研诚信建设和知识产权保护，推进质量和品牌信用建设，完善流通分配等环节信用制度，打造诚信消费投资环境，完善生态环保信用制度，加强各类主体信用建设，优化进出口信用管理，加强国际双向投资及对外合作信用建设，积极参与信用领域国际治理，创新信用融资服务和产品，加强资本市场诚信建设，强化市场信用约束，创新信用监管，培育专业信用服务机构

时间	政策	政策内容
2022 年 4 月	《中共中央 国务院关于加快建设全国统一大市场的意见》	健全统一的社会信用制度。编制出台全国公共信用信息基础目录，完善信用信息标准，建立公共信用信息同金融信息共享整合机制，形成覆盖全部信用主体、所有信用信息类别、全国所有区域的信用信息网络。全面推广信用承诺制度，建立企业信用状况综合评价体系，以信用风险为导向优化配置监管资源，依法依规编制出台全国失信惩戒措施基础清单。健全守信激励和失信惩戒机制，将失信惩戒和惩治腐败相结合。完善信用修复机制。加快推进社会信用立法

以上文件中，2014 年 6 月制定的《社会信用体系建设规划纲要（2014—2020 年）》，是社会信用体系建设的总蓝图、总纲领。该纲要提出的主要目标为：到 2020 年，社会信用基础性法律法规和标准体系基本建立，以信用信息资源共享为基础的覆盖全社会的征信系统基本建成，信用监管体制基本健全，信用服务市场体系比较完善，守信激励和失信惩戒机制全面发挥作用。这一纲要，将"深入推进商务诚信建设"分解为生产、流通、金融、税务与电子商务等 14 个领域。该纲要将"全面推进社会诚信建设"，分解为医药卫生和计划生育，教育、科研，社会保障，知识产权，自然人与互联网应用及服务等 10 个领域。该纲要提出要"构建守信激励和失信惩戒机制"，实现信用信息的交换共享，多部门、跨地区合作联动，让失信者一处失信处处受限，守信者处处受益，受到激励。当然，对于惩戒和处理，也保有申诉权，比如也制定了异议处理的相关办法。

该纲要总共 17000 多字，认为加快社会信用体系建设是"加强和创新社会治理的重要手段"。"社会管理"的提法至此更新为"社会治理"，以社会信用体系建设为手段，创新社会治理。2013 年，党的十八届三中全会报告提出要"推进国家治理体系和治理能力现代化"，这是一个全新的提法，并有专门一节标题为"创新社会治理体制"。2013 年 11 月，《人民日报》刊发的报道《让改革旗帜高高飘扬——〈中共中央关于全面深化改革若干重大问题的决定〉诞生记》，报道说："从'管理'到'治理'，一字之变，这是我们党在理论和实践上的重大创新。""管理"到"治理"的转变凸显了治国理念的新变化、新要求和新跨越，强调以人为本、公平正义等治理理念。

关于社会治理，党的十八届三中全会报告的提法为："坚持系统治理，加强党委领导，发挥政府主导作用，鼓励和支持社会各方面参与，实现政府治理和社会自我调节、居民自治良性互动。"2017 年，党的十九大报告更进一步提出，"打造共建共治共享的社会治理格局"，要"完善党委领导、政府负责、社会协同、公众参与、法治保障的社会治理体制，提高社会治理社会化、法治化、智能化、专业化水平"。

可见，从"社会管理"到"社会治理"，最大的变化是增加了"社会各方面参与"或"社会协同、公众参与"的内涵，即"共建共治"。2014 年，国务院制定的《社会信用体系建设规划纲要（2014—2020 年）》也将社会信用体系建设同"创新社会治理"的大目标联系起来，并且将"共建共治"原则下沉到了具体执行环节。"共建共治"体现了政府、市场、行业、社会多方面的努力，对失信主体进行约束和惩戒。正如商务部国际贸易经济合作研究院信用研究所所长、研究员韩家平所言，要充分重视数字技术在经济社会中快速普及带来的变化，推动我国社会信用体系建设逐渐形成"政府推动、社会共建，信息共享、实时互动，市场自治、行业自律，广泛应用、高度智能"的新格局。

2014 年，国务院印发的《社会信用体系建设规划纲要（2014—2020 年)》提出：推进各信用信息系统的互联互通和信用信息的交换共享，逐步形成覆盖全部信用主体、所有信用信息类别、全国所有区域的信用信息网络。2016 年，国务院印发的《关于建立完善守信联合激励和失信联合惩戒制度加快推进社会诚信建设的指导意见》提出：依托国家电子政务外网，建立全国信用信息共享平台，发挥信用信息归集共享枢纽作用。两个文件对失信及严重失信行为的约束与惩戒措施，都分为四类。但在丰富性、可操作性与惩治力度上，《关于建立完善守信联合激励和失信联合惩戒制度加快推进社会诚信建设的指导意见》相对于两年前的《社会信用体系建设规划纲要（2014—2020 年)》又上了一个新的台阶。例如，在市场约束与惩戒中增加了限制高消费行为、在行业性约束和惩戒中增加了不予接纳与劝退、在社会性约束和惩戒中增加了公益诉讼等。比较情况如表 5-5 所示。

表 5-5　对失信主体约束和惩戒的"共建共治"内涵体现比较

约束与惩戒类别	《社会信用体系建设规划纲要（2014—2020 年)》(2014 年)	《关于建立完善守信联合激励和失信联合惩戒制度加快推进社会诚信建设的指导意见》(2016 年)
政府约束与惩戒	行政监管性约束和惩戒	对失信主体，从严审核行政许可审批项目，限制融资，严格限制申请财政性资金项目，限制参与基础设施和公用事业特许经营等；对严重失信企业及其法定代表人、主要负责人和对失信行为负有直接责任的注册执业人员等实施市场和行业禁入措施
市场约束与惩戒	完善失信信息记录和披露制度，使失信者在市场交易中受到制约	对有履行能力但拒不履行的严重失信主体实施限制出境和限制购买不动产、乘坐飞机、乘坐高等级列车和席次、旅游度假、入住星级以上宾馆及其他高消费行为等措施；引导金融机构按照风险定价原则，对严重失信主体提高贷款利率和财产保险费率，或者限制向其提供贷款等金融服务
行业性约束和惩戒	对违反行业自律规则的失信者，据情节轻重实行警告、行业内通报批评、公开谴责等惩戒措施	支持行业协会商会按照行业标准、行规、行约等，视情节轻重对失信会员实行警告、行业内通报批评、公开谴责、不予接纳、劝退等惩戒措施
社会性约束和惩戒	加强对失信行为的披露和曝光，发挥群众评议讨论、批评报道等作用，通过社会的道德谴责，形成社会震慑力，约束社会成员的失信行为	支持有关社会组织依法对污染环境、侵害消费者或公众投资者合法权益等群体性侵权行为提起公益诉讼

就惩戒措施内容的篇幅而言，2014 年国务院发布的《社会信用体系建设规划纲要（2014—2020 年)》是一段，总共 400 多字；2016 年 5 月 30 日成文的《关于建立完善守信联合激励和失信联合惩戒制度加快推进社会诚信建设的指导意见》包括对重点领域和严重失信行为实施联合惩戒；依法依规加强对失信行为的行政性约束和惩戒；加强对失信行为的市场性约束和惩戒；加强对失信行为的行业性约束和惩戒；加强对失信行为的社会性约束和惩戒；完善个人信用记录，推动联合惩戒措施落实到人。相关内容共 1600 多字。

我国的社会信用体系建设也初见成效。一是社会信用体系建设的组织机制基本建成，社会信用顶层设计基本完成；二是建立了统一社会信用代码制度，出台了相关方案，为实现信息共享创造了条件；三是实现了全国范围内的社会信用信息归集共享；四是建立了部际联动的联合奖惩制度；五是发布实施了《企业信息公示暂行条例》；六是推出了社会信用体系建设示范城市；七是信用法规和标准研究加快推进；八是市场化社会信用服务体系建设日趋完善。2022 年 3 月，中共中央办公厅、国务院办公厅印发的《关于推进社会信用体系建设高质量发展促进形成新发展格局的意见》提出，坚持系统观念，统筹发展和安全，培育和践行社会主义核心价值观，扎实推进信用理念、信用制度、信用手段与国民经济体系各方面各环节深度融合，进一步发挥信用对提高资源配置效率、降低制度性交易成本、防范化解风险的重要作用，为提升国民经济体系整体效能、促进形成新发展格局提供支撑保障。在强调强化制度保障方面，《关于推进社会信用体系建设高质量发展促进形成新发展格局的意见》指出，加快推动出台社会信用方面的综合性、基础性法律。对之前已经出台实施的政策进行修订，比如修订《企业信息公示暂行条例》等行政法规。鼓励各地结合实际在立法权限内制定社会信用相关的地方性法规，建立健全信用承诺、信用评价、信用分级分类监管、信用激励惩戒、信用修复等制度，完善信用标准体系。

（二）以联网化平台为基础

联网共享是互联网的一大特征，在社会诚信建构中充分发挥其优势和特点，将各主体连接起来，打破"信息孤岛"，从而提高社会诚信建构的效率，推进《社会信用体系建设规划纲要（2014—2020 年）》建设内容的落实与成果的巩固。

以国家发展改革委原副主任连维良同志在全国信用惠民便企现场交流会上的讲话（2018 年 8 月 29 日）中指出的 2018 年下半年信用建设工作的几个硬目标为例，我们可以看到参与主体的多样化和网络平台的广泛介入（见表 5-6）。

表 5-6　2018 年下半年信用建设工作的硬目标分析

硬目标	具体内容	相关主体、平台	主要特征
大厅接入平台	2018 年底前，各地方省级政务服务大厅都要接入全国信用信息共享平台。各地级政务服务大厅都要接入本省信用信息共享平台，直接接入全国信用信息共享平台的比例不低于 50%，实现信用信息的即时更新、即时应用、即时反馈	全国信用信息共享平台；各地方省级政务服务大厅	信用信息的即时更新、即时应用、即时反馈

硬目标	具体内容	相关主体、平台	主要特征
监管半数覆盖	2018年底前，各地方辖区内的黑名单、重点关注名单主体在"信用中国"网站公开做出信用承诺的比例要力争达到50%，接受信用修复专题培训或约谈的超过50%，主动提交信用报告的超过50%	各地方辖区；黑名单；"信用中国"网站；重点关注名单主体；信用修复专题培训机构；信用评估单位或者平台	平台联网黑名单查询、利用平台公开承诺等
信用惠民推开	2018年底前，各地方都要在"互联网+教育+信用""互联网+医疗健康+信用""互联网+养老服务+信用""互联网+家政服务+信用""互联网+食品餐饮+信用""互联网+房地产+信用""互联网+劳动用工+信用""互联网+旅游+信用""信易贷""信易租""信易行""信易游""信易批"等场景有实实在在落地的应用创新，至少要有10个信用惠民场景的案例	教育、医疗健康、养老服务、食品餐饮、房地产、劳动用工、旅游等相关机构或企业主体；互联网平台；贷、租、行、游、批等相关商业平台、机构或企业	"互联网+"、信用数字化、信用资本虚拟化
奖惩案例百万	2018年底前，各地方报送的合格的联合惩戒案例数量应不低于本辖区内红黑名单数量的10%，其中示范城市及示范创建城市不低于30%，力争全国信用联合奖惩案例突破100万	各地方机构、红黑名单、示范城市	数据联网、信用联合惩戒、红黑名单榜单、案例采集和报送、平台反馈案例
地方名单百万	2018年底前，各地方依据标准认定的红黑名单数量不低于本辖区内依据国家标准认定的红黑名单数量的10%，其中示范城市及示范创建城市不低于30%，力争全国依据地方标准认定红黑名单的数量超过100万	地方标准、国家标准、红黑名单	两个标准的合理运用
治理成效千万	2018年底前，按照中央文明委相关文件要求，通过在19个重点领域开展失信问题专项治理，督促1000万失信主体整改失信行为。各地方要对本辖区内的黑名单、重点关注名单主体实现治理全覆盖	19个重点领域、1000万失信主体、黑名单	全覆盖

从表5-6我们可以看到，2018年下半年信用建设工作的几个硬目标为"大厅接入平台""监管半数覆盖""信用惠民推开""奖惩案例百万""地方名单百万""治理成效千万"。其目标的完成有赖于多方主体的努力，比如政府，信用修复专题培训机构，教育、医疗健康、养老服务、食品餐饮、房地产、劳动用工、旅游等相关机构或企业主体，

贷、租、行、游、批等相关商业平台、机构或企业，努力修复信用的失信主体，等等。在互联网时代，新兴的便利平台等互联网工具可发挥效力，比如利用网络实现信用信息的即时更新、即时应用、即时反馈；平台联网黑名单查询、利用平台公开承诺等；"互联网＋"思维下的多种信用应用场景的落地；数据联网实现联合惩戒；利用大数据进行案例采集和报送并利用平台反馈案例⋯⋯显而易见，利用互联网技术，运用互联网思维，发挥互联网和大数据的优势，能有效推动社会信用建设，让公众对社会诚信产生敬畏之心。网络平台有其独特优势。但是我们也需要注意到，目标任务的数字量化标准可能给工作带来负面效应。

信息共享共用是信用体系建设的基础，也是协同治理的必备条件。信息共享基础设施建设是前提，以全国信用信息共享平台为核心，按照"一个中心、多元参与"的协同治理原则，联通部门、地方、市场主体、社会组织等各治理主体信用信息系统，实现信用信息记于同一主体名下的最广泛集合，形成数据一体化基础上的多元服务机制（见图5-1）。

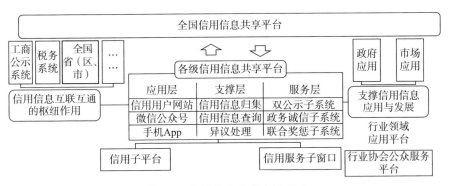

图 5-1 信用信息共享应用模式

资料来源：王翊亮、郭文波《协同治理模式下推进信用体系建设的思考》，《宏观经济管理》2018 年第 10 期。

全国信用信息共享平台联通多个部委，还包括所有省（区、市）。截至 2018 年 6 月，据统计，全国信用信息共享平台归集各类信用信息 175 亿条。加强联合惩戒的执行，与国家人口库建立了信息核查与叠加机制，推动消除政府部门间的"信息孤岛"，争取全方位信息联网，实现协同治理和协同监管。2019 年 5 月 5 日，国家公共信用信息中心发布

《4 月份新增失信联合惩戒对象公示及情况说明》。其中提到，4 月，相关部门向全国信用信息共享平台推送失信黑名单信息新增 342208 条，涉及失信主体 299998 个。

2019 年 6 月 14 日，中国人民银行副行长朱鹤新表示，中国人民银行征信中心运行和维护的国家金融信用信息基础数据库，已成为世界上收录人数最多、数据规模最大、覆盖范围最广的征信系统。据介绍，截至 2019 年 6 月 14 日，征信系统累计收录了 9.9 亿自然人、2591 万户企业和其他组织的有关信息，个人和企业信用报告日均查询量分别达 550 万次和 30 万次。朱鹤新表示，征信系统基本上在全国范围内为每一个有信用活动的企业和个人、按照统一的格式标准建立了信用档案，征信产品与服务广泛应用于经济社会各个领域。[1]

2021 年底，按照《国务院办公厅关于进一步完善失信约束制度构建诚信建设长效机制的指导意见》（国办发〔2020〕49 号），国家发展改革委、中国人民银行印发了《全国公共信用信息基础目录（2021 年版）》和《全国失信惩戒措施基础清单（2021 年版）》，规范界定了公共信用信息纳入范围和失信惩戒措施的种类及其适用对象，充分体现了"依法依规、保护权益、审慎适度、清单管理"的总体要求。2022 年，国家发展改革委印发的《关于推动长江三角洲区域公共资源交易一体化发展的意见》明确指出，健全交易数据部门共享机制，完善数据共享目录和标准，提升数据共享统筹协调力度和共享效率。互联网平台为信用信息的采集和共享提供了基础。

（三）多元主体联动实践

互联网时代社会诚信建构的对策行动阶段，在多元主体联动互构中，以体系化政策为指导，以互联网化平台为基础，多元主体各自与相关主体联动，采取相应的行动，发挥建构作用。

建构社会诚信的多元主体中，第三方组织是很重要的力量。第三方组织又被称为第三部门，从范围上讲是指不属于第一部门（政府）和第

---

[1] 董鑫：《央行：征信系统收录 9.9 亿自然人》，"央广网"百家号，2019 年 6 月 15 日，https://baijiahao.baidu.com/s?id=1636371621297185774&wfr=spider&for=pc，最后访问日期：2024 年 7 月 8 日。

二部门（市场）的其他所有组织的集合，它以非营利为宗旨，因此，也被称为非营利组织。[①] 这里，政府"掌舵"，第三方组织是"划桨"的力量之一。第三方组织的民间性和草根性，使其更贴近服务对象，更了解服务对象的需求，能够更灵活地对服务的需求做出弹性反应，满足他们多样化和个性化的需求。[②] 在社会诚信建构方面，国家公共信用信息中心建设、整合信用信息资源，实现了信用信息的互通共享。网上首个民间辟谣组织努力成为微博谣言的克星，为净化微博环境贡献力量。中国消费者协会进行系列调查，比如，2017 年发布的《网购诚信与消费者认知调查报告》，推动了政府关注相关问题，保护了消费者权益。2020 年，中国广告协会发布了中国首个直播带货规范《网络直播营销行为规范》，其在多方共同倡导下制定，其中有来自网络界、学术界和政府部门的声音，也得到了众多网红的支持与参与，旨在整治刷单炒信、虚假宣传等乱象。

在互联网语境中的社会诚信建构中，作为第三方组织的中国互联网协会应运而生。中国互联网协会成立于 2001 年 5 月 25 日，由国内从事互联网行业的网络运营商、服务提供商、设备制造商、系统集成商以及科研、教育机构等 70 多家互联网从业者共同发起成立，是由中国互联网行业及与互联网相关的企事业单位自愿结成的行业性的全国性的非营利性的社会组织。[③] 2009 年 3 月 10 日，中国互联网协会和百度、腾讯、新浪、搜狐、网易、凤凰网六家企业倡议，共同发起成立"中国互联网协会网络诚信推进联盟"。2016 年 7 月 6 日发布的《网络诚信自律承诺书》，共同发起单位有中国互联网协会、中国互联网发展基金会、中国文化网络传播研究会、中国网络空间安全协会、中国网络视听节目服务协会、中国互联网上网服务营业场所行业协会、中国互联网金融协会、中国青少年新媒体协会。2017 年 10 月 31 日，中国互联网协会发布《诚信倡议书》，发起单位为中国互联网协会、反炒信联盟，签署单位有阿里巴

---

①　陈天祥：《善治之道：政府怎样与第三方组织合作》，《人民论坛·学术前沿》2013 年第 17 期。

②　党秀云：《公共治理的新策略：政府与第三部门的合作伙伴关系》，《中国行政管理》2007 年第 10 期。

③　《协会简介》，中国互联网协会，https://www.isc.org.cn/article/9661083678273536.html，最后访问日期：2020 年 12 月 20 日。

巴、腾讯、京东、百度、奇虎 360、58 同城、滴滴快滴、顺丰、美团大众点评、唯品会、1 号店、豆瓣网、今日头条、蜜芽、YY 公司。

中国互联网协会倡议行动的发起单位往往由多个社会组织构成。对第三方组织而言，要赢得政府与社会的支持和信任，在处理与其他主体关系特别是与政府建立合作关系的过程中，应该立足于社会组织、草根等社会力量。社会是第三方组织赖以生存的基础。从长远来看，第三方组织如果将自己与政府捆绑在一起，实际上无助于提升自己的社会地位，而应善于利用各种社会资源以保持自己的独立性和自主性。①

第三方组织如中国互联网协会、中国消费者协会等可以将企业、个人等连接起来，企业、个人等同时将第三方组织作为媒介和平台，为共同的目标而努力。企业为提升其品牌形象，通过行动落实诚信理念，谋得企业发展。比如谷歌致力于保护用户数据隐私，推出全球首个透明度报告，在用户数据处理方面表现出色，赢得了用户信任。当然，企业诚信观念的践行，要赢得认可和信任，需要长远的眼光，从根本上解决问题。根据宜家官网，自 2019 年以来，因存在质量问题，宜家十余次召回缺陷产品。仅在 2020 年上半年，不到两个月的时间里，宜家就两次召回问题产品。召回事件频发，说明宜家的产品质量管控令人担忧。但从另一个角度，产品召回也是一种有力的行动。当然解决问题的根本还是在于企业在产品质量和利润追求两方面的平衡。

另外，企业在政府的指导下，与政府、第三方组织联合联动，推动社会诚信的建构。早在 2015 年，浙江省工商局指导阿里巴巴（中国）有限公司推出"网络购物消费者权益保障行动"，明确"七天无理由退货"的先行退款、商品质量"三包"的先行退款、消费纠纷大众评审退款、简易消费纠纷快速处理等 6 条退款举措。2015 年，"共同营造安全放心的网络消费环境"座谈会在北京召开，国家工商行政管理总局、中国消费者协会以及阿里巴巴集团有关负责人出席，旨在努力形成行政监管、社会监督和行业规范相结合，优势互补、协同共治的消费者权益保护的工作新格局。国家工商行政管理总局与阿里巴巴在内的电商建立在线投

① 陈天祥、徐于琳：《游走于国家与社会之间：草根志愿组织的行动策略——以广州启智队为例》，《中山大学学报》（社会科学版）2011 年第 1 期。

诉及售后维权机制，以满足新形势下消费维权工作的需要。阿里巴巴和中国消费者协会及各地消费者保护组织联合搭建投诉对接平台，以此提高消费者维权成效。

除此之外，个人在社会诚信的建构中也可以采取相应的行动。比如网络举报，公众个人通过网络平台向有关部门或机构举报不良行为；公众个人可以通过网络平台等渠道对企业、机构、个人进行评价，推动其诚信、规范经营；公众个人可以进行监督和公开曝光，增加舆论压力，促使相关方面改正错误；公众个人可以通过网络平台相互交流，分享资源，增强社会互助和公德意识；公众个人可以参与各种公益活动，推动社会诚信文化建设。

政府、第三方组织、企业、个人等各主体间相互联系，相互协作，产生共识，协同建构。政府起着指引作用，提供制度保障。政府对企业，对第三方组织承担相应的责任，比如培育和支持责任。大力培育和鼓励第三方组织的生长和发展壮大，有利于推动社会个体在社会诚信建构中发挥应有的作用。加强公民教育，培育公民意识。社会组织的发展和壮大有赖于公民社会的成长，而公民社会的成长则有赖于具有良好的公民意识和人伦精神的普罗大众。为此，要改变以"功利教育"和"竞技教育"为特征的应试教育模式，融公民意识教育和伦理教育于学校教育和社会教育之中，培育国民精神中的理性价值。①

二　对策行动中多渠道平台"合谋共振"

（一）互联网时代传统媒体品牌力的有效发挥

在对策行动中，传统媒体可以借助多渠道发力，或者与其他政府部门和机构"合谋共振"，共同发挥效力。对策行动是对政策的宣传，对政府行动的促动。传统媒体的可为之处显然不是对热点的即时传播和扩散，而是理性地分析、深度地解读，为出台的政策埋下伏笔，为一系列的热点事件理出本质，促进对策行动的顺利展开。另外，运用传媒的力量推动社会问题的解决，比如从 1991 年开始的一年一度的维护消费者权

---

① 陈天祥：《善治之道：政府怎样与第三方组织合作》，《人民论坛·学术前沿》2013 年第 17 期。

益的"3·15"大型公益晚会，由中央电视台联合政府部门共同主办并进行直播。"3·15"晚会已成为一个符号，成为亿万消费者信赖的舆论阵地，成为国家有关部委规范市场秩序的重要力量，"3·15"也从一个简单的数字变成了维护消费者权益的代名词。

"当下中国的网络舆论场体现出'后真相'的特征：成见在前，事实在后；情绪在前，客观在后；态度在前，认知在后。"[1] 网络节点的二次传播、N次传播可能导致信息内容的曲解和误读，另外碎片化的信息、片段化的局部真实，使人们对事物缺乏客观判断。所以在网络媒体时代，特别需要权威的声音，传递正确的判断和价值观。而作为传统媒体，本身具有其"渠道"权威性。传统媒体作为组织化的新闻机构本身带有话语的权威性。另外，它们通过议程设置话题，按照传媒的社会功能以及本身的定位进行把关，传达它们认可的价值观，按照它们的方式建构社会，进行信息的筛选和把关。同样由于新闻机构的专业化，它们发出的信息带有权威性，而"权威"是人们判断事实真假时的一个捷径。根据权威调查数据，在报纸、电视、广播、杂志、网络五种媒介渠道中，电视的绝对公信力是最高的。

在互联网时代，网络社会众声喧哗，传统媒体的定位和分工已发生改变，其权威性也受到挑战。所谓的渠道霸权时代已经终结，信息传播通道在爆发式地增长，从而导致大众所熟知的传统媒介影响力遭遇"断崖式跌落"。但是民众的抱怨反而给了传统媒体信心。在出现重大事件的时候，民众期待权威媒体发声，在热闹之后把追求真相、寻求本质的希望寄托在权威媒体上。

对社会诚信建构的对策行动，传统媒体更能发挥网络媒体所不能发挥的作用。比如做好深度报道，做好内容为公众服务。比如面对新闻反转、信息反转，我们期待权威的声音能有效引导舆论。权威传媒机构的权威性、信任度是需要自己在内容上下功夫来赢得的。比如前文提及的"3·15"大型公益晚会，自1991年3月15日以来，走过了34年的历程，已经形成了自己的品牌力量，对推动消费领域的诚信建构发挥了积极的推动作用，整合了社会多方主体力量。其中，晚会主题直接有"诚

---

① 张华：《"后真相"时代的中国新闻业》，《新闻大学》2017 年第 3 期。

信"二字的有"共筑诚信，我们在行动"（2002 年）、"共筑诚信，有你有我"（2012 年）、"用责任汇聚诚信的力量"（2017 年）、"用诚信之光照亮消费信心"（2023 年）、"共筑诚信，共享安全"（2024 年）。1997 年，中国消费者协会在全国范围内开展了"讲诚信，反欺诈"年主题活动。总之，"3·15"晚会在很大程度上推动了诚信力量的释放和诚信社会的建构。其主办单位由最初的中央电视台、中国消费者报社、中华工商时报社、中国消费者协会（1991 年）到最高人民法院、最高人民检察院、中央网络安全和信息化委员会办公室、国家发展改革委、工业和信息化部、公安部、司法部、交通运输部、农业农村部、商务部、国家卫生健康委员会、国家市场监督管理总局、中国消费者协会、中央广播电视总台（2022 年），体现了传统媒体或者以传统媒体为中心的多元化力量的整合。

（二）互联网时代"以事件为中心"的对策行动应对

互联网时代，焦点（热点）事件层出不穷。热点事件、焦点事件在网络上的积累聚合大幅度提高了其激发政策议程的可能性。焦点事件通过预存知觉、预警作用、叠加效应、网络舆论这一系列"伴奏"因素使某一公共议题受到政府关注，成为政策议题。[①] 热点事件的披露往往占用了媒体的很多资源。比如对电信诈骗事件的报道，电信诈骗手段不断翻新，所以诈骗信息众多。以事件为诱因聚集虚拟社群是网络时代的一大特征，网民因为某种情绪参与讨论，聚合起来，可能还因事件的聚合和讨论产生冲突，使该问题得到社会关注，促使问题被纳入政策议程。有一些事件，尽管聚焦，所揭示的问题也具有政策价值，但是无法触发政策议程。其原因可能是该问题诉求与工作重心不匹配等。社会诚信建构得到社会的普遍关注，社会公众、学者、政策共同体从多个维度提出政策议程，并且该议题也与国家的发展规划以及社会主义核心价值观等相契合，所以受到了足够的重视。

近些年，相关主体在应对热点事件上出台或者补充修订了相关的政策，或者在特殊时期诚信建构得到了更多关注和强化。焦点（热点）事件激发政策议程的表现有以下几个方面（见表 5-7）。

---

① 唐佳忆：《焦点事件的政策议程触发机理及优化策略研究——基于 45 个案例的定性比较分析》，中国矿业大学硕士学位论文，2021。

表 5-7　焦点（热点）事件激发政策议程的表现

序号	焦点（热点）事件	激发政策议程的表现
1	明星、主播偷税漏税频发	在严肃查处的基础上持续开展典型案例曝光；为税收综合治理出台相应的政策
2	医学领域等科研失信问题突出	《中华人民共和国科学技术进步法》已由中华人民共和国第十三届全国人民代表大会常务委员会第三十二次会议修订通过，自 2022 年 1 月 1 日起施行 2022 年 3 月，中共中央办公厅、国务院办公厅印发的《关于推进社会信用体系建设高质量发展促进形成新发展格局的意见》明确提出：依法查处抄袭、剽窃、伪造、篡改等违背科研诚信要求的行为，打击论文买卖"黑色产业链"
3	直播	《互联网直播营销信息内容服务管理规定（征求意见稿）》（2020 年）、《直播电子商务管理规范》（浙江省网商协会发布，2020 年）、《网络直播营销行为规范》（2020 年中国广告协会发布，国内第一个关于网络视频营销活动的专门自律规范）、《视频直播购物运营和服务基本规范（征求意见稿）》（2020 年）、《网络购物诚信服务体系评价指南（征求意见稿）》（2020 年）、《网络直播营销管理办法（试行）》（2021 年）、《直播电子商务平台管理与服务规范（征求意见稿）》（2021 年，商务部）、《关于进一步规范网络直播营利行为促进行业健康发展的意见》（2022 年）

从表 5-7 可以看到，针对社会频发的热点事件，社会主体采取相应的措施特别是在制度上逐渐完善，予以规范。特别是针对"直播"方面的法规文件特别集中，但整体呈现碎片型的政策网络。除了上述表格中列出的，还有正在商议拟定的，或者某一方面从已有的政策文件中挑出来做重点强调和推进。比如 2020 年，在国家网信办、文化和旅游部的指导下，中国演出行业协会网络表演（直播）分会参与制定《主播账号分级分类管理规范》和《直播行业打赏行为管理规则》。在对直播的规范中，直播的信用评价体系得到足够的重视。主播信用评价体系相关的规定最初体现在《直播电子商务平台管理与服务规范（征求意见稿）》（2021 年）中。2022 年 3 月 3 日，《网络主播信用评价体系》团体标准召开编制启动会暨第一次工作会议，推进信用评价体系的建设，其中涉及对信用服务机构、主播、商家等多主体的信用评价，并提倡维护消费者的正当评价权利，畅通消费者进入直播评价系统的渠道。但是直播部分领域的政策还相对比较欠缺，比如对于跨境直播的管理还没有较为明确具体的规范

政策。商务部发布的《直播电子商务平台管理与服务规范（征求意见稿）》（2021 年）在适用"范围"中明确规定：本文件不适用于跨境直播电子商务平台。只有某些平台发布了规则规范进行管理，比如 2022 年 1 月抖音电商发布了《〈保税仓直播管理规则（新增）〉更新公示》。该公示显示，为维护创作者体验，规范平台保税仓直播秩序，依据平台规则与服务协议制定《保税仓直播管理规则（新增）》。保税仓直播的概念是指在经海关批准的跨境电商零售进口试点城市对应的保税监管区域内或保税仓库内，开展跨境商品推广的直播活动。该管理规则包含直播保税仓要求、直播行为规范以及禁止行为与内容。由此可见，虽然部分领域的失信行为得到足够的重视，相关政策和配套政策频出，但政策力量的整合和政策的有效性还有待实践的进一步检验，相关配套政策的进一步出台证明应对新问题、新议题的政策及时跟进，这反映了之前政策的不适用或者不够用，同时也证明了全社会建构社会诚信的决心。

互联网时代，网络事件表现出高频度和高烈度的特征，网络事件通常被视为社会秩序的威胁之一。从冲突论的理论模型来看，中国网络事件高频率、高烈度的基本特征使网络事件失去了"社会安全阀"的作用，并导致社会信任体系的撕裂。从治理效果来看，目前的网络治理存在一种治理结构上的错位，即"以平息事态为标志"的形式绩效无法解决社会信任体系的撕裂。因此，"以事件为中心"的治理模式需要进行两个方面的变革：在治理理念及其目标定位上，用"以避免社会撕裂为核心"的实质绩效取代"以平息事态为标志"的形式绩效；在治理措施上，从侧重于技术手段的信息阻断干预机制转变为侧重于制度化建设的信息披露干预机制。[①]

互联网时代，在社会诚信建构的对策行动活动中，尽管取得显著成效，但也存在一系列不足或问题，比如存在就事论事，头痛医头、脚痛医脚的状况。同一类事件频出，关键原因是对问题缺乏定性，法规未能跟上，问题未能得到及时解决。如前文所述，议题泛在和定性的泛化也是原因之一。比如"大数据杀熟"，其定性存在争议。价格波动在市场经济条件下是很正常的事情。但在互联网时代，网络用户的行为数据被

---

① 张兆曙：《以事件为中心：中国网络治理的基本模式》，《浙江学刊》2019 年第 3 期。

多个网站共享，时常遭遇广告推荐等，也确实存在问题。如果对如何定性的这一争议问题不给予足够重视，"大数据杀熟"本身存在的逻辑上的认知误区得不到厘清，那这一问题的解决也会因为定性的滞后而滞后。所以对于互联网时代的"以事件为中心"的传播态势我们需要制度化的解决方式，以及对策化行动中的政策制定和完善，而不是靠舆论等手段来平息事态。否则会一波未平，一波又起。

（三）互联网时代领域突破与宏观政策网络共振的对策行动

互联网时代跨领域整合的对策行动除了对于某一领域的治理和规范外，各个主体的协同行动，更包括对策行动服务于社会宏观发展大局的全局意识、整体意识，形成一种相互促进的政策网络共振格局。

信用建设这一领域的整合体现为主体、平台、流程等多维度的整合，形成政策网络，在硬件和软件方面进行多维度的布局（见表5-8）。

表5-8　信用建设方面多维度、多领域的行动

主体	政策/措施	
	目标	方案
信用服务机构	对评级对象履行相应的经济承诺的能力及其可信任程度进行调查、审核、比较、测定和综合评价	信用评级
征信机构	征信机构以合法的方式从不同渠道收集信用信息，整理加工后提供给经授权的使用人	信用报告
国家发展改革委、人力资源和社会保障部等政府部门	建立和完善信用修复制度，有利于深化"放管服"服务，推动信用建设规范化、系统化，有利于规范市场经济的秩序，释放市场主体的活力，有利于激发失信主体守信意愿，保障失信主体的合法权利。对进一步提升政府公信力，弘扬诚信的文化，培育诚信的环境，都有重要的意义	征信/信用修复（失信主体信用修复的主要内容：失信主体在规定期限内纠正实际行为，公开做出信用承诺，积极主动地参与各类信用修复的专题培训，接受协同的监管，持续提交信用报告，主动参与志愿服务和社会公益事业等内容）
	为社会培养专业人才，促进社会信用体系建设	信用管理师国家职业技能标准发布
	打破信用"信息孤岛"，完善社会信用奖惩联动机制等	信用公共服务平台建设

续表

主体	政策/措施	
	目标	方案
地方政府（地方立法先行、国家立法滞后）	针对制度化程度已较高、法治化明显不足的问题，推动社会信用体系建设，提出从政策化迈向法治化的要求，确立法治权威，实现国家治理法治化	信用立法（社会信用法）

表5-8以信用建设为例，梳理了中国信用建设方面多维度、多领域的行动，可见系列政策和措施发挥了一定的效力。地方政策相对具体，比如2022年杭州市印发了《杭州市人民政府办公厅关于推广应用企业信用报告（无违法违规证明）有关工作的通知》，通过共享全市市场监管、消防安全、医疗保障、生态环境等15个领域相关监管信息，形成并推广应用企业信用报告（无违法违规证明），实现企业在线"一键"申请，各类无违法违规情况"一纸"证明，完善服务。中国人民银行营业管理部2022年创新推出"信用北京查"征信服务平台，市民通过微信、支付宝网络平台搜索"信用北京查"小程序，即可在线快速获取北京市征信查询指引、业务预约办理、线上征信维权服务等信息。可见，在对策行动上，我国不仅从人才、平台、政策等各方面采取了措施，也优化了服务，以推进政策的真正落实。但是从政策化迈向法治化，实现信用建设法治权威，从国家层面的立法还需要下大功夫，加快步伐。

在互联网时代，跨领域、跨地方合作，信用数据共享等相对便捷，领域行动与宏观政策网络共振表现突出。比如2022年国家发展改革委印发的《关于推动长江三角洲区域公共资源交易一体化发展的意见》（发改法规〔2022〕355号）提出，完善信用信息归集共享和使用机制，加快实现长三角区域内市场主体信用信息交换共享，其目标在于加快形成跨区域统一大市场，以让要素在更大范围畅通流动为目标，以提高政策协同、打破行政壁垒为着力点，努力将长三角区域打造成公共资源交易区域一体化合作的新高地。除了实现跨区域联合发展，相应政策的出台，也形成了政策网络，有助于发挥合力。在宏观政策指引下，在特定领域开展信用建设，比如在中共中央、国务院发布的《关于实施乡村振兴战略的意见》中提出打造区域公用品牌；在《农业农村部关于加快推进品牌强农的意见》中指出，把农业品牌建设放在突出位置，塑强区域公用品牌。在此背景下，新华信用建议地方相关部门尽快启动以信用监管为核心的区域公共品牌保护与提升计划，落实国家政策要求，切实提升产品质量安全，重塑区域公共品牌信用，发展农村信用。

三　互联网平台规则的共治效应

（一）平台规则补充行政力量

当前，在中国的社会信用体系建设中，制度化程度已经比较高，一系列的政策已经出台或者不断完善，但存在法治化不足的问题，集中体现为"政策推动、行政主导、立法缺失"三个方面。平台规则能在很大程度上补充行政力量。互联网上的平台运行有其相应的规则保障及客户服务制度，以增强自身的可信度。这些规则在某种程度上对于社会诚信的建构具有积极作用，各个平台成为相应领域的把关者。本书以经常运用的几大平台为例，分析其相关的平台规则内容（见表5-9）。

表5-9　互联网相关平台规则汇总

平台	相关平台规则称谓		规则内容
唯品会	服务保障		（1）正品保证 （2）7天无理由放心退 （3）退货返10元唯品币 （4）7×15小时客户服务 （5）7天无理由随心换
淘宝	消费者保障		消费者保障服务支持自买家完成支付宝担保交易付款之日起至交易成功后15天内保障买家权益，如有商品质量问题、描述不符或付款后未收到货等，全程支持退货退款，退货运费由买家承担。若卖家不履行承诺，以卖家保证金给予先行赔付，保障每一个消费者的网购权益
京东	售后服务	京东自营商品售后服务	（1）价格保护 （2）售后特色服务 （3）无理由退货规则说明（自营） （4）售后服务总则 （5）售后服务细则 （6）服务承诺 （7）服务流程

续表

平台	相关平台规则称谓	规则内容
京东	售后服务	第三方卖家自主售后服务 （1）运费险 （2）卖家自主售后 （3）无理由退货规则 （4）说明（第三方卖家） （5）售后服务总则 （6）售后服务细则 （7）服务流程
携程旅行网	机票交易平台承诺书	构建诚信、透明、安全可靠的机票交易平台承诺书：依法诚信经营，公平公正竞争，行为规范自律，健康和谐发展，严把销售进驻，清退违规代理，严控产品质量，落实真情服务，页面清晰明确，履行告知义务，航变及时通知，确保正常出行，加强系统防范，保障信息安全，及时处理投诉，维护旅客权益，接受市场监督，勇于承担责任
58同城	先行赔付	58同城先行赔付服务目的是更好地保障会员的合法权益。当登录用户在58同城上因找到的信息而蒙受实际损失，可申请获得58同城先行赔付的保障金 比如买的小狗居然是病狗，买到假票看不了演唱会，租房遇到中介押金被骗，买的电脑、手机是返修机，找工作交了服装费被骗，找生活服务遭遇黑商家
当当网	客户服务	正规渠道，正品保障；625城市，次日达到；退换无忧，购物无忧
拼多多	拼多多消费者保障计划	正品和质量保障，如实描述，诚信发货，七天无理由退货

由表5-9可以看出，平台为保障自己的正常运行，就要制定服务于消费者的规则，向消费者承诺，保障购物无忧。所以电商平台的很多规则集中于正品保障和售后服务，特别是退换货，以维护平台自身的信誉。

（二）平台规则效力疲软表现

平台有其相应的规则以保障其良性运行，但是规则的效力并非总会发挥到极致或者起到相应的作用，很多时候也存在相应的漏洞，不利于规则的落实，给社会诚信建构带来相应的问题和麻烦，或者也有人抓住规则的漏洞，进行一些有违诚信的行为（见表5-10）。

表 5-10　平台规则效力疲软表现分析

规则内容	规则效力疲软表现	案例体现
客服服务	形同虚设，不具针对性 解答问题，影响用户的消费体验，长此以往，平台的信任度会降低	比如很多平台设置了很多常规性问题，自动回复比较多，人工服务比较欠缺；智能机器人服务的程式化表现突出
七天无理由退货	消费者钻空子，"互帮退货群"。公众诚信受到质疑	用户买 18 件衣服旅游后要求退货
正品保证	平台上的商家种类繁多，平台的约束效力成一大难题	假货层出不穷

由表 5-10 可以看出，尽管平台有相应的规则，但其执行上存在某些障碍，有的来自平台自身，有的来自用户。除此之外，互联网时代利用大数据进行的算法推荐给用户带来干扰、信息污染等影响，百度竞价排名有违公正性和真实性，小红书种草笔记涉虚假内容，代写、刷量机构大量存在……平台以商业化为目的导致的失信行为层出不穷。

（三）案例："七天无理由退货"平台规则利弊分析

很多电商平台都有退换货方面的规定，"七天无理由退货"屡见不鲜。"七天无理由退货"实则是规则赋予消费者的一个特殊的补救方式，以克服网络消费中的信息不对称等问题，但这一规定却被某些人钻了空子。

"七天无理由退货"的滥用损害了商家的利益，也会对自己造成不利影响。比如 2019 年"五一"假期前后围绕"七天无理由退货"发生的一件事情，成为舆论焦点。买家黄小姐在"五一"节后要求退掉"五一"前买的 18 件衣服，而卖家李先生发现黄小姐在其朋友圈里发了多条穿着店铺衣服旅游的照片。事件曝光后，买家黄小姐全部买单，并道歉。"央视新闻"微信公众号的文章《过分了，姑娘！"7 天无理由退货"不是这样玩的》阅读量突破"10 万+"（见图 5-2），留言中网友更多的是表达了对网购者"黄小姐"的批评和谴责。截至 2019 年 6 月 1 日 19：00，留言"这个买家人品太差，我都看不下去了"获点赞数 4748 个，"建议将这种行为纳入诚信建设里面！"获点赞数 3442 个，"这位买家就是成心的，钻了法律的空子，应该拉入诚信黑名单。"获点赞数 2201 个，"这位姑娘做法太不地道了！"获点赞数 2651 个……这表明很多网友对此保有一致的态度，认为买家这种滥用"七天无理由退货"规则是欠妥的。

一件事情引起广泛关注后，类似事件很容易被爆料，也很容易产生关联聚合效应。比如在"走秀"活动之后，退掉"走秀"上使用过的配饰，此类事件在上述事件后被进一步曝光。还有试穿大牌新衣服，婚礼结束后退回使用频次低的婚纱，这些都是利用了平台的规则。而实际上，退回的部分商品是影响二次销售的。

因为互联网提供了交流的便捷性，很多时候可以把诉求相同和彼此不熟悉的人连接在一起，这为不诚信的行为提供了"便利"。比如贪图便宜已经形成了一个组织——"互帮退货群"。用户甲买了一个商品，满足短时间的使用或者利用，把握住七天之内可退货的权限，让"互帮退货群"的另一人买同样的新的产品，之后把旧的退回去。这种做法显然是恶意的，商家的利益受到损害的同时，不知情的消费者也深受其害。

图5-2　"央视新闻"微信公众号的文章阅读量突破"10万+"

"七天无理由退货"的滥用也会损害消费者的利益，进而增加交易成本，不利于社会诚信氛围的形成。现在因为钻"七天无理由退货"的空子而出现的一些失信行为，对商家产生了不利影响，而实际上，消费者的权利也受到不同程度的损害或侵犯。"如果有人滥用了法律救济的规定，法律将来在不断地修改制定过程中，会更加严格、苛刻。"①

《"七天无理由退货"成任性理由？专家：加大失信惩戒力度》一文指出，无理由退货乱象的频出，让法律界人士质疑这一规则的合理性。北京师范大学法学院教授、亚太网络法律研究中心主任研究员刘德良认为，"七天无理由退货"规则借鉴的是国外的相关规则和经验，在中国执行需要有诚信的文化土壤和环境作为支撑。目前，我们在这方面还存在需要改进的地方。这一条款只能从保护消费者权益、解决信息不对称问题的角度来进行相应的修改和完善。这项规定对消费者来说非常有利。如果某些消费者长期滥用这一权利，最终只会使法律条文规定的权利空间和边界逐渐缩小。

在实际生活中，如何做到既保障消费者的"反悔权"，又防止"七天无理由退货"的滥用，刘德良建议，一方面要加强对消费者的诚信教育，另一方面要加大对失信者的法律责任追究力度，建立消费者评价体系和诚信黑名单制度。刘德良说："只有这样，这项保护消费者权益的条款才能最大限度地发挥作用。"② 同时，还可以借用技术的力量，比如区块链技术，就是每一件网络售出商品在每一次销售行为中都有一个编号，这成为消费者购买过该商品的证明。这样方便出现问题时，特别是出现商品受损的情况时可以及时溯源。当然，要从源头治理该问题，还得依靠每一个人诚实守信观念的形成和这一观念的践行，并有科学合理的政策作为保障。

第三节　数字治理：对策行动的技术策略

在互联网时代社会诚信的建构中，大数据成了诚信建构和失信治理的积极资源。数字治理将大数据和社会治理连接起来。大数据的"全样本"与公共治理的"多主体"、大数据的"方法性"与公共治理的"科学性"、大数据的"可去中心"与公共治理的"整体性"等特点彼此契

---

① 崔晓丽：《"七天无理由退货"成任性理由？专家：加大失信惩戒力度》，新浪新闻，2019 年 5 月 31 日，http://news.sina.com.cn/c/2019-05-31/doc-ihvhiews5948084.shtml，最后访问日期：2020 年 12 月 20 日。

② 崔晓丽：《"七天无理由退货"成任性理由？专家：加大失信惩戒力度》，新浪新闻，2019 年 5 月 31 日，http://news.sina.com.cn/c/2019-05-31/doc-ihvhiews5948084.shtml，最后访问日期：2020 年 12 月 20 日。

合，交相匹配，成为二者互动融合的内在动力。① 基于社会信用体系建设的总体规划，互联网时代社会诚信的建构发挥大数据的优势，积极转向数字治理，实际上是一种技术策略，有助于践行系统化建设，包括数据运用、数据联网基础上的联合奖惩，还有系统化政策的制定。

一　技术策略下的数据运用

协同治理模式下多元主体对失信信息的共享传播和对失信行为的联合惩戒构成了对失信者的巨大威慑，最大限度地保障了信息透明与信息对称。② 所以建立相关的数据库，利用"信用中国"等网站平台进行相关信息共享很有必要。

（一）信用信息数据库是社会诚信建构的基础设施

人类已经进入数据化生存时代。人们的行为痕迹都转化为数据得以记录。个人如此，企业亦如此。网络用户通过互联网及物联网活动产生数据，数据大体可分为被动式生产数据（社交行为、点击行为等形成的数据）、主动式生产数据（个体属性数据如昵称、身份证号、手机号、性别、生日等）及感知式生产数据（传感器、摄像头、可穿戴设备等形成的数据）。信用信息数据库，是我国社会信用体系建设的重要基础设施，主要包括个人信用信息数据库和企业信用信息数据库。其中个人信用信息数据库，采集、整理、保存个人信用信息，是在国务院领导下，由中国人民银行组织各商业银行建立的信用信息共享平台。该数据库为金融机构提供信用状况查询服务，为货币政策和金融监管提供有关的信息服务。中国目前已有企业和个人两大信用信息数据库，截至 2023 年 5 月 31 日，囊括了 1200 万家企业和 5.8 亿自然人。③ 这表明，信用信息数据库涉及主体相对广泛。

在互联网时代，社会诚信建构的系统策略中的数据运用体现在诚信数据库的建设上，比如全国企业信用信息数据库，可进行企业信用查询，

①　马海韵、杨晶鸿：《大数据驱动下的公共治理变革：基本逻辑和行动框架》，《中国行政管理》2018 年第 12 期。

②　王翊亮、郭文波：《协同治理模式下推进信用体系建设的思考》，《宏观经济管理》2018 年第 10 期。

③　信用信息数据库，百度百科，https://baike.baidu.com/item/信用信息数据库/12747202?fr=aladdin，最后访问日期：2023 年 12 月 20 日。

包括信用评价查询、信用认证查询、信用违规查询，另外还有企业信用评价等级和重点企业信用认证。信用信息数据库可以压缩失信者和违法分子的生存与发展空间，提高社会诚信度，对提高党的执政能力有深远的意义。信用信息数据库的完整性和易查询性决定着社会信用体系的有效性。

信用信息数据库建设还包括建立诚信档案制度和黑名单制度等。李克强总理连续四年在全国"放管服"改革电视电话会议上对社会信用体系建设做出部署。其中有几个关键性的内容，一是信息披露以及诚信档案制度的建立健全；二是完善失信联合惩戒机制、黑名单制度和市场退出机制；三是加快建立完善跨地域、跨部门、跨行业的联合激励与惩戒机制；四是要加快推进涉企信息归集共享，为实行守信联合激励和失信联合惩戒机制提供科学依据。

但这里需要注意的是，信用信息数据库的建设要对数据做更为全面的分析，不能基于大数据而简单判断。因为个体或者企业生产时提供的某些行为数据，作为信用数据时可能是存在偏差的，比如偶然行为数据、情绪化数据等，不代表常态，其需要的治理措施是不一样的。再如个体在媒介前台所产生的行为数据具有一定的表演性。从个体视角来看，个体通过在网络新媒体中晒出自己的优质图片以收获他人的点赞、评论。在面子等动机下，个体在网络世界的行为数据多呈现较好的状态。又或是在匿名性心理等动机下，产生宣泄原始冲动的越轨行为，有意地进行不负责任的传播表演，如故意发布谣言等，如此虚拟世界与真实世界之间的距离也会越发遥远，数据的真实性逐渐无从考证。

另外，在信用信息收集的过程中，需要相关的法律规范，以保护信息安全，保障社会主体的合法利益。自 2022 年 1 月 1 日起施行的《征信业务管理办法》便是应时而生的配套政策。《征信业务管理办法》按照对个人信息依法保护、有限共享的原则，与《中华人民共和国个人信息保护法》关于个人信息主体权益的保护规定全面衔接。

（二）信用信息数据库的体系化运用

信用信息数据库一旦建成，其运用也是多维的、体系化的，从线上落地到线下，影响到信用主体的方方面面。在信息平台建设的基础上，信用信息数据库的体系化运用体现在多个方面，比如与政府、企业、社会组织等各个部门的联网，建成数据共享的总枢纽；与相关部门协同监管，构建联合惩戒格局，实现"一处失信，处处受限"；提供便民服务，信用查询让信用主体比如公民、企业等知己知彼，消除信息不对称；信用信息数据库的体系化运用也体现在信用场景的打造上，积极促进信用变现，实现信用价值；等等。

本书以宁夏银川的信用信息共享为例来进行分析（见表5-11）。

表5-11　宁夏银川的信用信息共享

类目	特征	具体体现
基础：信用信息平台建设	体系化架构：系统网络	银川市信用信息平台共享建设于2016年启动，目前已经形成"一网、两库、N系统"的完善架构
体系化运用之一	领域拓展，数据共享的总枢纽	银川市信用信息共享平台上联省级平台，下通6个县市区，横向连接35个政府部门、水电气等公用事业单位、金融机构、社会组织、商业企业等相关机构
体系化运用之二	协同监管，构建联合惩戒格局	各单位通过安装"一键式信用核查"小程序，在日常管理和政务服务过程中快速实施联合奖惩，以此实现信用核查信息自动推送、红黑名单信息自动匹配、联合奖惩措施自动触发、联合奖惩实施情况自动反馈、惩戒对象实时拦截，实现信用联合奖惩在行政审批、事中事后监管、公共资源交易等内容的全面嵌入。截至2019年5月，银川市信用信息共享平台累计实施信用核查17129次，已向国家累计报送联合奖惩案例4946个
体系化运用之三	信用查询，知己知彼，消除信息不对称	"信用中国（宁夏银川）"网站也接入银川网上市民大厅，在线提供信用记录和信用报告的查询服务，线下通过遍布全市的83台银川市24小时政务服务ATM机在社区向居民提供信用查询服务
体系化运用之四	信用场景打造，让信用变现	加速推进"信易+"系列产品在银川落地。会同金融机构推进信易贷产品，依据信用评价结果给予守信的企业优惠、便利的融资服务，不仅助力企业实现信用价值变现，也有效缓解中小微企业融资难问题。"信易登"通过结合企业信用记录和信用评分，给守信的企业设立不动产登记"绿色诚信企业大客户服务室"，提供专人指导、自助申请、自助录入、专人审核的全程陪同服务，以"VIP"式的服务体验和更快的登记效率，引导和激励企业规范社会信用行为。此外，推广了"信易批""信易游""信用+医疗"等信用应用模式。让良好的信用记录成为市场主体或政府部门认可的"通行证"，惠民便企作用显著

在当今的互联网时代，政府部门利用互联网的优势，建设信用平台，进行数据共享，是互联网时代社会诚信建构的重要内容，为互联网时代的社会诚信体系建设奠定了物质基础。

二 技术策略下的联合奖惩

(一) 联合惩戒的效能

政策场域制定了一系列联合惩戒文件。比如《关于加强对外经济合作领域信用体系建设的指导意见》《关于对对外经济合作领域严重失信主体开展联合惩戒的合作备忘录》《农资领域严重失信联合惩戒对象名单管理办法 (试行)》，加大联合惩戒力度，构建税收共治格局。很多领域出台联合惩戒备忘录，比如，咸宁市 34 家市直单位出台《关于对失信被执行人实施联合惩戒的合作备忘录》，国家发展改革委、交通运输部等 20 部门联合印发了《关于对运输物流行业严重违法失信市场主体及其有关人员实施联合惩戒的合作备忘录》，国家发展改革委等 38 部门联合签署《失信企业协同监管和联合惩戒合作备忘录》，等等。湖北省信用办 (省发展改革委、中国人民银行武汉分行) 会同相关部门组织实施备忘录，加快推进湖北省对企业失信行为协同监管和联合惩戒工作，构建失信市场主体"一处违法，处处受限"的信用监管框架，营造良好的市场信用环境。

2016 年 4 月 18 日上午，习近平主持召开中央全面深化改革领导小组第二十三次会议并发表重要讲话时强调，建立和完善守信联合激励和失信联合惩戒制度，加快推进社会诚信建设，要充分运用信用激励和约束手段，建立跨地区、跨部门、跨领域联合激励与惩戒机制，推动信用信息公开和共享，着力解决当前危害公共利益和公共安全、人民群众反映强烈、对经济社会发展造成重大负面影响的重点领域失信问题，加大对诚实守信主体激励和对严重失信主体惩戒力度，形成褒扬诚信、惩戒失信的制度机制和社会风尚。2016 年 12 月，习近平在中共中央政治局第三十七次集体学习时强调，对突出的诚信缺失问题，既要抓紧建立覆盖全社会的征信系统，又要完善守法诚信褒奖机制和违法失信惩戒机制，使人不敢失信、不能失信。对见利忘义、制假售假的违法行为，要加大执法力度，让败德违法者受到惩治、付出代价。从理念到行动形成诚实守信的共识。这为联合惩戒筑牢防线，不为惩戒而惩戒，惩戒只是诚信积极建设的一个重要手段。

联合惩戒是社会信用体系建设的核心手段，需要扩大联合奖惩范围，升级联合惩戒措施，丰富联合激励措施，形成自动启动惩戒机制。失信黑名单的公示给"老赖"们以威慑。因为红黑名单的公开,联合惩戒产生了积极效应。在公布的失信被执行人中间,有很多人主动履行义务,这也是出于对联合惩戒的敬畏感。我国最高人民法院于2013年7月发布《关于公布失信被执行人名单信息的若干规定》,2013年10月开通失信被执行人查询平台,对失信被执行人采取公示惩戒措施。2020年,全国新增失信被执行人249.84万人。2021年,全国新增失信被执行人134.12万人。[①] 在保证执行力度的前提下,社会信用体系建设已经发挥效力,特别是网贷领域失信等新的问题被纳入惩戒体系,为营造诚信的社会环境保驾护航。

除了相关的规定和执行措施,还有联合惩戒备忘录和联合激励备忘录。比如鄂州市梁子湖区联合奖惩案例情况表,对失信被执行人限制高消费;十堰市对失信旅游企业、从业人员、不文明游客等实施联合惩戒;失信影响社保办理;等等。失信行为不再无关痛痒、无所制约,而是与我们的切身利益密不可分,影响着生活、工作的方方面面。联合激励备忘录,如宜昌市高新区的失信主体在限期内主动修正失信行为后退出黑名单的案例;正向激励!让好的纳税信用"变现"真金白银,鄂州市环保局发布红名单企业;等等。这些都体现了社会诚信的价值,诚实守信的价值。

(二) 联合惩戒应适度

联合惩戒也可能存在问题。"乱扔垃圾纳入信用管理""恶意跳槽信用有问题""逃票、地铁进食、霸座等行为记入个人信用记录"等新闻屡见不鲜。实际上,部分联合惩戒的实质是对失信议题的泛化,存在不合理性。诚如北京市人大常委会法制办干部、法学博士李振宁在《信用惩戒有效果 制度适用有原则》中所指出的一样,信用惩戒的适用具体可以把握以下几个原则:严格的法定性、适用的谦抑性、科学的关联性、信息的中立性、披露的时限性。这是针对联合惩戒中出现的问题提出来的原则,很有价值。"信用惩戒一定意义上放大了行为的危害范围,扩展了法律责任的适用领域,且往往是以约束失信人的自由、资质和权限等来实现法律秩序和正义。制度好用,但应避免滥用;措施强化,但应避免泛化。信用惩戒的适用也应遵循一定的原则,避免以信用惩戒代替问

---

① 《官方重拳出击立法惩戒"老赖",最长拘留6个月》,搜狐网,2022年6月25日,ht-tps://www.sohu.com/a/560582168_121321042,最后访问日期:2024年10月19日。

题解决、逃避管理职责，甚至导致惩戒寒蝉。"① 比如现实中管理交通、供水等公共事务的公司对用户和消费者依公司规章制度采取信用惩戒措施，可能存在合法性不足的问题。比如对于在公共交通工具内霸座、吸烟、进食等行为，应首先适用交通或治安管理方面的法律法规，采取必要的提醒、警告、罚款等处理程序，不能因为信用惩戒好用而无限运用。联合惩戒的关联度合理，主要体现在失信行为的严重程度与惩戒措施的后果应该科学匹配上。联合惩戒一定要有科学的、有针对性的法律法规依据，要考虑合法性、必要性和社会可接受程度。

国家发展改革委、中国人民银行于 2021 年底印发实施《全国公共信用信息基础目录（2021 年版）》和《全国失信惩戒措施基础清单（2021 年版）》。其中，《全国公共信用信息基础目录（2021 年版）》界定了公共信用信息纳入范围，《全国失信惩戒措施基础清单（2021 年版）》界定了失信惩戒措施的种类及其适用对象，充分体现了"依法依规、保护权益、审慎适度、清单管理"的总体要求。这将有利于保护信用主体的合法权益，提升社会信用建设规范化、法治化。对于失信惩戒，也需要多个部门的合作。比如各级市场监管局按照 2021 年 9 月施行的《市场监督管理严重违法失信名单管理办法》公布了严重违法失信名单。从这些案例中可以看到，对违法失信行为的规范，需要《中华人民共和国商标法》《中华人民共和国食品安全法》《中华人民共和国食品安全法实施条例》《中华人民共和国产品质量法》《中华人民共和国反不正当竞争法》等法律法规的配套执行，让联合惩戒具有针对性。

三　技术策略下的政策具化

政策的制定基于对网络数据的分析，抓住当前比较突出的问题。以往的政策对象相对来说更具概括性，现在较为具体，针对具体问题而谈。这也正如前面所论述的那样，议题聚合还没有完成，诸多现象还没有建立起一套科学的范畴体系，而新议题、新问题又不断涌现。这一状况也反映到了政策的制定过程当中。

---

① 《信用惩戒有效果　制度适用有原则》，信用中国（山东），2019 年 9 月 11 日，https://credit. shandong. gov. cn/28/88201. html，最后访问日期：2024 年 10 月 19 日。

本书对"信用中国"中"中央政策法规"的政策对象进行汇总分析（见表5-12），其中大部分指向具体对象，比如其中有指向具体事件的：小微型客车租赁、电力设施许可管理、跟帖、虚假违法广告、拖欠农民工工资、校园贷、骚扰电话等；还有指向领域或者行业的，比如石油天然气行业、盐行业、农资和农产品、水路运输市场、涉电领域、对外经济合作领域、快递业、旅游领域等。当然，其中也有指向相对宏观的，比如联合激励和联合惩戒，引入第三方信用服务机构、社会信用体系。政策对象中除了老问题，更涉及互联网时代的新议题、新问题，比如跟帖、客车租赁中谈及的网约车，还有校园贷等。

表 5-12　"信用中国"中"中央政策法规"的政策对象列举

序号	政策名称	政策对象
1	《最高人民法院印发〈关于为改善营商环境提供司法保障的若干意见〉的通知》	营商环境
2	《交通运输部 住房城乡建设部关于促进小微型客车租赁健康发展的指导意见》	小微型客车租赁
3	《国家能源局综合司关于完善承装（修、试）电力设施许可管理"黑名单"退出机制等有关工作事项的通知》	电力设施许可管理
4	《国家能源局关于印发〈能源行业市场主体信用评价工作管理办法（试行）〉的通知》	能源行业市场主体
5	《互联网跟帖评论服务管理规定》	跟帖
6	《印发〈关于对保险领域违法失信相关责任主体实施联合惩戒的合作备忘录〉的通知》	保险领域违法失信
7	《加快推进落实〈政务信息系统整合 共享实施方案〉工作方案》	政务信息系统
8	《工商总局等十部门发布严肃查处虚假违法广告维护良好广告市场秩序工作方案》	虚假违法广告
9	《交通运输部办公厅关于全国公路建设市场信用信息管理系统有关虚假信息处理意见的函》	公路建设市场
10	《国务院关于在更大范围推进"证照分离"改革试点工作的意见》	证照分离
11	《印发〈关于对石油天然气行业严重违法失信主体实施联合惩戒的合作备忘录〉的通知》	石油天然气行业
12	《关于加强和规范守信联合激励和失信联合惩戒对象名单管理工作的指导意见》	联合激励和联合惩戒
13	《人力资源社会保障部关于印发〈拖欠农民工工资"黑名单"管理暂行办法〉的通知》	拖欠农民工工资

续表

序号	政策名称	政策对象
14	《关于引入第三方信用服务机构协同参与多领域及特定领域行业信用建设和信用监管工作的函》	引入第三方信用服务机构
15	《中国银监会 教育部 人力资源社会保障部关于进一步加强校园贷规范管理工作的通知》	校园贷
16	《关于对盐行业生产经营严重失信者开展联合惩戒的合作备忘录》	盐行业
17	《农业部办公厅关于建立农资和农产品生产经营主体信用档案的通知》	农资和农产品
18	《关于印发食品、保健食品欺诈和虚假宣传整治方案的通知》	食品、保健品
19	《交通运输部办公厅关于印发〈水路运输市场信用信息管理办法（试行）〉的通知》	水路运输市场
20	《〈关于加强和规范涉电领域失信联合惩戒对象名单管理工作的实施意见〉（征求意见稿）公开征求意见》	涉电领域
21	《印发〈关于加强涉金融严重失信人名单监督管理工作的通知〉》	金融
22	《短缺药品和原料药经营者价格行为指南》	药品
23	《关于加强对外经济合作领域信用体系建设的指导意见》	对外经济合作领域
24	《国家工商行政管理总局关于印发〈国家企业信用信息公示系统使用运行管理办法（试行）〉的通知》	国家企业
25	《关于进一步规范行业协会商会收费管理的意见》	行业协会、商会
26	《网络餐饮服务食品安全监督管理办法》	网络餐饮服务食品安全
27	《企业信息公示暂行条例》	企业
28	《社会信用体系建设规划纲要（2014—2020年）》	社会信用体系
29	《关于加快推进失信被执行人信用监督、警示和惩戒机制建设的意见》	失信被执行人/失信主体
30	《民政部印发〈社会组织信用信息管理办法〉》	社会组织
31	《关于对公共资源交易领域严重失信主体开展联合惩戒的备忘录》	公共资源交易领域
32	《关于加强会计人员诚信建设的指导意见》	会计人员
33	《快递业信用管理暂行办法》	快递业
34	《出租汽车服务质量信誉考核办法》	出租汽车服务质量
35	《关于进一步加强科研诚信建设的若干意见》	科研诚信
36	《关于加强会计人员诚信建设的指导意见》	会计人员诚信
37	关于对旅游领域严重失信相关责任主体实施联合惩戒的合作备忘录	旅游领域

资料来源：https://www.creditchina.gov.cn/zhengcefagui/zhengcefagui/zhongyangzhengcefagui1/。

针对具体问题制定相应政策，这对该问题的解决确实有用，但进入政策领域的具体问题，很可能是付出较大的代价换来的。而且这样的政策带有较大的随机性，进入政府决策者视野的更容易得到重视或解决，而未能进入决策者视野的较难引起重视，甚至很多无法准确定性的事件，即使得到相应关注，也可能得不到有效解决。

第四节　道德治理：对策行动的文化策略

道德是诚信建设及社会治理的手段。社会道德治理就是以社会主义核心价值为指引，将其渗透到社会治理实践中去，以保证社会治理过程中的价值取向正确，并对社会各种不同价值观进行正确引导，从而塑造积极、健康、正确的社会价值观念，构建秩序良好、诚信友爱、风清气正的和谐社会。① 习近平总书记做了很多关于道德治理的论述。习近平总书记强调，必须加强全社会的思想道德建设，激发人们形成善良的道德意愿、道德情感，培育正确的道德判断和道德责任，提高道德实践能力尤其是自觉践行能力，引导人们向往和追求讲道德、尊道德、守道德的生活，形成向上的力量、向善的力量。② 2016 年 12 月 9 日下午，中共中央政治局就我国历史上的法治和德治进行第三十七次集体学习。③ 习近平总书记在主持学习时强调，要强化道德对法治的支撑和滋养作用，发挥道德的教化作用，营造良好的社会文化环境。习近平在学习时强调，法律是成文的道德，道德是内心的法律。法律和道德在国家治理中都有其地位和功能，在规范社会行为、调节社会关系、维护社会秩序上发挥着自己的作用。法安天下，德润人心。法律的有效实施依赖于道德的支持，道德践行需要法律的约束，让法治成为道德治理的制度保障。两者不可分离、不可偏废，协同发力。无论是法治还是德治，都是治理国家的必要手段，有着各自的特点和优势，国家治理需要法律和道德协同发力，二者相互促进，

---

① 凡景强：《社会道德治理的价值取向及其实施路径研究》，《重庆邮电大学学报》（社会科学版）2017 年第 1 期。
② 董振华主编《党性修养十讲》，人民出版社，2016，第 48 页。
③ 《习近平主持中共中央政治局第三十七次集体学习》，中国政府网，2016 年 12 月 10 日，http://www.gov.cn/xinwen/2016-12/10/content_5146257.htm，最后访问日期：2020 年 12 月 20 日。

道德教育和法制教育并举，增强全民诚信的法治意识和道德自觉。

互联网时代的数字治理，是基于技术策略的社会诚信建构以及失信的治理，主要体现为制度的规范，制定相应的政策法规。同时也为诚信文化的建设提供平台和技术手段。无论是诚信本身的建设还是社会治理，营造诚信的文化环境都是相当重要的。我们要从中西文明的优秀文化成果中发掘诚信伦理的价值内涵，发挥信用伦理的引领和指导作用，营造"守信光荣，失信可耻"的道德氛围。进一步发掘传统信用文化与现代契约精神之间的共通之处，为我国社会信用体系建设提供精神资源。通过对中国诚信文化的研究，讲好中国诚信故事；通过互联网技术平台创新传播形式，丰富传播手段，提升传播效果。

总之，社会诚信的建构，不仅需要法治，还需要道德的力量，即道德治理。这主要是一种文化策略，比如社会诚信的宣传教育；营造诚信氛围，加强社会公德、职业道德、家庭美德中的诚信建设；加强诚信自律，让诚信价值观念深入人心；等等。另外，虽然互联网时代，人们的很多行为数据联网，纳入大数据的范围，为社会治理提供了便捷，但还是有很多"漏网"的主体或者客体内容，而且也有很多法律规范管不到的内容，需要道德的约束。

一　德法共治视角下社会诚信建构的道德治理

习近平总书记在中共中央政治局第三十七次集体学习时强调，"必须坚持依法治国和以德治国相结合，使法治和德治在国家治理中相互补充、相互促进、相得益彰，推进国家治理体系和治理能力现代化"[①]。德治是"以道德规范来约束人们的行为，从而达到社会秩序和国家治理观念和方式"[②]，法治是"强调用法律制度来治理国家，用强制的手段来约束人们的行为"[③]。法治和德治，都是治理国家的必要手段，有着各自的特点和优势。同时也存在各自的局限性，需要德法共治，推进二者相互促进，

---

① 习近平：《坚持依法治国和以德治国相结合 推进国家治理体系和治理能力现代化》，《人民日报》2016 年 12 月 11 日，第 1 版。

② 郁建兴：《法治与德治衡论》，《哲学研究》2001 年第 4 期。

③ 罗国杰：《德治与法治：相辅相成，相互促进》，《人民日报》2001 年 2 月 22 日，第 9 版。

道德教育和法制教育并举，增强全民诚信法治意识和道德自觉。

面对互联网时代社会诚信议题遭遇的复杂性和多变性环境，要规避制度设计和制度安排的浮躁风险。前文已经介绍了社会诚信建构中对于失信问题的治理依赖于制度。在互联网时代，对技术的依赖是一种常态。此时的行动导向是以道德思维来展开的，比如营造诚信文化的氛围，培育个人诚信观念，让观念来引导人的行动。

（一）"漏网之主体"层面的道德治理

在社会诚信的建构中，政策管理、法治的"漏网之主体"需要道德治理加以引导、教育、约束。我们知道，中国网民数量庞大，但还是有很多人不是网民，或者只有极其简单的网络社交行为，与网络社会中社会诚信建构关联性不大或者没有直接关联性。所以这一部分人的行为需要道德治理的辅助力量。比如受知沟或者技术沟影响，不会使用网络技术的公众，他们的社会生活行为中可能有失信行为，没有被媒体传播，自身的行为也没有网络数据记录。对于这一类主体，需要政策之外和网络之下的道德治理的补充。比如可以以仪式活动营造诚信建设和道德治理的环境，优化道德治理的社会生态。我们可以从以下几方面去努力。

一是全面深刻地阐释诚信理念、诚信理论，让社会主义核心价值观深入人心，从国家礼仪、国家制度层面开展社会主义核心价值观的引领和建设。培育和弘扬社会主义核心价值观，有效整合社会意识，是社会系统得以正常运转、社会秩序得以有效维护的重要途径。[①] 诚信是社会主义核心价值观的重要内容。2017 年 10 月 18 日，习近平在党的十九大报告中指出，要培育和践行社会主义核心价值观。要以培养担当民族复兴大任的时代新人为着眼点，强化教育引导、实践养成、制度保障，发挥社会主义核心价值观对国民教育、精神文明创建、精神文化产品创作、生产、传播的引领作用，把社会主义核心价值观融入社会发展各方面，转化为人们的情感认同和行为习惯。近几年来，全社会从各个层面采取了相应的措施，多渠道、全覆盖地进行社会主义核心价值观的宣传教育工作，取得了相应的成效。

二是以诚信为主题设立一些规范的仪式制度，开展丰富的庆典活动，

---

① 《习近平谈治国理政》，外文出版社，2014，第 16 页。

传播诚信价值观，增强人们的认同感。仪式本身带有宣传性，而且还有很强的凝聚力。近年来，有关诚信的仪式活动并不鲜见。比如 2022 年"诚信永州·携手共建——'3·15'我给您的承诺"诚信宣言发布仪式上，40 余家企业和商户代表共同向消费者做出庄严承诺，充分诠释 2022 年"3·15"的主题——共促消费公平，共建诚信永州。通过多媒体渠道进行传播，比如《永州日报》、今日永州 App 等，但是关注度不高。对于仪式活动，将线上与线下结合，深入基层，让更多人参与进来，宣传教育效果会得到优化。比如自 2019 年起，广州市越秀区连续组织开展诚信文化宣传周活动，通过进商务楼宇、园区、协会、社区等形式，采用"线上+线下"模式进行培训宣讲，组织"诚信示范楼宇""诚信示范企业"评选等，以信用便企惠民、服务实体经济高质量发展为目标，开发全市首个综合信用服务平台"信用越秀"小程序，打造商务楼宇"信用走廊"、北京路诚信商圈、"信用+供电用电"等信用创新应用场景，切实以信用破解群众难题，让群众充分感知无形信用带来的有形红利。2022 年，诚信文化宣传周活动设置了 4 个现场咨询、转盘游戏等小摊位，以群众喜闻乐见的形式普及信用知识、宣扬诚信文化，吸引不少街坊驻足参加。

（二）"漏网之客体"层面的道德治理

当今的社会诚信建构中，政策在不断完善和细化，法治化思维日益达成共识，而且很多政策或者法规不能涵盖的方面也在采用事件性治理的手段，积极建构。但是庞杂的社会系统中还是有很多领域未纳入法治的范围。比如联合奖惩的范围，除了前文所述还有很多主体未被纳入进来，有很多领域、很多客体内容也尚未纳入。比如抄袭论文纳入联合惩戒，但抄袭作业没有。其实抄袭论文和抄袭作业没有本质的区别。法治不可能面面俱到，联合奖惩也不可能涵盖所有，所以需要道德治理的辅助。

"漏网之客体"，主要体现在边界界定问题带来的"漏网"，比如某些失信行为不在当前政策、法规适用的范围内。这一方面是因为某些主体的行为属于道德行为，或是存在争议的伦理行为，或是对个体更高层次的要求，而没有触碰政策或者法规的底线；另一方面是因为社会的发展特别是新技术的发展，新的诚信问题浮现，已有的政策不具有适用性，新的政策还没有来得及完善，这对政策的预见性、超前性提出了更高的要求，也对这些领域的道德治理提出了更高标准，有了更多的期待。比如对于直播中的失信行为，假货，流量造假，平台、主播等的信用评价等问题，在某些层面有了相应的政策、规范，但是在有的层面还没有跟上，比如跨境直播相关的规范还比较欠缺、直播主体的信用评价标准还有待确立等。在此种政策网络生态下，在其他相关法律法规发挥效力之外，道德治理显得尤为重要。

（三）"虚拟与现实" 共生的道德治理

在互联网时代，作为主体的人大多有两种生存状态，虚拟的和现实的，也就是一个是网络世界的，一个是现实世界的。虚拟与现实结合，虚拟与现实之间不断转化，虚拟与现实共生共存。在网络使用行为当中，用户可能因为各种各样的因素而存有不真实的状态，比如使用不真实的信息注册。还有多重身份角色，与现实生活甚至可以完全剥离开来。网络上的虚拟生存、独处，让个性得到释放，情绪得到发泄。网络用户在虚拟空间身份的隐匿性和多元化在某种程度上为其失信行为的产生提供了便捷，比如网络诈骗。在这样的生存状态下，道德治理下的诚信自律和自觉尤为重要。比如前文所述的钻"七天无理由退货"的空子，线上购买行为和线下失信行为并存，需要道德治理和伦理自觉来调节和平衡多方的利益关系。

另外，网络用户的网络化生存、数据化生存、算法生存等，让人生活的空间虚实交融。网络扩大了人的生存空间，丰富了人的生活，使人的活动范围由现实世界延伸到网络世界，可穿戴设备等让用户线下的数据得到采集，由此产生了海量的数据。社会治理者依靠这些数据模型就能预测网民的价值偏向与行为方式，依靠这些分析数据，再采取适当的举措对其价值取向与行为方式进行合理的引导与积极干预，从而实现社会道德治理目标。[①] 尽管大数据推动了社会治理现代化，数据为社会治理提供了某些参考和依据。但本身存在的问题或者由此带来的问题也是不容忽视的。首先数据本身可能是片面的、不科学的甚至是虚假的，另外在对数据的解读和使用中，网络的个体私人行为作为网络行为数据收集，容易将个体行为社会化、私人行为公开化、个别行为普遍化……在此种情境下收集的网络行为数据对价值判断等会造成负面影响，是存在认知

---

① 彭志刚：《大数据视野下的社会道德治理变革》，《荆楚学刊》2018 年第 5 期。

偏差的。只有各个主体自律，坚守法律底线，打造网络清朗环境，诚信的网络社会才能得以建构。

二 互联网时代社会诚信建构中道德治理的行动框架

有学者将"数据治理"的表达和实现的行动框架概括为以下几个方面：行动理念、行动工具、行动场域、行动安全。德治与法治结合，技术与文化共同发力，既要有技术的思维，也需要道德的思维。互联网时代社会诚信建构中的道德治理也有其行动框架。它至少包含行动理念、行动工具、行动场域、行动安全等几个内容。

（一）行动理念

互联网时代的社会诚信建构中，要树立正确的理念。一是技术的理念，无论是政府，还是企业，还是普通公众，都要正视技术的功能，并且要秉持辩证的思维。技术带给我们便利，也带给我们风险，我们要发挥其优势，扬长避短。二是数据的理念，数据治理思维，运用数据分析得出更为科学的结论，作为决策参考，指导对策行动。三是对道德和利益之间关系建立正确的认知。互联网时代的社会诚信建构，联合奖惩成为最主要的手段，信用场景的应用也极为普遍，特别是物质的现实利益在这种条件下得到重视和张扬。但我们不能唯利益至上，不能忽略诚信价值层面和精神层面的东西。

（二）行动工具

社会诚信建构的对策行动，运用道德治理的方式，可以以技术为工具。一是数据联网施行的联合惩戒，是以数据为依据，提升人们对诚信的敬畏感、认同感。二是利用虚拟信用货币，比如信用评分等，让诚实守信的行为可以数据化、可视化、可感知，这样能促进人们诚信自律。三是诚信宣传活动。这样可以将线下活动与线上宣传相结合，发挥技术工具的优势，利用互联网平台广泛进行传播和互动。比如"诚信点亮中国"全国巡回活动是由团中央、国家发展改革委、中国人民银行共同发起的，旨在提升和增强广大青年的诚信意识和信用理念，在广大青年中形成建构诚信社会的思想共识。四是诚信宣传教育，利用可视化的手段，如音频、视频、游戏等方式，潜移默化的教育，而不是传统的精英式的灌输式教育。

（三）行动场域

互联网时代社会诚信建构的对策行动无论是法治还是德治，都是两大场域，虚拟社会场域和现实社会场域。而且随着技术的发展、数据的联网、场景的连接、实名制的普及等，两个场域之间的界限越来越模糊，很多时候你中有我、我中有你。从具体的行动场域来说，可以发挥代际传播的优势，将代际影响、模仿的潜移默化的功效渗透在各种传播产品中，比如在广告中反映的父母对孩子的影响等，现实与虚拟结合，反映现实问题。另外，网络本身的道德教育也是非常重要的，是一个需要重视的场域。

（四）行动安全

在互联网时代社会诚信建构的道德治理中，需要注意相应的问题。比如以大数据为基础和介质进行的相关的道德治理，首先就面临着隐私安全的问题。其次表现为个人自由意志受到干扰，"大数据结果预判挑战基本的伦理指标，'天生犯罪人'的思路严重侵害个体自由生活的基本权益，颠覆了个体承担法律责任之基础的自由意志假定"[①]，所以要防止技术决定价值判断、干扰正确的伦理选择等风险。另外要防止道德治理行动流于形式，比如要尽力消除诚信典范和榜样树立给公众带来的逆反情绪，要让诚信建构行动发自于内心，促进自律养成，而不是利用技术的力量，讨巧地提升信用分数，在实际生活中却对诚实守信无感或者冷漠。

[①]　郭建锦、郭建平：《大数据背景下的国家治理能力建设研究》，《中国行政管理》2015年第6期。

结　语

互联网呈现和成全了全方位互动，网民和网络之间在衣食住行等各个层面全方位紧密结合。互联网在技术、社会、文化、制度等多重因素作用下，逐步连接起每个人，人类进入一个全新的时代。

诚信是网络空间的底色，也是互联网健康发展的关键所在。互联网的虚拟性、匿名性等特点，使得诚信问题成为互联网发展中不可忽视的议题。在互联网时代，涌现了基于互联网本身的诸多诚信议题，比如大数据杀熟、网络水军等，这对网络空间乃至现实社会造成了不利影响。诚信对于互联网的意义重大而深远。

诚信是互联网社交的纽带。在社交媒体时代，人们通过互联网平台进行交流、分享和互动。诚信成为人们建立良好社交关系的纽带和重要影响因素。在虚拟世界中，真实、友善和尊重他人的言谈举止能够营造积极向上的社交氛围，促进人与人之间的交流与合作。而虚假信息、恶意攻击和造谣传谣等行为则会破坏社交环境的和谐稳定，导致信任危机，影响人们的网络社交体验。

诚信是互联网交易的保障。在电子商务领域，消费者与商家之间的交易主要依赖于网络平台。诚信则是交易双方建立信任关系、完成交易的重要保障。商家诚信经营，提供真实、准确的商品信息，遵守交易规则，能够赢得消费者的信任，进而促进交易的顺利进行。反之，若商家缺乏诚信，提供虚假信息或实施欺诈行为，则会破坏市场秩序、损害消费者权益，阻碍电子商务的健康发展。

诚信是互联网内容生产的原则。在互联网时代，内容生产者除了专业新闻机构，还有企事业单位、个人等。互联网的低门槛使其成为网民传播信息、表达观点的重要途径。其间，个体的力量得以实现和释放。诚信的内容生产者会遵循真实、客观、公正的原则，提供有价值的信息和观点，建构自身形象，为清朗的网络空间建构贡献力量。相反，若内容生产者缺乏诚信，发布虚假信息、恶意炒作或侵犯他人权益，则会破坏网络空间的公共秩序，损害互联网内容的质量和可信度。

诚信是互联网治理的首选项。互联网作为一个开放、自由的空间，需要有效的治理机制来维护其健康有序发展。诚信在互联网治理中发挥着不可替代的作用。通过建立健全的诚信体系，加强对互联网主体的监管和约束，能够有效遏制网络欺诈、网络侵权等不法行为，维护网络空间的公平、公正和安全。

诚信对于互联网来说至关重要，互联网给社会诚信带来新的议题和挑战的同时，也赋能社会诚信的建构。它应联尽联，将政府、媒体、企业、专家学者以及个体连接在一起，共同为社会诚信的建构发挥作用，为技术善治的实现提供可能。

首先，互联网作为信息传播的主要平台，为社会诚信的"可见性"提升，吸引注意力资源提供了便捷的通道，极大地拓宽了社会诚信建构的传播渠道。借助互联网的广泛覆盖和即时传播特性，关于诚信的价值观、政策、案例等信息可以迅速传播到社会的各个角落，增强公众对诚信重要性的认识和理解。这有助于在全社会范围内形成诚实守信的良好氛围，推动社会诚信体系的完善。

其次，互联网技术的发展为诚信监管提供了新的手段。通过大数据、云计算等先进技术的应用，可以对个人和企业的信用行为进行实时监测和评估，构建完善的信用记录体系。这有助于及时发现和处理失信行为，提高失信成本，降低失信风险，维护市场秩序和社会稳定。

再次，互联网还为公众参与社会诚信建设提供了便捷的途径。通过在线举报、投诉、评价等方式，公众可以积极参与社会诚信的监督和建设过程，对失信行为进行监督和曝光。这不仅可以提高公众的参与感和获得感，还可以增强社会诚信建设的透明度和公信力。

最后，互联网的发展也促进了社会诚信文化的传播和普及。通过互联网平台，人们可以开展各种形式的诚信教育活动，如在线讲座、短视频、互动游戏等，吸引更多人的关注和参与。这些活动有助于普及诚信知识，提升公众的诚信意识，形成全社会共同维护诚信的良好局面。

互联网是一种技术手段。它利用计算机技术、通信技术以及网络技术等多种技术手段，实现了信息的快速传递和共享，使人们产生共情、共鸣有了更多可能。互联网也是一种工具。它为人们提供了丰富的信息资源和服务，如搜索引擎、社交媒体、在线购物等。这些工具使得人们能够更加方便地获取信息、交流思想、开展合作，从而推动了社会的进步和发展。同时，互联网也是一个虚拟的空间和环境。在这个空间中，人们可以生产信息、发布信息、传播信息、深层互动，形成各种虚拟社区和社交网络。这个环境不仅为人们提供了表达自我、实现价值的平台，也促进了不同文化之间的交流和融合。此外，互联网也深刻影响着人们的生活方式和思想观念。在现代社会，互联网已经渗透到人们生活的各个方面，成为人们生活中不可或缺的一部分。构建网络空间命运共同体已然成为构建人类命运共同体的有机组成部分。网络空间命运共同体在中国的实践，将发挥文明引领动能，创造更加美好的生活，实现"文明共生"，虚实共促，让以互联网"贯通"构筑的数字世界更好地增进人类共同福祉。

互联网是一首未完的诗篇，一幅未完的画作……它既是人类智慧的结晶，也是未来世界的憧憬。我们以诚信为犁，在互联网的沃土中耕耘，共绘网络空间的美丽与深邃，共筑和谐、有序、诚信的网络社会，共建网上网下同心圆。

参考文献

中文专著及译著

〔美〕埃里克·尤斯拉纳：《信任的道德基础》，张敦敏译，中国社会科学出版社，2006。

〔法〕埃米尔·涂尔干：《社会分工论》，渠东译，生活·读书·新知三联书店，2000。

〔英〕安东尼·吉登斯：《社会学》（第四版），赵旭东等译，北京大学出版社，2003。

〔英〕安东尼·吉登斯：《现代性的后果》，田禾译，译林出版社，2000。

〔英〕安东尼·吉登斯：《现代性与自我认同》，赵旭东、方文译，生活·读书·新知三联书店，1998。

〔奥〕阿尔弗雷德·许茨：《社会世界的意义建构——理解的社会学引论》，霍桂桓译，北京师范大学出版社，2017。

〔美〕保罗·康纳顿：《社会如何记忆》，纳日碧力戈译，上海人民出版社，2000。

〔美〕E. 博登海默：《法理学——法律哲学与法律方法》，邓正来译，中国政法大学出版社，2004。

曹沛霖：《政府与市场》，浙江人民出版社，1998。

〔美〕C. 赖特·米尔斯：《社会学的想象力》，李康译，北京师范大学出版社，2017。

陈力丹：《精神交往论——马克思恩格斯的传播观》，中国人民大学出版社，2008。

成晓军主编《宰相家训》，湖北人民出版社，1994。

程颢、程颐：《二程集》，中华书局，1981。

〔美〕戴维·M. 沃克：《牛津法律大辞典》，光明日报出版社，1989。

〔美〕冯·贝塔朗菲：《一般系统论——基础、发展和应用》，林康义等译，清华大学出版社，1987。

韩凤荣、薛薇、郭亚莉：《市场经济条件下社会诚信与青年诚信的构建》，吉林大学出版社，2010。

〔美〕弗朗西斯·福山：《信任——社会美德与创造经济繁荣》，彭志华译，海南出版社，2001。

〔法〕古斯塔夫·勒庞：《乌合之众：大众心理研究》，冯克利译，中央编译出版社，2014。

郭晓科：《制造信任危机》，法律出版社，2014。

郭忠：《法律秩序和道德秩序的相互转化——道德的法律化和法律的道德化问题研究》，中国政法大学出版社，2012。

何怀宏：《契约伦理与社会正义——罗尔斯正义论中的历史与理性》，中国人民大学出版社，1993。

〔美〕亨利·詹金斯：《融合文化：新媒体和旧媒体的冲突地带》，杜永明译，商务印书馆，2012。

胡泳：《众声喧哗——网络时代的个人表达与公共讨论》，广西师范大学出版社，2008。

〔美〕加布里埃·A. 阿尔蒙德、西德尼·维巴：《公民文化：五国的政治态度与民主》，马殿军等译，浙江人民出版社，1989。

〔美〕凯斯·桑斯坦：《网络共和国：网络社会中的民主问题》，黄维明译，上海人民出版社，2003。

〔美〕克莱·舍基：《未来是湿的——无组织的组织力量》，胡泳、沈满琳译，中国人民大学出版社，2009。

〔美〕W·理查德·斯科特、杰拉尔德·F. 戴维斯：《组织理论：理性、自然与开放系统的视角》，高俊山译，中国人民大学出版社，2011。

黎军：《行业组织的行政法问题研究》，北京大学出版社，2002。

李家莲：《道德的情感之源：弗兰西斯·哈奇森道德情感思想研究》，浙江大学出版社，2012。

李永刚：《我们的防火墙——网络时代的表达与监管》，广西师范大学出版社，2009。

李玉琴：《经济诚信论》，江苏人民出版社，2005。

〔美〕理查德·斯皮内洛：《铁笼，还是乌托邦：网络空间的道德与法律》（第二版），李伦等译，北京大学出版社，2007。

刘肖原等:《我国社会信用体系建设问题研究》,知识产权出版社,2016。

〔美〕罗德里克·M.克雷默、汤姆·R.泰勒编《组织中的信任》,管兵、刘穗琴等译,中国城市出版社,2003。

〔俄罗斯〕列夫·谢苗诺维奇·维果茨基:《教育心理学》,龚浩然等译,浙江教育出版社,2003。

〔德〕马克斯·韦伯:《新教伦理与资本主义精神》,康乐、简惠美译,广西师范大学出版社,2010。

〔英〕迈克尔·莱斯诺夫等:《社会契约论》,刘训练等译,江苏人民出版社,2005。

〔美〕曼纽尔·卡斯特:《认同的力量》(第二版),曹荣湘译,社会科学文献出版社,2006。

〔美〕曼瑟尔·奥尔森:《集体行动的逻辑》,陈郁等译,上海人民出版社,1995。

〔法〕米歇尔·福柯:《规训与惩罚》,刘北成、杨远婴译,生活·读书·新知三联书店,2003。

〔法〕米歇尔·德·塞托:《日常生活实践:实践的艺术》,方琳琳、黄春柳译,南京大学出版社,2009。

〔美〕唐纳德·J.布莱克:《法律的运作行为》,唐越、苏力译,中国政法大学出版社,2004。

〔美〕南希·K.拜厄姆:《交往在云端——数字时代的人际关系》,董晨宇、唐悦哲译,中国人民大学出版社,2020。

〔德〕尼克拉斯·卢曼:《信任:一个社会复杂性的简化机制》,瞿铁鹏、李强译,上海人民出版社,2005。

宁镇疆注译《孟子》,中州古籍出版社,2007。

〔美〕Patricia Wallace:《互联网心理学》,谢影、苟建新译,中国轻工业出版社,2001。

潘金生、安贺新、李志强主编《中国信用制度建设》,经济科学出版社,2003。

〔法〕皮埃尔·布迪厄、〔美〕华康德:《实践与反思——反思社会学导引》,李猛、李康译,中央编译出版社,1998。

〔英〕齐格蒙特·鲍曼:《流动的现代性》,欧阳景根译,中国人民大学出版社，2018。

强世功：《惩罚与法治——当代法治的兴起（1976－1981）》，法律出版社，2009。

〔美〕乔治·H. 米德：《心灵、自我与社会》，赵月瑟译，上海译文出版社，2005。

师曾志、胡泳等：《新媒介赋权及意义互联网的兴起》，社会科学文献出版社，2014。

施展：《破茧——隔离、信任与未来》，湖南文艺出版社，2020。

石肖然、马胡杰：《供应链企业信任的演化分析与实证研究》，经济科学出版社，2018。

〔美〕斯蒂文·费什米尔：《杜威与道德想象力：伦理学中的实用主义》，徐鹏、马如俊译，北京大学出版社，2010。

孙立平：《转型与断裂：改革以来中国社会结构的变迁》，清华大学出版社，2004。

〔美〕托马斯·哈乔诺、大卫·舍瑞尔、阿莱克斯·彭特兰编著《信任与数据：身份与数据共享的创新框架》，陈浩译，经济科学出版社，2018。

王俊秀、杨宜音主编《社会心态蓝皮书：2011 年中国社会心态研究报告》，社会科学文献出版社，2011。

王淑芹、曹义孙：《德性与制度——迈向诚信社会》，人民出版社，2016。

王淑云、高光锐、任俊义主编《2012 中国管理科学与工程研究报告》，吉林大学出版社，2012。

〔英〕维克托·迈尔-舍恩伯格、肯尼思·库克耶：《大数据时代——生活、工作与思维的大变革》，盛杨燕、周涛译，浙江人民出版社，2013。

吴晶妹、韩家平主编《信用管理学》，高等教育出版社，2015。

《习近平谈治国理政》，外文出版社，2014。

谢明编著《公共政策导论》（修订版），中国人民大学出版社，2009。

〔美〕新闻自由委员会：《一个自由而负责的新闻界》，展江、王征、王涛译，中国人民大学出版社，2004。

熊公哲注译《荀子今注今译》，重庆出版社，2009。

徐少锦、陈延斌：《中国家训史》，陕西人民出版社，2003。

杨伯峻编著《春秋左传注》，中华书局，2000。

杨伯峻译注《孟子译注》，中华书局，2008。

杨秋菊：《政府诚信建设研究——基于政府与社会互动的视角》，上海财经大学出版社，2009。

杨善华主编《当代西方社会学理论》，北京大学出版社，1999。

俞可平主编《治理与善治》，社会科学文献出版社，2000。

〔美〕约翰·W. 金登：《议程、备选方案与公共政策》，丁煌、方兴译，中国人民大学出版社，2004。

〔美〕约书亚·梅罗维茨：《消失的地域：电子媒介对社会行为的影响》，肖志军译，清华大学出版社，2002。

臧乃康、张扬金、韩裕庆、林莉：《文明与秩序的回归：社会诚信建设研究》，人民出版社，2017。

〔美〕詹姆斯·E. 安德森：《公共政策制定》（第五版），谢明等译，中国人民大学出版社，2009。

〔美〕詹姆斯·M. 布坎南：《自由、市场和国家：20 世纪 80 年代的政治经济学》，吴良健等译，北京经济学院出版社，1988。

〔美〕詹姆斯·汤普森：《行动中的组织：行政理论的社会科学基础》，敬乂嘉译，上海人民出版社，2007。

张咏华：《媒介分析：传播技术神话的解读》（第二版），北京大学出版社，2017。

章政、田侃主编《中国信用发展报告（2014-2015)》，社会科学文献出版社，2015。

赵鼎新：《社会与政治运动讲义》，社会科学文献出版社，2006。

赵德余：《公共政策——共同体、工具与过程》，上海人民出版社，2011。

朱锦富编著《朱氏家训》，广东人民出版社，2009。

郑强：《合同法诚实信用原则研究》，法律出版社，2000。

朱富强：《博弈论》，经济管理出版社，2013。

学术期刊

白春阳：《诚信缺失的三大危害分析》，《理论探索》2009 年第 1 期。

鄢爱红：《儒家诚信伦理的现代诠释与整合》，《中国人民大学学报》2002 年第 5 期。

韩波：《熟人社会：大数据背景下网络诚信建构的一种可能进路》，《新疆社会科学》2019 年第 1 期。

蔡则祥：《加快建立我国社会信用体系问题研究》，《经济问题》2004 年第 8 期。

常荆莎、付文军：《诚信演进的政治经济学分析——兼论社会主义诚信的特质及其实现》，《经济纵横》2019 年第 5 期。

常凯：《大数据分析在社会诚信体系建设中发挥的作用》，《电子世界》2019 年第 22 期。

陈昌凤、霍婕：《权力迁移与人本精神：算法式新闻分发的技术伦理》，《新闻与写作》2018 年第 1 期。

陈海盛：《信用建设数字化赋能社会治理的浙江实践与问题对策》，《科学发展》2021 年第 3 期。

陈红霞：《认同视域下的社会诚信观培育》，《农村经济与科技》2021 年第 14 期。

陈劲松：《转型时期我国社会福利体系的重构与社会认同的转型》，《中国人民大学学报》2009 年第 2 期。

陈劲、张大均：《中国传统诚信观的演变及其特征》，《道德与文明》2007 年第 3 期。

陈天祥：《善治之道：政府怎样与第三方组织合作》，《人民论坛·学术前沿》2013 年第 17 期。

陈天祥、徐于琳：《游走于国家与社会之间：草根志愿组织的行动策略——以广州启智队为例》，《中山大学学报》（社会科学版）2011 年第 1 期。

陈文玲：《中美信用制度建设的比较和建议》，《中国工商管理研究》2004 年第 8 期。

陈祥槐、宝贡敏：《基于信誉和"关系"的企业信任机制比较研究》，《河北经贸大学学报》2002 年第 6 期。

陈禹、程哲侬：《基于媒介融合的信息传播模式研究》，《电脑与信息技术》2019 年第 2 期。

成伯清：《自我、中介与社会：作为情感机器的互联网》，《福建论坛》（人文社会科学版）2021 年第 10 期。

程潮、卢汉桥：《论中国古代的行政诚信》，《湖南社会学》2010 年第 6 期。

程民选、李晓红：《社会信用协同治理：制度、技术与文化》，《华东师范大学学报》（哲学社会科学版）2015年第3期。

程倩：《以政务诚信体系建设再生信任资源》，《中国行政管理》2016年第3期。

程玉桂：《有机食品可追溯与网络消费信任研究》，《江西社会科学》2016年第4期。

崔斌：《论网络诚信的伦理本质及其建设方略》，《道德与文明》2016年第2期。

崔宜明：《契约关系与诚信》，《学术月刊》2004年第2期。

戴长征、鲍静：《数字政府治理——基于社会形态演变进程的考察》，《中国行政管理》2017年第9期。

戴伟：《新媒体环境下我国政府诚信建设创新研究》，《征信》2014年第4期。

戴元初、刘一川：《多平台协同实现主流价值传播力"聚变"路径初探——兼论2022中国网络视听年度盛典的传播效果》，《中国广播电视学刊》2022年第4期。

党秀云：《公共治理的新策略：政府与第三部门的合作伙伴关系》，《中国行政管理》2007年第10期。

丁为祥：《中国"天人合一"思想的形成与发展》，《唐都学刊》2015年第6期。

杜鹏、杨燕萍、关晓斌：《高校人文社会科学科研工作者学术道德与诚信状况》，《中国人民大学学报》2012年第4期。

段伟文：《人工智能时代的价值审度与伦理调适》，《中国人民大学学报》2017年第6期。

凡景强：《社会道德治理的价值取向及其实施路径研究》，《重庆邮电大学学报》（社会科学版）2017年第1期。

范柏乃、龙海波：《我国地方政府失信形成机理与惩罚机制研究》，《浙江大学学报》（人文社会科学版）2009年第3期。

范如国：《复杂网络结构范型下的社会治理协同创新》，《中国社会科学》2014年第4期。

方熹、江畅：《德性伦理学与规范伦理学之争及其影响》，《哲学动态》

2017 年第 3 期。

方艳：《论人际关系媒介化》，《国际新闻界》2012 年第 7 期。

方艳、钟丽芳：《传媒推动食品消费信任建立的策略》，《青年记者》2017
　　年第 35 期。

方真：《社会的封闭与开放状态的相对性》，《哲学动态》2000 年第 10 期。

冯俊萍：《基于中小企业信任网络的信用信息机制建设》，《征信》2016
　　年第 7 期。

冯向楠、詹婧：《人工智能时代互联网平台劳动过程研究——以平台外卖
　　骑手为例》，《社会发展研究》2019 年第 3 期。

冯秀军、杨中英：《改革开放 40 年来我国诚信价值观建设变迁探析——
　　基于央视春晚小品的分析》，《教学与研究》2019 年第 3 期。

冯颜利、张荣军：《马克思主义诚信思想及其当代价值》，《贵州社会科
　　学》2011 年第 11 期。

付子堂、类延村：《诚信的古源与现代维度之辨》，《河北法学》2013 年
　　第 5 期。

付子堂、类延村：《诚信的自由诠释与法治规训》，《法学杂志》2003 年
　　第 1 期。

高东帅、周晓阳、王学先：《论马克思恩格斯的诚信思想》，《南华大学
　　学报》（社会科学版）2009 年第 1 期。

高国希、叶方兴：《当代德性伦理学：模式与主题》，《伦理学研究》
　　2015 年第 1 期。

高兆明：《道德行为选择中的"道德想象力"——读杜威〈人性与行
　　为〉》，《吉首大学学报》（社会科学版）2019 年第 2 期。

高兆明：《社会和谐：契约精神与历史精神》，《哲学动态》2005 年第
　　6 期。

高征难、周晓阳：《论中国特色马克思主义诚信思想的历史发展》，《湖
　　南医科大学学报》（社会科学版）2009 年第 3 期。

葛雨薇、薛虹：《契约精神视角下共享单车的困境及其路径探索》，《决
　　策与信息》2020 年第 4 期。

耿艳丽、鲁桂华：《企业诚信影响审计收费吗？——基于纳税诚信的经验
　　研究》，《审计研究》2018 年第 1 期。

龚长宇：《陌生人社会的伦理风险及其化解机制》，《哲学动态》2014 年
    第 7 期。

关蓉晖：《论诚信的经济观》，《中国行政管理》2008 年第 1 期。

管金平：《社会基本信任形态在网络环境中的范式更迭与制度回应》，
    《学习与实践》2015 年第 4 期。

郭建锦、郭建平：《大数据背景下的国家治理能力建设研究》，《中国行
    政管理》2015 年第 6 期。

郭军：《从内省到自悟：儒家修身思想的心路历程》，《河北师范大学学
    报》（教育科学版）2008 年第 5 期。

郭小平、潘陈青：《智能传播的"新社会能见度"控制：要素、机制及
    其风险》，《现代传播（中国传媒大学学报）》2021 年第 9 期。

郭月楠、吕建永：《政府公共执行力推进社会诚信体系建设的思考》，
    《农家参谋》2017 年第 18 期。

苏国勋：《社会学与社会建构论》，《中国社会学》2003 年第 2 期。

郝国强：《从人格信任到算法信任：区块链技术与社会信用体系建设研
    究》，《南宁师范大学学报》（哲学社会科学版）2020 年第 1 期。

何双秋、方欣晨：《危机传播中公益组织形象的矛盾与冲突》，《传媒观
    察》2021 年第 11 期。

何郁冰：《产学研协同创新的理论模式》，《科学学研究》2012 年第 2 期。

贺治方：《社会动员在国家治理中的功能及其合理边界》，《学术界》
    2019 年第 7 期。

侯惠勤：《马克思主义经济伦理与当代市场经济实践》，《江海学刊》2003
    年第 6 期。

侯若石：《增强信任将使世界经济走出困境》，《开放导报》2003 年第
    7 期。

胡军：《论加强政府诚信建设的原则》，《行政与法》2008 年第 1 期。

胡铭：《司法公信力的理性解释与建构》，《中国社会科学》2015 年第
    4 期。

胡小伟：《人工智能时代算法风险的法律规制论纲》，《湖北大学学报》
    （哲学社会科学版）2021 年第 2 期。

胡元姣：《哲学社会科学科研诚信制度构建与政策思考》，《决策探索

（下）》2019 年第 10 期。

胡月星：《"算法焦虑"的生成机理及纾解之道》，《人民论坛》2021 年第 1 期。

黄开兴、王金霞、白军飞、仇焕广：《农村生活固体垃圾排放及其治理对策分析》，《中国软科学》2012 年第 9 期。

黄淼、杨丰源：《传媒技术：开启"为我所用"的内核式应用》，《青年记者》2021 年第 24 期。

黄宁馨：《社会视域下马克思主义诚信思想和社会主义核心价值观的内在联系》，《法制与社会》2020 年第 22 期。

黄一斓：《高校诚信生态环境的现状与重构——以大学生诚信教育为核心》，《黑龙江高教研究》2019 年第 7 期。

黄玉桃：《媒介视域：中华民族认同建构的进路逻辑》，《宁德师范学院学报》（哲学社会科学版）2021 年第 3 期。

霍存福：《中国古代契约精神的内涵及其现代价值———敬畏契约、尊重契约与对契约的制度性安排之理解》，《吉林大学社会科学学报》2008 年第 5 期。

贾英健：《论虚拟认同》，《湖北大学学报》（哲学社会科学版）2014 年第 2 期。

贾林祥：《社会认同：和谐社会构建的社会心理保障》，《徐州师范大学学报》（哲学社会科学版）2011 年第 4 期。

江畅、〔美〕迈克尔·斯洛特：《寻求中西德性问题的共识：关于德性伦理学的对话》，《湖北大学学报》（哲学社会科学版）2015 年第 6 期。

姜晶花：《诚信心理的深层剖析》，《苏州大学学报》（哲学社会科学版）2003 年第 4 期。

姜楠：《感性选择：互联网群体传播中的主体关系建构》，《现代传播（中国传媒大学学报）》2021 年第 1 期。

姜涛：《诚信体系建设与司法公信力的道德资本》，《江苏社会科学》2014 年第 2 期。

姜正冬：《论社会诚信》，《山东师范大学学报》（人文社会科学版）2002 年第 3 期。

蒋桂芳：《道德善举与精神愉悦》，《郑州大学学报》（哲学社会科学版）

2015 年第 2 期。

焦国成：《关于诚信的伦理学思考》，《中国人民大学学报》2002 年第 5 期。

金镇、张继兰：《网络信息传播与和谐社会关系研究》，《现代情报》2016 年第 7 期。

景怀斌：《德性认知的心理机制与启示》，《中国社会科学》2015 年第 9 期。

柯燕青：《新常态下的我国诚信体系建设》，《现代管理科学》2017 年第 11 期。

孔祥毅：《镖局、标期、标利与中国北方社会信用》，《金融研究》2004 年第 1 期。

雷晓康：《社会信任：实现合作收益的社会契约》，《河北师范大学学报》2009 年第 7 期。

李彪、高琳轩：《平台资本主义视域下互联网平台治理的理论依归与路径选择》，《新闻与写作》2021 年第 12 期。

李彪：《互联网平台的垄断特性、社会影响及规制策略》，《人民论坛·学术前沿》2021 年第 21 期。

李飞翔：《"大数据杀熟"背后的伦理审思、治理与启示》，《东北大学学报》（社会科学版）2020 年第 1 期。

李光宇：《论正式制度与非正式制度的差异与链接》，《法制与社会发展》2009 年第 3 期。

李函章：《中国传统诚信观的现代价值》，《人民论坛》2018 年第 1 期。

李聚合：《加强金融领域信用体系建设，促进金融市场健康发展》，《宏观经济管理》2016 年第 8 期。

李敏：《德性、规范和修正：探析公共政策诚信问题的三个维度》，《行政论坛》2016 年第 1 期。

李少惠、王婷：《我国公共文化服务政策的演进脉络与结构特征：基于 139 份政策文本的实证分析》，《山东大学学报》（哲学社会科学版）2019 年第 2 期。

李晓安：《我国社会信用法律体系结构缺陷及演进路径》，《法学》2012 年第 3 期。

唐清利：《社会信用体系建设中的自律异化与合作治理》，《中国法学》2012 年第 5 期。

连维良：《连维良：强化"七个着力"，推进互联网诚信建设》，《中国信息界》2016 年第 6 期。

梁正：《互联网平台协同治理体系构建——基于全景式治理框架的分析》，《人民论坛·学术前沿》2021 年第 21 期。

梁志祥：《新时代网络诚信建设的新认识、新探索、新实践》，《传媒》2021 年第 18 期。

林卫斌、苏剑：《供给侧改革的性质及其实现方式》，《价格理论与实践》2016 年第 3 期。

林美玉、韩海庭、吴晖：《基于物联网的诚信体系建设与隐私保护制度研究》，《信息技术与网络安全》2021 年第 1 期。

刘迪翔、彭庆红：《互联网时代社会思潮的生成及其治理》，《学校党建与思想教育》2022 年第 7 期。

刘丁鑫：《社会信用教育的实现路径研究》，《学校党建与思想教育》2021 年第 22 期。

刘飞曼：《便捷度与关联度：互联网时代媒介进化的双螺旋》，《出版广角》2021 年第 4 期。

刘凤委、李琳、薛玄奎：《信任、交易成本与商业信用模式》，《经济研究》2009 年第 8 期。

刘建洲：《社会信用体系建设：内涵、模式与路径选择》，《中共中央党校学报》2011 年第 3 期。

刘晶：《社会主义诚信观对先秦儒家诚信思想的传承与转化》，《山东农业工程学院学报》2020 年第 12 期。

刘娟、张智平：《社会主义诚信价值观的理论基础与实践进展》，《理论与现代化》2019 年第 6 期。

刘谦：《吉登斯晚期现代性理论述评》，《厦门大学学报》（哲学社会科学版）2006 年第 3 期。

刘儒德：《建构主义：是耶？非耶？》，《中国电化教育》2004 年第 1 期。

刘伟忠：《我国协同治理理论研究的现状与趋向》，《城市问题》2012 年第 5 期。

刘晓燕:《线上集体行动组织结构形态研究——以晋宁冲突事件为例》,《当代传播》2018 年第 1 期。

刘秀秀:《技术向善何以可能:机制、路径与探索》,《福建论坛》(人文社会科学版) 2020 年第 8 期。

刘媛媛、冯磊:《网络时代的政府诚信建设》,《重庆科技学院学报》(社会科学版) 2013 年第 1 期。

刘正峰:《论教会法中的诚信原则与其对民法诚信制度的贡献》,《云南大学学报》(法学版) 2007 年第 5 期。

卢家银:《非常法时期互联网用户的隐私保护行为研究》,《国际新闻界》2021 年第 5 期。

卢家银:《无奈的选择:数字时代隐私让渡的表现、原因与权衡》,《新闻与写作》2022 年第 1 期。

卢西亚诺·弗洛里迪、莫瑞奥萨瑞·塔迪欧:《何为数据伦理学》,闫宏秀译,《洛阳师范学院学报》2018 年第 4 期。

卢兴、董传升:《情感共鸣与价值共识:奥运舆论动员与集体记忆建构机制研究》,《沈阳体育学院学报》2022 年第 1 期。

鲁兴虎:《论网络社会交往中的个人诚信缺失现象及其治理》,《道德与文明》2006 年第 5 期。

韩璐:《"点击量经济"下青年内容创作者的义利之辨》,《当代青年研究》2021 年第 5 期。

律星光:《七方面热点回应国家发改委 2019 年首场定时定主题新闻发布会举行》,《财经界》2019 年第 2 期。

罗家德、李智超:《乡村社区自组织治理的信任机制初探——以一个村民经济合作组织为例》,《管理世界》2012 年第 10 期。

罗威:《新媒体:如何在交互行为中坚守诚信底线及其隐私权保护》,《东南传播》2016 年第 11 期。

马长山:《数字社会的治理逻辑及其法治化展开》,《法律科学(西北政法大学学报)》2020 年第 5 期。

马海韵、杨晶鸿:《大数据驱动下的公共治理变革:基本逻辑和行动框架》,《中国行政管理》2018 年第 12 期。

马景顺:《"诚信"的自律与他律研究》,《河北法学》2007 年第 5 期。

孟伦:《互联网时代社交媒体平台的文化症候与治理对策》,《出版广角》2021 年第 22 期。

糜海波:《论道德激励的原理及其方式》,《甘肃理论学刊》2020 年第 1 期。

欧志伟、郭继丰:《个人诚信体系及其框架研究》,《郑州航空工业管理学院学报》2003 年第 1 期。

潘忠党:《作为一种资源的"社会能见度"》,《郑州大学学报》(哲学社会科学版) 2003 年第 4 期。

庞跃辉:《诚信观与社会认同意识》,《江海学刊》2003 年第 3 期。

庞跃辉:《关于社会诚信观的哲学认知分析》,《南京大学学报》(人文社会科学版) 2003 年第 2 期。

彭泗清:《信任的建立机制:关系运作与法律手段》,《社会学究》1999 年第 2 期。

彭志刚:《大数据视野下的社会道德治理变革》,《荆楚学刊》2018 年第 5 期。

钱学森、于景元、戴汝为:《一个科学新领域——开放的复杂巨系统及其方法论》,《自然杂志》1990 年第 1 期。

秦安兰、吴继霞:《诚信概念的历史嬗变及其启示》,《征信》2014 年第 5 期。

秦娟:《政府公信力:内涵、特征及作用》,《法制与社会》2014 年第 2 期。

沈亚平、冯小凡:《我国社会信用体系建设中政策变迁及其未来发展——基于 413 份政策文本的实证分析》,《未来与发展》2020 年第 2 期。

沈永福:《论传统儒家诚信的内在根据》,《道德与文明》2012 年第 3 期。

沈永福、邹柔桑:《论中国传统诚信的运行机制》,《中国人民大学学报》2017 年第 5 期。

师欣楠:《从"印刷人"到"互联网人":还原本真的媒介教育性》,《传媒观察》2021 年第 12 期。

石岢然:《新时代诚信建设制度化研究述评》,《贵州省党校学报》2019 年第 3 期。

宋玲、吴继霞:《诚信的心理机制探析》,《牡丹江师范学院学报》(哲学社会科学版) 2009 年第 1 期。

宋雄伟：《构建社会信用体系的路径探析》，《行政管理改革》2015 第 12 期。

宋煜萍：《生态型区域治理中的地方政府执行力建设——迈向"绿色公共管理"的思考》，《马克思主义与现实》2014 年第 2 期。

孙焕章、任丽霞、王梅：《社会转型期提高政府公信力的几点思考》，《统计与管理》2013 年第 2 期。

孙柳：《内生与外化："诚信"价值取向的效应结构》，《江南大学学报》（人文社会科学版）2013 年第 1 期。

孙玮、李梦颖：《"可见性"：社会化媒体与公共领域——以占海特"异地高考"事件为例》，《西北师大学报》（社会科学版）2014 年第 2 期。

孙雪娇、翟淑萍、于苏：《柔性税收征管能否缓解企业融资约束——来自纳税信用评级披露自然实验的证据》，《中国工业经济》2019 年第 3 期。

苏涛、彭兰：《"智媒"时代的消融与重塑——2017 年新媒体研究综述》，《国际新闻界》2018 年第 1 期。

童兵：《让每个社会成员分享媒介化社会成果》，《新闻与写作》2006 年第 1 期。

涂争鸣：《论诚信德性的主体生成方式》，《求索》2007 年第 5 期。

万俊人：《论诚信——社会转型期的社会伦理建设研究之一》，《苏州大学学报》（社会科学版）2012 年第 2 期。

汪昌平：《论中国传统诚信思想与社会主义核心价值观之诚信的内在逻辑》，《皖西学院学报》2019 年第 4 期。

王德福：《论熟人社会的交往逻辑》，《云南师范大学学报》2013 年第 3 期。

王佶腾：《自媒体时代国家在公共讨论中的角色》，《海南广播电视大学学报》2021 年第 4 期。

王建华：《加强政产学研金协同创新 提升企业自主创新主体地位》，《第十四届中国科协年会第 12 分会场：政产学研用结合，促进企业创新与特色产业园区发展研讨会论文集》2012 年第 9 期。

王晶梅：《习近平关于诚信建设重要论述的五个维度》，《中共石家庄市委党校学报》2021 年第 7 期。

王君君：《当政府公信力遭遇塔西佗陷阱：当下中国网络社会的公信力反思》，《广州大学学报》（社会科学版）2014 年第 3 期。

王利明：《关于诚信的法学思考》，《中国人民大学学报》2002 年第 5 期。

王茂涛、冯伟：《公共危机管理视野下的政府公信力研究》，《重庆理工大学学报》2010 年第 1 期。

王明志、况志华：《中国传统诚信思想的演变及其当代启示》，《思想政治教育研究》2019 年第 5 期。

王强芬：《儒家伦理对大数据隐私伦理构建的现代价值》，《医学与哲学》2019 年第 1 期。

王青斌：《社会诚信危机的治理：行政法视角的分析》，《中国法学》2012 年第 5 期。

王润、南子健：《嵌入式认同：智媒时代主流价值传播的新机制与未来展望》，《中国编辑》2022 年第 4 期。

王淑芹、曹志瑜：《社会诚信建设：难题与破解》，《哲学动态》2013 年第 10 期。

王淑芹：《诚信道德正当性的理论辩护：从德性论、义务论、功利论的诚信伦理思想谈起》，《哲学研究》2015 年第 12 期。

王淑芹：《探索与创新：社会诚信建设的中国特色》，《马克思主义与现实》2020 年第 3 期。

王伟、欧阳捷：《"十四五"时期我国社会信用建设高质量发展展望》，《社会治理》2022 年第 1 期。

王晓虹：《论道德自律、道德他律、法律他律：精神文明的三种实现形式》，《求实》2004 年第 2 期。

王心怡：《5W 模式下互联网公益传播路径与效益研究——以"蚂蚁森林"为例》，《视听》2021 年第 11 期。

王秀哲：《大数据背景下社会信用体系建构中的政府角色重新定位》，《财经法学》2021 年第 4 期。

王妍璐：《互联网媒介消费：主体性"价值缺陷"与重构》，《东南传播》2022 年第 2 期。

王艳：《道德治理：道德发展进步的历史逻辑》，《道德与文明》2016 年第 1 期。

王翊亮、郭文波：《协同治理模式下推进信用体系建设的思考》，《宏观经济管理》2018 年第 10 期。

王永钦、刘思远、杜巨澜：《信任品市场的竞争效应与传染效应：理论和基于中国食品行业的事件研究》，《经济研究》2014 年（社会科学版）第 2 期。

王元超、王夏雨：《互联网对个人健康的积极影响及其形成机制：社会关系网络的作用》，《华东理工大学学报》2022 年第 1 期。

韦福滔、冼伟铨：《社会网络分析方法的教育应用研究：以某高校一个班级 QQ 群聊天记录为例》，《软件导刊（教育技术)》2011 年第 12 期。

邬晓燕：《数字化社会的乌托邦幻象与合理重建》，《自然辩证法通讯》2022 年第 4 期。

吴继霞、曹文雯、丁怡彤：《从信用知识到信用生活——江苏公民个人信用意识调查及启示》，《江苏社会科学》2017 年第 1 期。

吴普云：《“颜值”认知的概念及概念化研究》，《兰州工业学院学报》2016 年第 4 期。

吴晓明：《后真相与民粹主义："坏的主观性" 之必然结果》，《探索与争鸣》2017 年第 4 期。

伍慕子：《关于推进我国社会诚信体系建设的思考》，《企业导报》2015 年第 20 期。

武林杰：《中国传统诚信法律制度研究》，《人民论坛》2016 年第 8 期。

西杨慧：《现代社会的信任重构》，《中国特色社会主义研究》2020 年第 2 期。

向征：《从知到行：社会诚信建设的有效参与》，《人民论坛》2019 年第 24 期。

谢遐龄：《中国社会是伦理社会》，《社会学研究》1996 年第 6 期。

谢新道：《道德的纠正力：社交媒体在公共事件传播中的情感动员》，《新闻战线》2018 年第 6 期。

徐国栋：《诚实信用原则二题》，《法学研究》2002 年第 4 期。

徐国栋：《客观诚信与主观诚信的对立统一问题——以罗马法为中心》，《中国社会科学》2001 年第 6 期。

徐敬宏、王小龙、袁宇航：《算法推荐下虚假新闻的产生机制、危害及应对策略》，《中国编辑》2021 年第 3 期。

徐强：《法律保障下的个人诚信建立问题研究》，《征信》2014 年第 4 期。

徐晓璐、潘宁、朱博闻：《中国传统社会诚信：主要类型、建设路径、现代转型——基于优秀传统文化融入思想政治理论课的视角》，《征信》2021 年第 7 期。

徐玉祺：《"留白"艺术在思想政治理论课教学中的四维应用探析：基于互动课堂模式的思想政治理论课教学改革实践》，《山西高等学校社会科学学报》2020 年第 6 期。

宣璐：《中国传统家训中的诚信文化及其当代价值》，《重庆社会科学》2015 年第 1 期。

薛德震：《"以人为本"的理论价值与实践意义》，《当代思潮》2004 年第 6 期。

阎孟伟、于涛：《现时期我国社会诚信缺失的现状及原因——构建社会诚信体系研究报告（一）》，《理论与现代化》2013 年第 4 期。

颜小冬、杜菊辉：《社会诚信体系框架的构建》，《湖南人文科技学院学报》2008 年第 3 期。

韩彦超：《互联网使用、交往半径与一般信任的世代效应》，《深圳大学学报》（人文社会科学版）2021 年第 6 期。

杨成珍、张国祥：《论社会诚信制度体系建设》，《湖北社会科学》2013 年第 8 期。

杨大森：《论"互联网+"时代之诚信问题》，《知与行》2017 年第 3 期。

杨福忠：《诚信价值观法律化视野下社会信用立法研究》，《首都师范大学学报》（社会科学版）2018 年第 5 期。

杨国荣：《道德系统中的德性》，《中国社会科学》2000 年第 3 期。

杨慧、吕哲臻：《算法诚信与现代社会信用体系再构》，《中国特色社会主义研究》2021 年第 3 期。

杨慧民、王前：《道德想象力：含义、价值与培育途径》，《哲学研究》2014 年第 5 期。

杨佳华、吴佳丽、李芬：《互联网时代的数字融入与社会信任——基于CSS2019 数据的实证分析》，《海南广播电视大学学报》2021 年第

4 期。

杨秋菊：《国外政府诚信研究：现状与启示》，《上海行政学院学报》2015 年第 4 期。

杨树力：《关于社会诚信档案管理体系建设的对策思考》，《中国证券期货》2013 年第 9 期。

杨小华：《论传统诚信的现代转换》，《衡阳师范学院学报》2008 年第 2 期。

杨雅：《互联网思维下"渠道权力"问题研究——论突发事件报道动员中传统媒体的角色》，《编辑之友》2016 年第 2 期。

殷融、苏得权、叶浩生：《具身认知视角下的概念隐喻理论》，《心理科学进展》2013 年第 2 期。

尹栾玉、隋音：《技术创新对治理模式的挑战及风险防范》，《中国特色社会主义研究》2020 年第 1 期。

尹翔：《网络道德初探》，《山东社会科学》2007 年第 7 期。

俞可平：《政务失信的根源及破解之道》，《人民论坛》2012 年第 13 期。

俞树彪：《论道德建设的制度安排》，《中国特色社会主义研究》2007 年第 2 期。

宇文利：《从个人诚信到社会信任：价值观内在伦理秩序的建构》，《伦理学研究》2020 年第 6 期。

郁建兴：《法治与德治衡论》，《哲学研究》2001 年第 4 期。

喻佑斌：《论区块链在诚信社会建设中的作用》，《自然辩证法研究》2020 年第 1 期。

喻中：《正式规则与潜规则的相互关系》，《民主与科学》2010 年第 1 期。

袁丰雪、周海宁：《从教化启蒙到受众同参：融媒体时代媒介教育的新转向》，《中国编辑》2022 年第 4 期。

袁新峰：《关于政务诚信与社会信用体系建设关系的思考》，《征信》2013 年第 5 期。

袁祖社：《"非制度化生存"：社会诚信伦理精神的缺失及其矫治》，《人文杂志》2017 年第 2 期。

曾润喜、朱利平：《网络舆论动员：内涵、过程及其治理》，《北京航空航天大学学报》（社会科学版）2019 年第 6 期。

翟学伟：《诚信、信任与信用：概念的澄清与历史的演进》，《江海学刊》
　　2011 年第 5 期。

翟云岭、任毅：《我国诚信体系构建中的若干法律问题》，《法治论坛》
　　2008 年第 1 期。

詹玉姝、肖建春：《论"腾讯与 360"事件中"网络水军"的传播效果及
　　影响》，《东南传播》2011 年第 8 期。

张彩霞、张涵：《互联网平台媒体的反向融合逻辑与新传播生态》，《现
　　代传播（中国传媒大学学报）》2022 年第 2 期。

张成福、边晓慧：《重建政府信任》，《中国行政管理》2013 年第 9 期。

张凤阳：《契约伦理与诚信缺失》，《南京大学学报》（哲学·人文科学·
　　社会科学版）2002 年第 6 期。

张芙华：《诚信：建构现代市场经济的伦理基石》，《求索》2004 年第
　　1 期。

张国臣：《关于社会诚信建设指导思想、基本原则的思考》，《河南理工
　　大学学报》（社会科学版）2012 年第 4 期。

张鸿飞：《价值主张驱动创新：中国互联网平台内卷化的破解之道》，《编
　　辑之友》2022 年第 1 期。

张华：《"后真相"时代的中国新闻业》，《新闻大学》2017 年第 3 期。

张华：《数字化生存共同体与道德超越》，《道德与文明》2008 年第 6 期。

张慧平：《诚实信用原则与法治的契合——作为宪法原则的诚实信用》，
　　《河北法学》2004 年第 7 期。

张康之：《论社会治理模式的转变：从制度到行动》，《探索》2019 年第
　　3 期。

张昆：《拓展媒体伦理研究的新空间——〈全球媒体伦理规范译评〉读
　　后的思考》，《新闻与写作》2017 年第 11 期。

张莉：《论网络社会诚信建设》，《吉林省经济管理干部学院学报》2015
　　年第 4 期。

张凌寒：《算法自动化决策与行政正当程序制度的冲突与调和》，《社会
　　科学文摘》2021 年第 30 期。

张梅：《建构主义视域下基于"U 校园"的大学英语混合式教学模式研
　　究》，《教育现代化》2020 年第 30 期。

张明新、方飞：《媒介、关系与互动：理解互联网"公众"》，《现代传播（中国传媒大学学报）》2021 年第 12 期。

张圣友、李朝阳、王冰：《以社会诚信建设推进社会治理精细化：深圳罗湖的探索与实践》，《中国行政管理》2016 年第 7 期。

张天波：《高职教育层次论视域下现代职教体系的建构分析》，《第三届教学管理与课程建设学术会议论文集》，2012。

张天波、李秋红：《产学研协同创新中的社会诚信体系建构分析——以构建广东特色社会诚信体系为例》，《第十五届中国科协年会第 26 分会场：政产学研协同创新与民生科技产业发展研讨会论文集》，2013。

张天波：《终身教育维度下的现代国民教育体系结构和层次分析》，《职业技术教育》2011 年第 22 期。

张廷宛：《机遇或负担：互联网平台逻辑下的关系劳动》，《东南传播》2021 年第 9 期。

张旺：《伦理结构化：算法风险治理的逻辑与路径》，《湖湘论坛》2021 年第 2 期。

张维迎、柯荣柱：《信任及其解释：来自中国的跨省调查分析》，《经济研究》2002 年第 10 期。

张卫、成婧：《协同治理：中国社会信用体系建设的模式选择》，《南京社会科学》2012 年第 11 期。

张小路：《现代社会诚信体系及其建设》，《河北学刊》2004 年第 3 期。

张晓兰：《熟人社会与陌生人社会的信任——一种人际关系的视角》，《和田师范专科学校学报》2011 年第 4 期。

张欣：《从算法危机到算法信任：算法治理的多元方案和本土化路径》，《华东政法大学学报》2019 年第 6 期。

张鑫：《基于 NET 的交互式信息传播》，《情报杂志》2007 年第 4 期。

张旭霞：《现代政府信用及其建构的对策性选择》，《南京社会科学》2002 年第 11 期。

张亚娟：《建构主义教学理论综述》，《教育现代化》2018 年第 12 期。

张一林、雷丽衡、龚强：《信任危机、监管负荷与食品安全》，《世界经济文汇》2017 年第 6 期。

张志安、李伟、聂鑫：《互联网平台使用对青年主流意识形态传播态度的影响研究》，《青年探索》2022 年第 2 期。

章文光、闫蓉：《基于政策文本计量的中国中小企业创新政策变迁研究》，《湘潭大学学报》2017 年第 9 期。

赵宇翔、范哲、朱庆华：《用户生成内容（UGC）概念解析及研究进展》，《中国图书馆学报》2012 年第 5 期。

赵峥：《地方数字治理：实践导向、主要障碍与均衡路径》，《重庆理工大学学报（社会科学）》2021 年第 4 期。

韩震、田成：《诚信政府的缺失与构建》，《行政与法》2003 年第 6 期。

郑雯、施畅、桂勇：《"底层主体性时代"：理解中国网络空间的新视域》，《新闻大学》2021 年第 10 期。

郑小芳：《自我生产下的自我认同：社交应用话语表达方式研究》，《新闻研究导刊》2016 年第 15 期。

郑智航：《人工智能算法的伦理危机与法律规制》，《法律科学（西北政法大学学报）》2021 年第 1 期。

周文根：《论连带责任机制对强制性诚信形成的促进作用》，《中州学刊》2007 年第 4 期。

周煜：《技术逻辑之殇——论互联网治理之缘起》，《新闻界》2009 年第 2 期。

朱丹：《论儒家"诚信"伦理及其现代意义》，《浙江学刊》2002 年第 3 期。

朱清河、谢昕忻：《中国共产党党管媒体一百年：理念、历程与经验》，《新闻爱好者》2021 年第 9 期。

朱虹：《信任：心理、社会与文化的三重视角》，《社会科学》2009 年第 11 期。

朱景文：《中国诉讼分流的数据分析》，《中国社会科学》2008 年第 3 期。

宗海勇：《诚信文化推进廉政建设的内涵界定与路径选择》，《廉政文化研究》2020 年第 5 期。

李响：《浅析网络社会诚信体系建设的现状、问题和对策》，《品牌与标准化》2016 年第 1 期。

余静：《网络时代诚信研究》，《现代经济信息》2015 年第 17 期。

学位论文：

白玫：《新时期社会诚信问题的研究》，长春工业大学硕士学位论文，2012。

曹钧：《青少年逆反心理的相关因素分析》，南京医科大学硕士学位论文，2008。

陈杭勋：《建构主义视角下的民俗文化多样态存续》，浙江师范大学硕士学位论文，2021。

陈喜乐：《网络时代知识创新中的信息传播模式与机制》，厦门大学博士学位论文，2006。

陈旭：《基于产业集群的技术创新研究》，电子科技大学博士学位论文，2007。

戴岩：《当代中国社会诚信建设研究》，太原科技大学硕士学位论文，2012。

邓忆瑞：《基于网络维力的信息扩散研究》，哈尔滨工程大学博士学位论文，2008。

董竟：《试论政府公共危机信息传播机制的构建与完善》，首都经济贸易大学硕士学位论文，2006。

方艳：《诚信问题社会建构中传媒场域介入的研究》，华中科技大学博士学位论文，2013。

高宁：《央视"3·15"晚会的议题互动及舆论传播研究》，暨南大学硕士学位论文，2020。

何佳：《互联网群体传播中热门话题的形成与扩散研究》，上海交通大学博士学位论文，2019。

唐佳忆：《焦点事件的政策议程触发机理及优化策略研究——基于 45 个案例的定性比较分析》，中国矿业大学硕士学位论文，2021。

姜逸雯：《好评返利营销模式对网购消费者心理逆反的影响研究》，东北大学硕士学位论文，2017。

类延村：《规则之治》，西南政法大学博士学位论文，2013。

李德明：《我国网络信息安全监管体系及各主体博弈研究》，北京交通大学博士学位论文，2020。

马天娇：《基于网络社会治理的诚信建设研究》，西安建筑科技大学硕士学位论文，2020。

韩平：《地方政府诚信的社会认同提升对策研究》，湘潭大学硕士学位论文，2016。

容志：《政策变迁中的中央与地方博弈》，复旦大学博士学位论文，2008。

宋红岩：《微媒介与人的数字化生存方式重构》，哈尔滨师范大学博士学位论文，2020。

王聿达：《基于耦合网络的新型互联网舆情传播模型研究》，北京邮电大学博士学位论文，2021。

韦雅楠：《信息生态视角下企业与用户的新媒体信息交互研究》，吉林大学博士学位论文，2020。

魏少华：《对话理论视域下的中国社交媒体"话题"功能研究》，华东师范大学博士学位论文，2017。

吴斯：《空心症与传播丛：互联网时代的小众研究》，南京大学博士学位论文，2017。

许琼来：《不对称信息下网络交易信任缺失的博弈研究》，北京邮电大学博士学位论文，2008。

姚江龙：《网络集群中的情感元素分析与纾解策略研究》，中国科学技术大学博士学位论文，2019。

姚文：《马克思诚信观及其当代启示》，南华大学硕士学位论文，2012。

姚瑶：《传播政治经济学视阈下数据监控问题研究》，南京师范大学博士学位论文，2021。

于洪波：《新媒体对政府诚信建设的影响及对策研究》，哈尔滨理工大学硕士学位论文，2015。

袁苏：《网络时代我国政府公信力研究》，山西大学硕士学位论文，2013。

张鸿梅：《地铁媒体受众逆反心理研究》，暨南大学硕士学位论文，2009。

张萌：《网络诚信问题的伦理审视》，北京邮电大学硕士学位论文，2018。

赵利华：《准政府组织的行政法定位及其权力规制》，吉林大学硕士学位论文，2006。

报纸文章

陈恒：《对话专家：全媒体时代主流媒体的历史机遇》，《光明日报》2019年6月19日。

罗国杰：《德治与法治：相辅相成，相互促进》，《人民日报》2001年2月22日。

习近平：《坚持依法治国和以德治国相结合，推进国家治理体系和治理能力现代化》，《人民日报》2016 年 12 月 11 日。

信海光：《互联网时代诚信更重要》，《21 世纪经济报道》2014 年 8 月 26 日。

袁浩：《用政务诚信引领社会诚信》，《上海法治报》2017 年 1 月 3 日。

张近东：《建立刚性的失信惩戒机制》，《人民日报》2018 年 8 月 29 日。

钟悠天：《善于用全媒体讲好中国故事》，《通辽日报》2019 年 6 月 18 日。

子长：《互联网经济首先应该是诚信经济》，《发展导报》2017 年 6 月 16 日。

互联网文献

崔晓丽：《"七天无理由退货"成任性理由？专家：加大失信惩戒力度》，新浪新闻，2019 年 5 月 31 日，http://news.sina.com.cn/c/2019−05−31/doc-ihvhiews5948084.shtml，最后访问日期：2020 年 12 月 20 日。

《多家主流媒体纷纷报道浙江省信用数字化改革应用场景观摩评选活动》，信用中国（浙江），2021 年 4 月 27 日，https://credit.zj.gov.cn/art/2021/4/27/art_1229636049_792.html，最后访问日期：2024 年 3 月 17 日。

李玉莹：《原来是他们！最新奖项揭晓，这些名字太眼熟了》，"长江日报"百家号，2021 年 7 月 10 日，https://baijiahao.baidu.com/s?id=1704868510061217685&wfr=spider&for=pc，最后访问日期：2024 年 3 月 17 日。

潘毅：《44 部门联合签署惩戒失信人备忘录 明确 55 项惩戒措施》，央光网，2016 年 1 月 21 日，http://china.cnr.cn/xwwgf/20160121/t20160121_521195091.shtml，最后访问日期：2023 年 12 月 20 日。

《青岛官方谴责天价虾涉事烧烤店宰客 公布监督电话》，新华网，2015 年 10 月 7 日，http://www.xinhuanet.com/local/2015−10/07/c_1116748269.html，最后访问日期：2019 年 12 月 2 日。

周亚琼：《"青岛天价虾"事件舆情分析》，人民网-舆情频道，2015 年 10 月 19 日，http://yuqing.people.com.cn/n/2015/1019/c210114-27714346.html，最后访问日期：2020 年 12 月 3 日。

《习近平主持中共中央政治局第三十七次集体学习》，中国政府网，2016 年
　　12 月 10 日，http://www. gov. cn/xinwen/2016 - 12/10/content_5146257.
　　htm，最后访问日期：2020 年 12 月 20 日。

张康之：《在历史坐标中看信任——论信任的三种历史类型》，人民网，
　　2006 年 4 月 14 日，http://theory. people. com. cn/GB/41038/4300010.
　　html，最后访问日期：2019 年 10 月 30 日。

英文文献

Babbie, E. , *The Practice of Social Research* (*Fifth Edition*) (Belmont：
　　Wadsworth Publisher, 1989).

Bagozzi, R. P. , Dholakia, U. M. , "Intentional Social Action in Virtual Com-
　　munities", *Journal of Interactive Marketing*, 16 (2), (2002).

Belobaba, P. , Odoni, A. , Barnhart, C. , *The Global Airline Industry*
　　(John Wiley & Sons, 2009) .

Bergger, P. , Luckmann, T. , *The Social Construction of Reality: A Treatise
　　in the Sociology of Knowledge* (New York：Doubleleday, 1966).

Bessen, J. , "Patents and the Diffusion of Technical Information", *Economics
　　Letters*, 86 (1), (2005).

Blau, P. M. , "Reflections on a Career s a Theorist", *New Directions in Con-
　　temporary Sociological Theory*, (2002).

Blumer, H. , "Social Problems as Collective Behavior", *Oxford University
　　Press* (*oup*), 18 (3), (1971).

Brinkmann, S. , "Questioning Constructionism：Toward an Ethics Finitude",
　　Journal of Humanistic Psychology, 46 (1), (2006).

Callon, M. , "The Sociology of an Actor-Network：The Case of the Electric
　　Vehicle", in Michel Callon et al. (eds.), *Mapping the Dynamics of
　　Science and Technology: Sociology of Science in the Real World* (Basing-
　　toke：Macmillan, 1986).

Cheung, M. , "Social Construction Theory and the Satir Model：Toward a
　　Synthesis", *The American Journal of Family Therapy*, 25 (4),
　　(1997).

Christensen, T. H. , "Connected Presence in Distributed Family Life", *New*

Media and Society, 11（3）,（2009）.

Christians, C. G. , Rao, S. , Ward, S. J. A, Wasserman, H. , "Toward a Global Media Ethics: Theoretical Perspectives," *African Journalism Studies*, 2,（2008）.

Cohen, M. L. , "Being Chinese: The Peripheralization of Traditional Identity", in Cohen, M. L. , （ed. ）, *Kinship, Contract, Community, and State: Anthropological Perspectives on China* （Stanford: Stanford University Press, 2005）.

Dayan, D. , "Conquering Visibility, Conferring Visibility: Visibility Seekers and Media Performance", *International Journal of Communication*, 7 （1）,（2013）.

DeSanctis, G. , "Who is the User? Individuals, Groups, Communities", *Human-Computer Interaction and Management Information Systems: Foundations*, 6,（2006）.

Francis, F. , *The Great Disruption: Human Nature and the Reconstitution of Social Order* （New York: The Free Press, 1999）.

Fuller, R. C. , and Myers, R. R. , "The Nature History of a Social Problem", *American sociological*, 6（3）,（1941）.

Gitlin, T. , *Media Unlimited: How the Torrent of Images and Sounds Overwhelms Our Lives* （New York: Henry Holt and Company, 2003）.

Hall, S. , Critcher, C. , Jefferson, T. , Clarke, J. N. , Roberts, B. , *Policing the Crisis: Mugging, the State and Law and Order* （London: Macmillan, 1978）.

Hartjen, C. A. , *Possible Trouble: An Analysis of Social Problems* （New York: Praeger Publishers, 1977）.

Holsapple, C. W. , Singh, M. , "The Kknowledge Chain Model: activities for Competitiveness", *Expert Systems with Applications*, 20（1）,（2001）.

Holsapple, C. W. , Singh, M. , "The Knowledge Chain Model: Activities for Competitiveness", *Expert Systems with Applications*, 20（1）,（2001）.

Krugman, P. R. , "International Economics: Theory and Policy（8/E）", *Pearson Education India*, 6,（2008）.

Law, J. , "Technology and Heterogeneous Engineering: The Case of Portu- guese Expansion", in Bijker, W. E. , Hughes, T. P. , and Pinch, T. , (eds.), *The Social Construction of Technological Systems: New Di- rections in the Sociology and History of Technology* (Cambridge MA: The MIT Press, 1987).

Levin, B. , "Mobilizing Research Knowledge in Education", *London Review of Education*, (2011).

Noelle-Neumann, E. , Mathes, R. , "The 'Event as Event' and the 'Event as News': The Significance of 'Consonance' for Media Effects Re- search", *European Journal of Communication*, 2, (1987).

Phillips, R. L. , *Pricing and Revenue Optimization* (Stanford University Press, 2005).

Rychlak, J. F. , "Foreword", in Miller, R. B. , (ed.), *The Restoration of Dialogue: Readings in the Philosophy of Clinical Psychology* (Washington, DC: American Psychological Association, 1992).

Tuchman, G. , *Making News: A Study in the Construction of Reality* (New York: Free Press, 1978).

Wang, Y. , Fesenmaier, D. R. , "Assessing Motivation of Contribution in Online Communities: An Empirical Investigation of an Online Travel Community", *Electronic Markets*, 13 (1), (2003).

Wang, Y. , Fesenmaier, D. R. , "Towards Understangding Members, Gen- eral Participation in and Active Contribution to an Online Travel Commu- nity", *Tourism Management*, 25 (6), (2004).

Wilson, J. , "Volunteering", *Annual Review of Sociology*, 26, (2000).

附　录

互联网时代网络行为中隐私认知与网络诚信建构调研问卷

您好！我是"隐私认知与网络诚信建构"课题组成员，我们正在进行一项关于互联网时代网络行为中隐私认知与网络诚信建构的调研活动，旨在了解网络行为中的隐私认知和诚信心理等的基本情况。请您结合自身情况来回答所有问题，感谢您的支持和配合。

本问卷不记名，所有题目的答案均无对错之分。所有回答仅供统计分析和学术研究之用，请您根据自己的实际情况认真填写问卷，放心作答。谢谢！

1. 您的性别

A. 男　　　　　　　　　B. 女

2. 您平均每天使用网络的时间为

A. 4 小时以内　　　　　　B. 5~8 小时

C. 8 小时以上

3. 网络注册会使用非真实信息吗

A. 会（进入第 4 题）　　　B. 不会（进入第 7 题）

C. 偶尔会（进入第 4 题）

4. 您认为使用非真实信息进行网络注册属于不诚信行为吗？

A. 是（进入第 5 题）　　　B. 不是（进入第 6 题）

5. 您为什么会认为这种行为属于不诚信行为呢？（多选）

A. 网络虽然是虚拟的但也不是法外之地，信息注册要真实有效

B. 采用虚假信息容易助长网络不良风气，损害公众利益

C. 网信办要求"后台实名、前台自愿"，公民在注册时应自觉提供真实信息

D. 其他（说明理由）

6. 您认为这种行为不属于诚信缺失的原因是什么？（多选）

A. 不相信平台会保护自己隐私的行为，属于自我保护

B. 网络本就是虚假的，不填写真实信息也没什么

C. 网络信息保护机制还不够完善，不愿做"小白鼠"

D. 其他（说明理由）

7. 您认为 App 会泄露您的个人隐私吗？

A. 会泄露　　　　　　　　　B. 不会泄露

C. 有的会有的不会

8. 在安装使用 App 时，您是否会浏览"用户协议和隐私设置"？

A. 会逐条浏览　　　　　　　B. 会大概浏览

C. 完全不会浏览

9. 在社交软件比如 SOUL、微博上会比在现实生活中主动披露更多隐私吗？

A. 会（进入第 10 题）

B. 会披露一部分，涉及自己利益的不会披露（进入第 10 题）

C. 不会（进入第 11 题）

10. 您在社交媒体上主动披露隐私的原因是？（多选）

A. 社交需求，想在网上交友

B. 流量需求，想拥有更多粉丝

C. 平台引导，按照平台要求进行实名制、绑定其他平台账户等

D. 自我记录的需要，将自己的生活点滴记录在社交媒体上，以此获得满足感

E. 发布内容时无意间暴露了自己的隐私

F. 其他（说明理由）

11. 您不愿意在社交媒体披露隐私的原因是？（多选）

A. 不想让自己的隐私被侵犯或被利用

B. 不想被打扰或被他人评头论足

C. 认为社交账号是"灵魂避风港"，不想让现实生活中的人通过社

交媒体认出自己

D. 在社交媒体上没有分享欲，只是把它当成一种接收信息的工具

E. 社交恐惧症，只想在网络上做个"小透明"

F. 其他（说明理由）

12. 您对自己的网络数据有安全感吗？

A. 有（进入第 13 题）　　　　B. 偶尔有（进入第 14 题）

C. 完全没有（进入第 14 题）

13. 对疫情期间提供行程大数据怎么看？

A. 涉及公共利益，我应该主动配合

B. 国家强制要求，可能会泄露隐私，但会被动配合

C. 不合理，有抵制情绪

14. 造成您对自己的网络数据缺乏安全感的原因是什么？（多选）

A. 感觉自己在网络上变成了"透明人"，一举一动都被"记录在案"

B. 感觉自己在网络或现实中的聊天内容被各种 App "监听"了

C. 时常看到利用网络数据侵害公民个人信息安全的新闻

D. 国家的相关法律政策还不够完善，感觉自己的数据隐私得不到保护

E. 曾经有过个人网络数据被平台泄露或被他人盗用的经历

F. 上网时经常收到垃圾信息、广告等，逐渐丧失了安全感

G. 其他（说明理由）

15. 对疫情期间流调数据披露，您会主动提供吗？

A. 会，这是国家防疫需要，会积极配合

B. 会，但是希望政府公布时能把握好分寸

C. 不会，害怕自己的隐私变为谈资

D. 视情况而定

16. 您对身份泄露/身份编造等信息滥用怎么看（多选）

A. 严重损害个人和社会的利益，坚决抵制

B. 知道有泄漏的可能，但为了使用某一平台不得不填写身份信息（隐私让渡）

C. 数字化时代，身份泄露/身份编造是普遍现象，不必大惊小怪

D. 其他（说明理由）

17. 您认为诚信和隐私的关系如何？

A. 不管遇到什么情况，都要绝对尊重隐私

B. 权衡利弊，既要恪守诚信，又要尊重隐私

C. 诚信与尊重隐私之间没有任何冲突，不需要协调

D. 讲诚信就没有隐私，尊重隐私就做不到诚信，无法协调

E. 其他（说明理由）

18. 您认为要从哪几个方面协调诚信与隐私的关系？（多选）

A. 完善法律法规　　　　　B. 出台相关政策

C. 舆论加强宣传　　　　　D. 学校加强教育

E. 加强道德体系建设　　　F. 其他（具体说明）

19. 在互联网上隐私和诚信发生冲突时，您会怎么做？（开放式问题）

中央电视台"3·15"晚会相关情况汇总[①]

序号	年份	主题/关键特征	晚会亮点
1	1991	消费者之友专题晚会	中央电视台、中国消费者报社、中华工商时报社与中国消费者协会联合举办,拉开了中央电视台"3·15"晚会的序幕,唤醒了消费者的维权意识
2	1992	政府支持人民,保护人民利益的决心	国务院10个政府部委的部长接受现场采访,节目中还穿插了敬一丹远赴安徽采访一例,并促使安徽省有关部门领导及时做出行政制裁的决定,产生了积极效果
3	1993	晚会多部门联盟参与进来,晚会举办由群众行为转变为政府行为	晚会不仅十几位部长莅临,而且像监察部这样的职能部门也参与进来
4	1994	务实,主要围绕商业服务展开	晚会围绕商业和电信行业电话服务展开。晚会现场发布了对国内十大商场进行抽查结果都不合格的事实,受到有关部门及消费者的极大关注
5	1995	进行尝试,创新晚会形式	晚会采取知识竞赛与文艺节目及案例相穿插的形式。普及和宣传《中华人民共和国消费者权益保护法》
6	1996	给消费者鼓劲,弘扬情感力量、法律力量和知识力量	晚会不仅曝光了不法厂家,更侧重于给消费者鼓劲儿
7	1997	世纪的力量	1997年中国消费者协会第一次在全国范围内开展了"讲诚信,反欺诈"年主题活动,自此,中国消费者协会每年都将年主题作为工作主线之一,促进了各级消费者协会联动开展工作
8	1998	为了农村消费者	晚会把目光由城市转向农村,曝光传销活动,并促成传销在当年4月21日被政府明令禁止
9	1999	在法治阳光下安全健康地消费	晚会着眼于对人的本质的回归,用非常贴近老百姓的普法办法传达现代的消费知识与法律
10	2000	我们共同的事业	晚会节目设置分为现场论坛、典型案例、权威发布、今日回眸、助兴文艺等板块,积极展开对话,专家介入解惑释疑,首次播出"3·15"公益广告

[①] 中央广播电视总台3·15晚会,百度百科,https://baike.baidu.com/item/%E4%B8%AD%E5%A4%AE%E5%B9%BF%E6%92%AD%E7%94%B5%E8%A7%86%E6%80%BB%E5%8F%B0%C2%B715%E6%99%9A%E4%BC%9A/24567843? fromtitle = 315%E6%99%9A%E4%BC%9A&fromid = 24567851&fr = aladdin。

续表

序号	年份	主题/关键特征	晚会亮点
11	2001	生命·安全	首次引入了脱口秀的节目形态，以主持人为中心，运用新闻加综艺的方式，整合了戏剧、游戏、模型演示等多种艺术手段
12	2002	共筑诚信，我们在行动	晚会包括"主题发布""权威专访""热线投诉""3·15档案""神秘人物""3·15贡献奖"等板块
13	2003	净化消费环境，提升消费质量	晚会以"净化消费环境，提升消费质量"为主题。晚会的整体突出一个"新"字，"跨国打假""消费预警""现场互动""权威发布""现场连线"构成晚会的五大看点。"跨国打假"是晚会的一大亮点。在"3·15"直播之夜，一组跨国骗术大白于天下。随着经济的发展，在我们的生活中出现了一系列有着国际化背景的新型骗术，晚会与央视驻美国、英国、日本等地记者联手出击，将打假行动延伸到海外
14	2004	健康秩序，健康生活	晚会上，国家食品药品监督管理局边振甲、国家工商行政管理总局刘小平、国家质量监督检验检疫总局刘兆彬等进行了权威发布。同时晚会直击了抗生素危机、手机骗局、农民维权问题、汽车消费维权等几大领域。节目把镜头直接对准"三农"问题、高科技、保健品和汽车等领域，揭示其中的各种欺诈伎俩
15	2005	健康，维权	发布权威案例
16	2006	我们的心愿	晚会推出的重量级事件，主要涉及"三农"问题、手机短信和医药差价等问题。"三农"问题占很大比重，与老百姓息息相关的一些生活事件，如短信黑洞等被不同程度地表现出来。在央视首届"3·15"晚会上，孙悦演唱了《祝你平安》。10年后，在2006年"3·15"晚会上，孙悦再次演唱这首歌。不同的是，观众听到的是经过词曲作者改编的新版《祝你平安》
17	2007	责任，和谐	2007年"3·15"晚会报道了一种名叫藏秘排油的减肥茶，触角涉及明星代言广告。两年后，国家出台的食品安全法明确规定，明星代言食品广告将承担连带责任
18	2008	3·15的力量	晚会专题节目继续保证"大案曝光""揭秘骗局""戳穿虚假广告谎言"的核心品质，同时更加贴近现实生活，节目形态更创新，更注重正面引导的作用，提升全社会的责任、道德和良知意识
19	2009	3·15有你更有力量	晚会以"3·15有你更有力量"为主题，以道德引领作为核心价值观，用舆论监督的武器去维护消费者的权利。央视通过网络、手机等多种新媒体互动传递标识符号，表达维护消费安全的共同心愿，发挥晚会的舆论监督作用

序号	年份	主题/关键特征	晚会亮点
20	2010	新规则，新动力	晚会曝光了LG等离子电视、索尼液晶电视、东芝液晶电视等平板电视的保修期短的问题。晚会曝光了2009年颇受网友关注的东芝"竖线门"事件。晚会推出了首次面向全国消费者进行的"十大行业消费满意度大调查"的相关数据。2010年晚会的一些专题节目，与该项调查有关。一些消费者反映特别强烈的问题成为记者专项调查的目标，其结果一并在晚会直播中公开曝光
21	2011	护航新消费	晚会内容包括深度专题调查、权威信息发布、消费问题预警、文艺节目元素等几部分。2011年"3·15"晚会有两大创新。一是首次增加消费预警信息。二是追踪报道前置。以往央视在"3·15"晚会之后，栏目会对晚会中曝光的典型案例、产品进行追踪报道，而2011年这种追踪报道将前置
22	2012	共筑诚信，有你有我	在专题方面，紧扣"诚信"。主办单位数量历史最多——15个部委参与主办，比上届增加了一个最受关注的政府部门——国务院食品安全委员会办公室
23	2013	我的权益我做主	晚会采用卧底拍摄方法，搜寻第一手的事实与证据，用事实说法。晚会调动了新媒体的力量，充分互动
24	2014	让消费更有尊严	晚会重点加强互动效果，增强服务性，对新出现的消费领域、消费热点以及隐性的侵害消费者权益案例提前预警；对于百姓反应强烈，极易引发社会负面情绪的重大案例进行重点挖掘；同时，以人为主体，改变严肃的表述语态，重点突出调查记者和消费者的体验过程，强调消费者的情感诉求，用浓浓的关切传递媒体人的责任和信念。晚会还将充分利用新媒体平台，进一步提升互动性，针对重点话题现场调查，让百姓现场真实发声
25	2015	消费在阳光下	2015年"3·15"晚会从接受投诉的单向模式，变成有投诉有反馈的双向模式。晚会对多家企业不合格和存在安全隐患的产品进行了曝光处理，同时针对消费预警环节的内容，充分利用全息等新技术，让"真、假骗子"同台亮相，将视频节目与现场主持人有机结合，并通过极具视觉冲击力的现场实验发出消费提示。2015年3月15日起，多路记者分别赶赴上海、广东等地，回访企业，通报处理状况
26	2016	共筑消费新生态	晚会设置了"消费预警"环节，强化晚会的服务功能，运用多媒体舞台情景剧等方式展示内容，设置100个虚拟观众席位，参与现场互动

续表

序号	年份	主题/关键特征	晚会亮点
27	2017	用责任汇聚诚信的力量	晚会包含"调查专题、消费预警、政府在行动"三条主线。在晚会内容方面,调查专题仍然与百姓生活密切相关。首次采用的 AR 技术。在历年晚会基础上,晚会对结构进行了部分优化调整,如整合资源,将往年晚会中的"权威发布"并入"政府在行动"环节,使晚会内容更加精确、凝练。全国 12315 互联网平台于 2017 年 3 月 15 日正式上线。这是推进"互联网+政务服务"的又一重大举措,标志着我国工商和市场监管部门的消费维权工作跨入"互联网+"时代
28	2018	共建秩序 共享品质	2018 年"3·15"晚会加大了消费预警力度,增强消费者的辨别能力。晚会重点关注农村消费和老年消费
29	2019	共治共享、放心消费	顺应消费提质升级要求,重点聚焦产品质量、售后服务、互联网消费等领域侵犯消费者权益的违法违规行为,倡导多元主体协同治理
30	2020	凝聚力量、共筑美好	2020 年"3·15"晚会积极关注新产业、新业态和新消费模式,进一步突出了政府监管执法部门的行动力度,及时反馈相关信息
31	2021	提振消费 从心开始	通过诚信的力量让每个人把平凡的日子过得更加幸福美满,稳步提高消费能力,改善消费环境,让居民能消费,愿消费,加快建设先进的经济体系,畅通国内大循环和国内国际双循环,为中国经济开启"十四五"规划,迈向全面建设社会主义现代化国家新征程助力加油
32	2022	公平守正安心消费	2022 年中央广播电视总台"3·15"晚会首次设立了"3·15 信息安全实验室",针对消费者日常生活中那些容易忽视的信息安全隐患,进行专业测试,及时发出风险预警。"3·15 信息安全实验室"也采用了智能虚拟现实技术以及场景实验等创新手段,增强了 2022 年中央广播电视总台"3·15"晚会的沉浸感,提升了舞台现场的视觉表达效果
33	2023	用诚信之光照亮消费信心	2023 年是全面贯彻党的二十大精神的开局之年,也是全面建设社会主义现代化国家新征程起步之年。2023 年"3·15"晚会立足于高质量发展这个首要任务,倡导诚信经营、遵纪守法、公平竞争、有序发展的价值信念
34	2024	共筑诚信,共享安全	2024 年"3·15"晚会聚焦"共筑诚信,共享安全"主题,关注消防安全、食品安全、金融安全、数据安全等领域。围绕加强消费者权益保护、优化消费环境,推动商品和服务质量不断提高,着力促进放心消费,释放消费潜力,呵护美好生活